全国高等教育自学考试指定教材

教育科学研究方法

（含：教育科学研究方法自学考试大纲）

（2023 年版）

全国高等教育自学考试指导委员会　组编

主　编　刘志军

副主编　张新海

　　　　曾继耘

中国教育出版传媒集团

高等教育出版社·北京

图书在版编目（ＣＩＰ）数据

教育科学研究方法／全国高等教育自学考试指导委员会组编；刘志军主编. -- 北京：高等教育出版社，2024.1

ISBN 978-7-04-061636-1

Ⅰ.①教… Ⅱ.①全… ②刘… Ⅲ.①教育科学-研究方法-高等教育-自学考试-教材 Ⅳ.①G40-034

中国国家版本馆 CIP 数据核字（2024）第 000762 号

教育科学研究方法

Jiaoyu Kexue Yanjiu Fangfa

| 策划编辑 | 雷旭波 | 责任编辑 | 雷旭波 | 封面设计 | 李小璐 | 版式设计 | 杜微言 |
| 责任绘图 | 马天驰 | 责任校对 | 张 薇 | 责任印制 | 赵义民 | | |

出版发行	高等教育出版社	网　　址	http://www.hep.edu.cn
社　　址	北京市西城区德外大街 4 号		http://www.hep.com.cn
邮政编码	100120	网上订购	http://www.hepmall.com.cn
印　　刷	北京中科印刷有限公司		http://www.hepmall.com
开　　本	787mm×1092mm　1/16		http://www.hepmall.cn
印　　张	15.25		
字　　数	340 千字	版　　次	2024 年 1 月第 1 版
购书热线	010-58581118	印　　次	2024 年 1 月第 1 次印刷
咨询电话	400-810-0598	定　　价	46.00 元

物　料　号　61636-00

组编前言

21世纪是一个变幻难测的世纪,是一个催人奋进的时代。科学技术飞速发展,知识更替日新月异。希望、困惑、机遇、挑战,随时都有可能出现在每一个社会成员的生活之中。抓住机遇,寻求发展,迎接挑战,适应变化的制胜法宝就是学习——依靠自己学习、终身学习。

作为我国高等教育组成部分的自学考试,其职责就是在高等教育这个水平上倡导自学、鼓励自学、帮助自学、推动自学,为每一个自学者铺就成才之路。组织编写供读者学习的教材就是履行这个职责的重要环节。毫无疑问,这种教材应当适合自学,应当有利于学习者掌握和了解新知识、新信息,有利于学习者增强创新意识,培养实践能力,形成自学能力,也有利于学习者学以致用,解决实际工作中所遇到的问题。具有如此特点的书,我们虽然沿用了"教材"这个概念,但它与那种仅供教师讲、学生听,教师不讲、学生不懂,以"教"为中心的教科书相比,已经在内容安排、编写体例、行文风格等方面都大不相同了。希望读者对此有所了解,以便从一开始就树立起依靠自己学习的坚定信念,不断探索适合自己的学习方法,充分利用自己已有的知识基础和实际工作经验,最大限度地发挥自己的潜能,达到学习的目标。

欢迎读者提出意见和建议。

祝每一位读者自学成功。

全国高等教育自学考试指导委员会
2022年8月

目　录

全国高等教育自学考试

教育科学研究方法自学考试大纲

（含考核目标）

全国高等教育自学考试指导委员会　制定

出版前言

　　为了适应社会主义现代化建设事业的需要,鼓励自学成才,我国在 20 世纪 80 年代初建立了高等教育自学考试制度。高等教育自学考试是个人自学、社会助学和国家考试相结合的一种高等教育形式。应考者通过规定的专业课程考试并经思想品德鉴定达到毕业要求的,可获得毕业证书;国家承认学历并按照规定享有与普通高等学校毕业生同等的有关待遇。经过 30 多年的发展,高等教育自学考试为国家培养造就了大批专门人才。

　　课程自学考试大纲是国家规范自学者学习范围、要求和考试标准的文件。它是按照专业考试计划的要求,具体指导个人自学、社会助学、国家考试、编写教材、编写自学辅导书的依据。

　　随着经济社会的快速发展,新的法律法规不断出台,科技成果不断涌现,原大纲中有些内容过时、知识陈旧。为更新教育观念,深化教学内容方式、考试制度、质量评价制度改革,使自学考试更好地为提高人才培养的质量服务,各专业委员会按照专业考试计划的要求,对原课程自学考试大纲组织了修订或重编。

　　修订后的大纲,在层次上,专科参照一般普通高校专科或高职院校的水平,本科参照一般普通高校本科水平;在内容上,力图反映学科的发展变化,增补了自然科学和社会科学近年来研究的成果,对明显陈旧的内容进行了删减。

　　全国考委教育类专业委员会组织制定了《教育科学研究方法自学考试大纲》,经教育部批准,现颁发施行。各地教育部门、考试机构应认真贯彻执行。

全国高等教育自学考试指导委员会

2016 年 1 月

Ⅰ　课程性质与课程目标

一、课程性质和特点

"教育科学研究方法"是全国高等教育自学考试教育学(专升本)和心理健康教育(专升本)专业的一门课程。设置本课程,旨在向考生介绍教育科学研究的基本理论、一般步骤及主要方法,提高应用教育理论研究和解决教育实践问题的能力;明确教育科学研究的基本程序与规范,了解各种具体的研究方法。

"教育科学研究方法"这门课程实践性与理论性并重,属于一门应用性基础理论课程。根据上述特点,本课程既考核教育科学研究的基本概念与基本理论,也考核分析与解决教育实际问题的能力,并且对后者有所侧重。

二、课程目标

课程设置的目标是使得考生能够:

1. 初步了解教育科学研究的一般原理,基本掌握进行教育科学研究的一般步骤和主要的研究方法。

2. 培养进行教育科学研究的初步能力。

3. 了解和把握当前教育改革的信息,培养研究意识以及勇于探索创新、严肃认真的科学态度。

4. 客观、公正、有效地检验考生掌握本课程知识及相应能力的状况。

5. 有利于提高考试的信度和效度,有助于自学考试标准化、规范化。

三、与相关课程的联系与区别

"教育科学研究方法"这门课程难度较大,要求高。学习本课程应具备教育学、心理学的基本知识,以及教学统计学和教育评价学的知识。

通过教育学、心理学等教育科学基本理论的学习,有助于考生从纷繁复杂的教育现象中准确地把握研究问题的实质,培养理论思维的头脑,善于从理论上思考教育问题;有助于考生确立科学的价值观和方法论,提高对教育问题的洞察力。

四、课程的重点和难点

本课程的重点为:教育科学研究的内涵、教育科学研究的对象及其特殊性、教育科学研究的特征、教育科学研究的伦理性规范与操作性规范;教育科学研究课题的来源、教育科学研究课题选择的原则和内容、教育科学研究假设的类别与规范表述、教育科学研究设计的基本构成要素;文献法、观察法、问卷法、实验法、测量法、行动研究等研究方法的内涵、特征和具体实施步骤。

本课程的难点为:教育科学研究课题的论证;教育实验的设计与实施;教育科学研究结果的分析与处理;教育科学研究结果的表述与评价。

II 考核目标

"教育科学研究方法"课程主要从识记、领会、简单应用和综合应用四个层次对考生进行考核,各层次要求考生应达到的能力层次要求为:

识记:要求考生能够识别和记忆本课程中有关教育科学研究及其具体研究方法的概念、教育科学研究的原理、步骤及注意事项等主要内容,并能够根据考核的不同要求,做正确的表述、选择和判断。

领会:要求考生能够领悟和理解本课程中有关教育科学研究的概念及原理的内涵及外延,理解相关研究方法的区别和联系,并能根据不同的研究问题选择适当的研究方法。

简单应用:要求考生能够依据已有的教育科学研究方法知识对具体的教育问题进行研究和分析,得出正确的结论或做出正确的判断。

综合应用:要求考生能够依据已有的教育科学研究方法知识对较为复杂的教育问题进行综合研究和分析,得出解决问题的综合方案。

Ⅲ　课程内容与考核要求

第一章　教育科学研究概述

一、学习目的与要求

理解教育科学研究的内涵,掌握教育科学研究的对象及其特殊性,掌握教育科学研究的特征;掌握教育科学研究的主要分类;了解教育科学研究的发展历程,掌握每一阶段的主要特点及代表人物;掌握教育科学研究的伦理性规范与操作性规范。

二、课程内容

1.1　教育科学研究的内涵、对象与特征

1.1.1　教育科学研究的内涵

1.1.2　教育科学研究的对象

1.1.3　教育科学研究的特征

1.2　教育科学研究的类型

1.2.1　基础研究、应用研究、评价研究和预测研究

1.2.2　直觉观察水平的研究、探索原因水平的研究、迁移推广水平的研究和理论阐释水平的研究

1.2.3　定量研究与定性研究

1.3　教育科学研究的历史考察

1.3.1　前学科时期

1.3.2　教育学学科形成时期

1.3.3　教育科学研究方法学科形成时期

1.3.4　现代教育科学研究方法论变革时期

1.4　教育科学研究的基本规范

1.4.1　伦理性规范

1.4.2　科学性规范

三、考核知识点与考核要求

(一)教育科学研究的内涵、对象与特征

识记:教育科学研究的内涵。

领会:①教育科学研究的对象及其特殊性;②科学研究的一般特征和教育科学研究的独有特征。

(二)教育科学研究的类型

识记:①基础研究、应用研究、评价研究和预测研究的含义;②直觉观察水平的研究、探索原因水平的研究、迁移推广水平的研究和理论阐释水平的研究的含义;③定量研究、定性研究的含义。

领会:①基础研究、应用研究、评价研究和预测研究的特征;②直觉观察水平的研究、探索原因水平的研究、迁移推广水平的研究和理论阐释水平的研究的特征;③定量

研究、定性研究的特征。

（三）教育科学研究的历史考察

领会：前学科时期、教育学学科形成时期、教育科学研究方法学科形成时期、现代教育科学研究方法论变革时期的教育科学研究方法及特点。

（四）教育科学研究的基本规范

领会：①伦理性规范的表现；②科学性规范的内容。

四、本章的重点和难点

本章重点：

1. 教育科学研究的内涵、对象及其特殊性，教育科学研究的特征。

2. 教育科学研究的主要分类。

3. 教育科学研究的发展历程，每一时期的主要特点及代表人物。

4. 教育科学研究的伦理性规范与操作性规范。

本章难点：

教育科学研究的主要类型。

第二章　教育科学研究的选题与设计

一、学习目的与要求

本章的学习目的是明确教育科学研究课题的来源，了解教育科学研究课题选择的原则和内容；知晓研究假设的特性、类别与规范表述，能正确选择教育科学研究课题中的自变量和因变量；明确教育科学研究设计的基本构成要素、步骤和方法，能结合研究课题制订具体可行的研究计划。

二、课程内容

2.1　教育科学研究的选题

2.1.1　教育科学研究课题的来源

2.1.2　选择研究课题

2.1.3　课题论证

2.2　研究课题的表述与研究假设的建立

2.2.1　研究课题的表述

2.2.2　研究假设的建立

2.3　教育科学研究设计

2.3.1　确定研究类型

2.3.2　选择研究方法

2.3.3　确定分析单位与研究内容

2.3.4　选择研究对象

2.3.5　确定资料收集的方法

2.3.6　选择资料的分析处理方法

三、考核知识点与考核要求

（一）教育科学研究的选题

领会：①教育科学研究课题的来源；②选择研究课题的步骤和标准；③教育科学研究课题论证的意义和内容。

简单应用：①运用选择研究课题的标准来评价分析一篇课题论证报告是否符合选题的要求；②运用撰写课题论证报告的基本要求来评价分析一篇课题论证报告。

（二）研究课题的表述与研究假设的建立

识记：①研究假设的内涵和特性；②常量和变量。

领会：①课题名称表述的内容和形式；②自变量和因变量的联系与区别；③一个好的研究假设应具备的条件；④研究假设的分类。

简单应用：①结合一个研究课题，对其研究范围和核心概念进行界定；②结合一个研究课题，分析其研究假设是否适当。

（三）教育科学研究设计

识记：①分析单位和研究内容；②简单随机抽样、系统抽样、分层抽样和整群随机抽样。

领会：①教育科学研究的类型和分类标准；②每一类研究的应用前提和特征；③每一种教育研究方法的应用前提和特征；④个人、群体、组织和社区等分析单位的内涵；⑤状态、意向性和行为等研究内容在教育科学研究中所起的作用；⑥选择样本的基本要求；⑦观察、问卷、访谈、测验等资料收集方法的优缺点；⑧求同法、求异法、求同求异并用法、共变法、剩余法等定性分析方法的内涵和原理。

简单应用：对某一研究实例的取样进行评析。

四、本章的重点和难点

本章重点：

教育科学研究的选题和论证。

本章难点：

教育科学研究计划的制订。

第三章 教育文献检索与综述

一、学习目的与要求

理解教育文献的含义及其在教育科学研究中的作用；理解教育文献的等级与分布，能根据研究需要确定检索文献的种类；掌握文献检索的过程与方法，能根据研究需要确定合理的文献检索方法；了解文献综述的含义、特征和结构，能写出一篇完整的文献综述报告。

二、课程内容

3.1 教育文献的等级与分布

3.1.1 文献与教育文献

3.1.2 教育文献的等级

3.1.3 教育文献的分布

三、考核知识点与考核要求

（一）教育文献的等级与分布

识记：①文献、教育文献的含义；②零次文献、一次文献、二次文献、三次文献的含义。

领会：零次文献、一次文献、二次文献、三次文献的特点。

（二）文献检索的过程及方法

识记：①顺查法、逆查法、引文查找法的特点；②计算机检索的主要数据库。

领会：①文献检索在教育科学研究中的意义；②文献检索的基本思路；③计算机检索文献的途径。

简单应用：①能用顺查法、逆查法、引文查找法对某一文献进行检索；②能用在线检索和数据库检索进行文献检索。

综合应用：选择一个具体的研究课题，按照分析和准备阶段、搜索阶段、加工阶段进行文献检索。

（三）教育文献综述

识记：①文献综述的含义；②文献综述的分类。

领会：①文献综述的特点；②文献综述的形式和结构。

综合应用：结合某个研究课题，在查阅文献资料的基础上写一篇文献综述报告。

四、本章的重点和难点

本章重点：

1. 教育文献的含义及其在教育科学研究中的作用。

2. 教育文献的等级与分布，文献检索的种类。

3. 文献检索的过程与方法。

4. 文献综述的含义、特征和结构。

本章难点：

文献检索的方法和文献综述的撰写。

第四章 教育观察法

一、学习目的与要求

了解教育观察法的基本类型和特征；理解教育观察法的优点与局限性，能根据不同教育情境选择对应的观察方法；熟练运用教育观察法的记录方法，掌握教育观察的主要实施步骤;在具体观察情境中培养对教育观察法的认识,体会教育观察法在教育科学研究中的作用。

二、课程内容

4.1 教育观察法概述

4.1.1 教育观察法的概念与特征

4.1.2 教育观察法在教育科学研究中的优点与局限性

4.1.3 教育观察法的类型

4.2 教育观察法的记录方法

4.2.1 描述记录法

4.2.2 取样记录方法

4.2.3 行为检核方法

4.3 教育观察法的实施

4.3.1 教育观察法的实施

4.3.2 教育观察法的基本要求与误差的防止

三、考核知识点与考核要求

(一)教育观察法概述

识记:①教育观察法的概念;②教育观察法的类型。

领会:①教育观察法的特征;②教育观察法不同类型的特点;③教育观察法的优点和局限性。

简单应用:能针对某个教育科学研究,选择适合的观察方法。

(二)教育观察法的记录方式

领会:日记描述法、轶事记录法、连续记录法、时间取样法、活动取样法、事件取样法、行为检核法的特点。

简单应用:能在具体研究中,使用描述记录法、取样记录法、行为检核法。

(三)教育观察法的实施

领会:①教育观察法的实施步骤;②教育观察法的基本要求;③防止教育观察误差的措施。

综合应用:①结合某个教育现象或问题,按照教育观察法的步骤进行观察;②从被观察者、观察者、设计三个角度对某个教育观察进行偏差分析。

四、 本章的重点和难点

本章重点:

1.教育观察法的概念。

2.教育观察法的基本类型和特征。

3.教育观察法的优点与局限性。

4.教育观察法的实施。

本章难点:

1.教育观察法的基本类型。

2.教育观察法的实施步骤。

第五章　教育调查法

一、学习目的与要求

领会教育调查法的含义、特点,教育调查研究的类型;了解教育调查研究的实施过程;掌握问卷调查法、访谈调查法、测量调查法、调查表法的基本原理、相关技术和实施规范。

二、课程内容

5.1　教育调查法概述

5.1.1　教育调查法的含义与特点

5.1.2　教育调查研究的类型

5.1.3　使用教育调查法的一般步骤

5.2　常用的教育调查方法

5.2.1　问卷调查法

5.2.2　访谈调查法

5.2.3　测量调查法

5.2.4　调查表法

三、考核知识点与考核要求

（一）教育调查法概述

识记:教育调查法的含义。

领会:①教育调查法的特点;②普遍调查、抽样调查、个案调查的区别;③现状调查、相关调查、发展调查、预测调查的目的;④使用教育调查法的一般步骤。

综合应用:能根据教育调查的要求构思一个调查研究计划。

（二）常用的教育调查方法

识记:①问卷调查法的含义与特点;②问卷的结构;③访谈调查法的含义与优缺点;④测量调查法的含义与特点;⑤调查表法的含义与特点。

领会:①问卷调查法问题设计的基本要求;②问卷调查法问题的形式;③问卷的编制程序;④结构性访谈调查与非结构性访谈调查;⑤一次性访谈调查与重复性访谈调查;⑥个别访谈调查与集体访谈调查;⑦访谈调查的过程;⑧依据测量层次划分的测量类型;⑨对测量工具的要求;⑩调查表编制的基本要求。

简单应用:①能根据具体问题设计问卷问题;②能根据具体问题设计访谈提纲;③按要求编制一些测验试题;④按要求编制简单调查表。

综合应用:①根据具体问题,设计一份完整的问卷;②进行一项调查,要求综合运用问卷调查法、访谈调查法和调查表法三种方法。

第六章　教育实验法

一、学习目的与要求

理解实验法的原理、概念、组成要素及特征;明晰教育实验的分类;领会教育实验设计的内涵和标准;掌握教育实验的效度、变量控制及实验设计与实施要领;能结合自己的教育实验选题制定教育实验研究方案。

二、课程内容

6.1 教育实验法概述

6.1.1 实验法的含义和特征

6.1.2 实验法的基本原理和基本构成要素

6.1.3 教育实验的种类

6.1.4 教育实验的功用

6.1.5 实验法在教育科学研究中的应用范围及局限性

6.2 教育实验设计

6.2.1 教育实验设计与实验效度

6.2.2 教育实验设计的步骤与内容

6.3 教育实验的实施

6.3.1 前测

6.3.2 分组

6.3.3 实验控制

6.3.4 后测

6.3.5 实验记录

三、考核知识点与考核要求

（一）教育实验法概述

识记:实验法的含义。

领会:①实验法的基本原理和基本构成要素;②教育实验法的特征;③教育实验的分类标准和类别;④教育实验的功用和价值;⑤实验法的应用范围和局限性。

（二）教育实验设计

识记:教育实验设计的含义。

领会:①教育实验设计的标准;②实验效度的内涵;③影响实验内在效度的因素;④影响实验外在效度的因素;⑤教育实验的选题;⑥教育实验变量的类型和意义;⑦教育实验假设。

简单应用:①分析一个教育实验的内在效度和外在效度;②对一个教育实验的变量进行分析;③尝试建立一个实验假设。

综合应用:结合一个教育实验,分析该实验的设计类型,该实验的自变量和因变量,该实验的实验假设,该实验的分组方法,该实验的控制措施等。

（三）教育实验的实施

识记:①实验前测;②随机性非实验因素;③恒定性非实验因素。

领会:①实验前测应该注意的事项;②随机化分组;③测量分组;④匹配分组;⑤教育实验控制的三种途径;⑥教育实验记录的要求;⑦教育实验后测的要求。

综合运用:分析一个教育实验中非实验因素的控制方法。

四、本章的重点和难点

本章重点:

1. 教育实验的原理和构成要素。

2. 教育实验的设计。

本章难点：

教育实验的实施和控制。

第七章　行动研究

一、学习目的与要求

了解行动研究的基本特点；知晓行动研究的内在价值和优点与限制；掌握教育行动研究的基本过程和教育行动研究的基本实施步骤；能结合问题选择适当的研究模式并付诸实施。

二、课程内容

7.1　行动研究概述

7.1.1　行动研究的内涵与目的

7.1.2　行动研究的特点

7.1.3　行动研究的发展与取向

7.2　行动研究的模式与实施步骤

7.2.1　行动研究的模式

7.2.2　行动研究的实施步骤

7.3　行动研究的优点与限制

7.3.1　行动研究的优点

7.3.2　行动研究的限制

三、考核知识点与考核要求

（一）行动研究概述

识记：①行动研究；②行动研究的历史发展。

领会：①行动研究的目的（价值）；②行动研究与观察、调查、实验等传统研究的联系与区别；③行动研究的技术取向、实践取向和解放取向的内涵和实质。

（二）行动研究的模式与实施步骤

领会：①勒温的行动研究螺旋循环模式、凯米斯的行动研究循环模式、埃利奥特的行动研究循环模式、埃伯特的可回复性历程模式；②计划、行动、观察和反思的四个环节。

简单应用：自拟一项行动研究，分别用勒温的行动研究螺旋循环模式、凯米斯的行动研究循环模式、埃利奥特的行动研究循环模式、埃伯特的可回复性历程模式制订一份研究计划。

综合应用：自拟一份教育行动研究计划。

（三）行动研究的优点与限制

领会：①行动研究的优点；②行动研究的缺陷（不足）。

四、本章的重点和难点

本章重点：

教育行动研究的模式。

本章难点：

教育行动研究计划的制订和实施。

第八章　教育叙事研究法

一、学习目的与要求

理解教育叙事研究法的含义及特点，了解其理论基础；掌握教育叙事研究法的基本步骤；理解教育叙事研究法应遵守的基本规范。

二、课程内容

8.1　教育叙事研究法概述

8.1.1　教育叙事研究法的兴起

8.1.2　教育叙事研究法的内涵

8.1.3　教育叙事研究法的理论基础

8.2　教育叙事研究法的实施

8.2.1　教育叙事研究法的基本步骤

8.2.2　教育叙事研究法的若干规范

三、考核知识点与考核要求

（一）教育叙事研究法概述

识记：教育叙事研究法的内涵。

领会：①教育叙事研究法的兴起过程；②教育叙事研究法的理论基础。

（二）教育叙事研究法的实施

领会：①教育叙事研究实施的三个阶段；②教育叙事研究法要遵守的若干规范。

简单应用：能根据一些具体要求，设计实施教育叙事研究法的步骤。

综合应用：能根据实际需要，撰写教育叙事研究报告。

四、本章的重点和难点

本章重点：

1. 教育叙事研究法的含义、特点。

2. 教育叙事研究法的基本步骤。

3. 教育叙事研究法的规范。

本章难点：

撰写教育叙事研究报告。

第九章　教育科学研究资料的分析与处理

一、学习目的与要求

领会教育科学研究资料两类分析方法（定性分析和定量分析）的含义与特点；掌握定量分析中数据描述、数据推断的基本过程，并对数据的综合分析有一个大致了解。

二、课程内容

9.1　定性分析的意义与过程

9.1.1 定性分析的概念

9.1.2 教育科学研究中定性分析的特点

9.1.3 定性分析的过程

9.2 定量分析的基本要求

9.2.1 定量分析的概念

9.2.2 定量分析在教育科学研究中的局限性

9.2.3 定量分析的前提

9.2.4 定量分析方法的选择

9.3 定量分析在教育科学研究中的运用

9.3.1 数据描述

9.3.2 数据推断

9.3.3 数据的综合分析

三、考核知识点与考核要求

（一）定性分析的意义与过程

识记：①定性分析的概念；②资料分类的含义与类别。

领会：①定性分析的特点；②资料审核的要求；③资料分类的基本要求；④归纳分析的主要方法。

（二）定量分析的基本要求

识记：定量分析的概念。

领会：①定量分析在教育科学研究中的局限性；②从数据资料的客观性、完整性、有效性领会定量分析的前提；③影响定量分析方法选择的因素。

（三）定量分析在教育科学研究中的运用

识记：①集中量数的含义及主要形式；②差异量数的含义及主要形式；③地位量数的含义及主要形式；④相关系数的含义及主要形式。

领会：①统计表与统计图的编制要求；②集中量数与差异量数的关系；③总体参数估计与点估计的含义；④假设检验的原理。

简单应用：①编制几种常用的统计表；②绘制几种常用的统计图；③对数据资料的统计结果进行分析。

四、本章的重点和难点

本章重点：

1. 定性分析与定量分析的概念与特点。

2. 定量分析在教育科学研究中的运用。

3. 数据描述。

4. 数据推断。

本章难点：

1. 归纳分析的方法。

2. 假设检验的原理。

第十章　教育科学研究成果的表述与评价

一、学习目的与要求

明确教育科学研究成果表述的意义和要求;了解教育科学研究成果的类型;掌握研究报告和学术论文的撰写格式和基本要求;能够独立撰写研究报告并对他人的研究报告进行评价。

二、课程内容

10.1　教育科学研究成果的表述

10.1.1　教育科学研究成果表述的意义

10.1.2　教育科学研究成果表述的要求

10.1.3　教育科学研究成果表述的一般内容

10.1.4　几种具体教育科学研究成果的表述格式

10.2　教育科学研究成果的评价

10.2.1　教育科学研究成果评价的意义

10.2.2　教育科学研究成果评价的内容

10.2.3　教育科学研究成果评价的标准

10.2.4　教育科学研究成果评价指标体系的建立

10.2.5　教育科学研究成果的评价方法及组织形式

三、考核知识点与考核要求

（一）教育科学研究成果的表述

识记:①教育科学研究成果的含义;②教育科学研究成果的一般结构。

领会:①教育科学研究成果表述的意义;②教育科学研究成果表述的要求;③题目、摘要、关键词、正文、参考文献、附录等组成部分的作用和写作要求;④教育调查报告、教育实验报告和学术论文的具体格式。

简单应用:①分析一项教育科学研究成果是否符合表述的基本要求;②依据工作实践,试着做一份教育调查报告或写一篇学术论文。

（二）教育科学研究成果的评价

识记:①教育科学研究成果评价的方法;②编制教育科学研究成果评价指标体系的一般要求。

领会:①评价教育科学研究成果的作用;②教育科学研究成果评价的内容;③教育科学研究成果评价时应处理好定量评价与定性评价的关系。

简单应用:①选择一份教育调查报告,对其研究目标、研究过程和研究结果三个方面进行分析评价;②选择一份教育实验报告,对其理论价值和应用价值进行分析;③对一项教育科学研究成果评价指标体系做出评析。

四、本章的重点和难点

本章重点:

1. 教育科学研究成果的表述形式和基本要求。

2. 教育科学研究成果的评价方式和方法。

本章难点：

教育科学研究成果评价的内容。

Ⅳ 关于大纲的说明与考核实施要求

一、自学考试大纲的目的和作用

课程自学考试大纲是根据专业自学考试计划的要求,结合自学考试的特点而确定的。其目的是对个人自学、社会助学和课程考试命题进行指导和规定。

课程自学考试大纲明确了课程学习的内容以及深度和广度,规定了课程自学考试的范围和标准。因此,它是编写自学考试教材和辅导书的依据,是社会助学组织进行自学辅导的依据,是自学者学习教材、掌握课程内容的知识范围和程度的依据,也是进行自学考试命题的依据。

二、课程自学考试大纲与教材的关系

课程自学考试大纲是进行学习和考核的依据,教材则列出了学生学习本门课程的基本内容与范围,教材的内容是大纲所规定的课程知识和内容的扩展与发挥。课程内容在教材中可以体现一定的深度或难度,但在大纲中对考核的要求一定要适当。

大纲与教材所体现的课程内容应基本一致,大纲中的课程内容和考核知识点,教材里一般也要有;反过来,教材里有的内容,大纲里就不一定体现。

三、关于自学教材

《教育科学研究方法》,全国高等教育自学考试指导委员会组编,刘志军主编,张新海、曾继耘副主编,高等教育出版社,2023 年版。

四、关于自学要求和自学方法的指导

本大纲的课程基本要求是依据专业考试计划和专业培养目标而确定的。课程基本要求还明确了课程的基本内容,以及对基本内容掌握的程度。基本要求中的知识点构成了课程内容的主体部分。因此,课程基本内容掌握程度、课程考核知识点是高等教育自学考试考核的主要内容。

为了有效地指导个人自学和社会助学,本大纲已指明了课程的重点和难点,在章节的基本要求中一般也指明了章节内容的重点和难点。

本课程共 4 学分。考生在自学过程中应该注意以下问题:

1. 在全面系统学习的基础上理解和掌握基本理论、基本方法

学习时应注意以下几点:① 要把握全册教材的结构体系,掌握内在线索;② 学习各章时要理清知识要点和脉络,在理解的基础上加强记忆;③ 注意区分相近的概念和相通的方法,并掌握它们之间的联系;④ 在全面系统学习的基础上要掌握重点。

2. 理论联系实际,将方法的原理学习与应用相结合

理论联系实际,包括联系教育体制改革的实际,学校教育教学工作的实际,教育对象——青少年儿童发展的实际,以及日常社会生活的实际。自学者应以改革的意识、科学研究的意识,满腔热忱地从实际中发现和提出问题,运用所学的理论分析和解决问题,以不断提高自己的科学研究能力,同时要具体、丰富、深刻地理解教材内容。

五、应考指导

1. 如何学习

周全的计划和组织是学习成功的法宝。具体要做到以下几点：①在学习时，一定要跟紧课程并完成作业。②为了在考试中做出满意的回答，必须对所学课程的内容有很好的理解。③可以使用"行动计划表"来监控学习的进展。④阅读课本时最好做读书笔记，如有需要重点注意的内容，可以用彩笔来标注。如：红色代表重点；绿色代表需要深入研究的领域；黄色代表可以运用在工作之中的知识点。还可以在空白处记录相关网站、文章等。

2. 如何考试

一是卷面要整洁。评分教师只能为他能看懂的内容打分，而书写工整、段落与间距合理、卷面赏心悦目有助于教师评分。二是在答题时，要回答所问的问题，而不能随意地回答，要避免超过问题的范围。

六、对社会助学的要求

（1）社会助学者应根据本大纲规定的课程内容和考核要求，认真钻研指定教材，明确本课程与其他课程不同的特点和学习要求，对自学者进行切实有效的辅导，引导他们防止自学中可能出现的各种偏向，把握社会助学的正确导向。

（2）正确处理基础知识和应用能力的关系，努力引导自学者将识记、领会与应用联系起来，有条件的应适当组织自学者开展科学研究实践，学会把基础知识和理论转化为应用能力，在全面辅导的基础上，着重培养和提高自学者提出问题、分析问题和解决问题的能力。

（3）要正确处理重点和一般的关系。课程内容有重点与一般之分，但考试内容是全面的。社会助学者应指导自学者全面系统地学习教材，掌握全部考试内容和考核知识点，在此基础上突出重点。总之，要把重点学习与兼顾一般相结合，防止孤立地抓重点，甚至猜题、押题。

七、对考核内容的说明

（1）本课程大纲要求考生学习和掌握的知识点内容都作为考核的内容。课程中各章的内容均由若干知识点组成，在自学考试中成为考核知识点。因此，课程自学考试大纲中所规定的考试内容是以分解为考核知识点的方式给出的。由于各知识点在课程中的地位、作用以及知识自身的特点不同，自学考试将对各知识点分别按四个认知（或叫能力）层次确定其考核要求。

（2）在考试之日起6个月前，由全国人民代表大会和国务院颁布或修订的法律、法规都将列入相应课程的考试范围。凡大纲、教材内容与现行法律、法规不符的，应以现行法律法规为准。命题时也会对我国经济建设和科技文化发展的重大方针政策的变化予以体现。

八、关于考试命题的若干规定

（1）本课程的命题考试，应根据本大纲所规定的课程内容和考核要求来确定考试范围和考核要求，不能任意扩大或缩小考试范围，提高或降低考核要求。考试命题要覆盖到各章，并适当突出重点章节，体现本课程的内容重点。

（2）本课程在试卷中对不同能力层次要求的分数比例大致为：识记部分占15%，领会部分占30%，简单应用部分占35%，综合应用部分占20%。

（3）本大纲各章所规定的课程内容、知识点及知识点下的知识细目，都属于考核的内容。考试命题既要覆盖到章，又要避免面面俱到。要注意突出课程的重点、章节的重点，加大重点内容的覆盖度。

（4）命题不应有超出大纲中考核知识点范围的题，考核要求不得高于大纲中所规定的相应的最高能力层次要求。命题应着重考核自学者对基本概念、基本知识和基本理论是否了解或掌握，对基本方法是否会用或熟练运用。不应出与基本要求不符的偏题或怪题。

（5）要合理安排试题的难易程度，试题的难度可分为：易、较易、较难和难四个等级。每份试卷中不同难度试题的分数比例一般为：2：3：3：2。

必须注意试题的难易程度与能力层次有一定的联系，但二者不是等同的概念。在各个能力层次中对于不同的考生都存在着不同的难度。在大纲中要特别强调这个问题，应告诫考生切勿混淆。

（6）本课程考试命题的主要题型一般有单项选择题、名词解释题、简答题、论述题、案例分析题等题型。

附录　题型及举例

一、单项选择题

在每小题列出的四个备选项中只有一个是符合题目要求的,请将其代码填写在题后的括号内。错选、多选或未选均无分。

凡是在某一相同性质上结合起来的许多个别事物的集体,当它成为统计研究对象时,就叫作(　　)。

A. 总体　　　　　B. 总量　　　　　C. 样本　　　　　D. 集体

二、名词解释题

教育文献

三、简答题

简述教育观察法的优点和缺点。

四、论述题

试论教育科学研究的两种形式——归纳和演绎。

五、案例分析题

有研究者对重点中学与非重点中学学生课余时间的安排进行了调查,结果如下:

活动	做作业	阅读课外读物	体育锻炼	打游戏	社会实践
重点学校	56 人	41 人	21 人	10 人	9 人
非重点学校	63 人	31 人	18 人	9 人	7 人
χ^2 值	16.95	34.56	2.75	1.41	4.45
P 值	0.00	0.00	0.10	0.24	0.04

试问:两类学校学生在课余时间哪些活动中表现为差异不显著? 哪些活动中表现为差异显著? 哪些活动中表现为差异极显著?

后 记

　　《教育科学研究方法自学考试大纲》是根据全国高等教育自学考试教育学(专升本)和心理健康教育(专升本)专业的考核要求编写的。2015年5月教育类专业委员会召开审稿会议,对本大纲进行讨论评审,修改后,经主审复审定稿。

　　本大纲由河南大学刘志军教授主持编写。张新海、曾继耘、李潇潇和李君宁等分别参加了相应内容的编写。

　　本大纲由北京师范大学马健生教授担任主审,首都师范大学孟繁华、北京师范大学胡定荣教授参加审稿并提出改进意见。

　　本大纲最后由全国高等教育自学考试指导委员会审定。

　　本大纲编审人员付出了辛勤劳动,特此表示感谢。

全国高等教育自学考试指导委员会

教育类专业委员会

2016 年 1 月

全国高等教育自学考试指定教材

教育科学研究方法

全国高等教育自学考试指导委员会　组编

编者的话

教育科学研究方法是教育科学课程体系中一个十分重要的领域,是高等学校教育学专业的一门必修基础课程,也是中小学教师在职培训的重要课程。

开设教育科学研究方法课,旨在介绍教育科学研究的基本理论、方法与规范,提高教师应用教育理论研究和解决教育实践有关问题的能力,为我国教育的改革与发展培养高素质的教师队伍。

随着教育教学改革的深入,越来越多的人认识到,没有教师参与的教育改革不会成功,或者可能会是一次不彻底的改革。由此,教师特别是教师作为专业工作者的重要性逐步被人们所认识。为了进一步促进教师专业发展,提高教师专业水平,从20世纪70年代开始,人们进一步提出"教师即研究者",反对外来的研究成果或观念对教师的控制,并试图改变教师等待研究者提供新成果,或纯粹依赖习惯、经验的状况。

"教师即研究者"是教师作为专业主体的延伸,也是满足现代专业可持续发展的必要条件。然而在实践中,教师作为研究者的角色仍仅作为迎合专业标准的理念存在。长期以来,教师们常常本能地认为,教师只是能够上课的人。换句话说,教师是专门教书的,是"教书匠",与搞研究的有相当的差距,研究只是专门从事研究工作的人员的事。教师要提高自己的教育教学成果,只要等待那些专门研究人员的研究成果,把他们的研究成果拿过来用就足够了。另一方面,一线教师对"教师即研究者"心存疑虑的主要原因是每天要备课、上课,还要批改作业,没有时间搞研究,担心做研究工作会增加教师本来就比较沉重的负担。

若要拉近教师作为研究者的应然期待与实然存在之间的距离,提高教师的专业意识和专业水平,就要改变长期以来的教师观念,改变教师面对教育科学研究的观念。在教育科学研究中,教师同样是研究的主体,教师不应再被视为专职研究者研究的对象,而应是参与甚至主动行动的研究者。古往今来,教育学的许多经典著作恰恰源于创作者的教育实践者身份。当教师发现问题、遇到困惑时,不再仅仅依靠外在的研究者,而是充分利用自己的智慧去探索问题、解决困惑。当然,在研究过程中,教师需要把研究与日常教育教学活动中的实际问题结合起来,使研究真正融入教师的日常教学活动,此时的研究不再是外在于教师的孤立的东西,它成为教师每天面对的教育现象和教学活动。这时,作为研究者的教师与作为实践者的教师在身份上是统一的,研究不再是教师的额外负担,教育科学研究也就真正为教师所接受。

观念转变是教师成为研究者的前提和基础。但观念转变并不意味着教师就可以直接成为研究者,作为研究者还需要具备一些条件,提升教师作为研究者的能力是至关重要的,而掌握基本的研究方法是促使教师作为研究者的能力提高的必要手段。本书的主要目的就在于通过介绍教育科学研究的基本理论、一般步骤,特别是介绍适合教师或未来从事教师职业的人可能采用的基本研究方法,使教师通过学习相关的研究方法,在实践中不断提高自己的研究能力,真正做到"教师即研究者"。

本书从教育科学研究的理论入手,第一、二章主要介绍了开展教育科学研究的基本理论与研究中必然涉及的主要工作,使教师和研究者能够明了研究的基本内容和基本框架。第三章则介绍了教育科学研究过程中的文献梳理,它既是研究的前提和基础,也是重要的研究方法之一。第四章至第六章介绍了教师和研究者常用的方法:教育观察法、教育调查法、教育实验法。近年来,由于教育行动研究与教育叙事研究逐渐显示出其独特的魅力,第一线的教师越来越青睐于这两类研究,本书第七、八两章对于这两类研究进行了专门介绍。在对教育科学研究步骤及主要研究方法介绍的基础上,本书第九、十两章还对教育科学研究资料的整理与分析、教育科学研究成果的表述与评价进行了介绍。综上所述,我们试图向读者展示出教育科学研究比较完整的框架,并努力以理论与实践相结合的叙述方式向教师和研究者提供一个教育科学研究的整体图景,对教师和研究者顺利开展教育科学研究提供理论与实践的指导。

本书由全国高等教育自学考试指导委员会组织编写,刘志军担任主编,张新海、曾继耘担任副主编。具体分工是:第一章由曾继耘编写,第二章由张新海编写,第三章由曾继耘、李潇潇编写,第四章由曾继耘、李君宁编写,第五章由刘志军、许越编写,第六章和第七章由张新海编写,第八章由曾继耘、李君宁编写,第九章由刘志军、许越编写,第十章由张新海编写。全书由刘志军统稿。由于编者水平有限,时间仓促,错误疏漏之处在所难免,恳请读者批评指正。

编　者

2023 年 5 月

第一章　教育科学研究概述

学习目标

1. 理解教育科学研究的内涵,掌握教育科学研究的对象及其特殊性,掌握教育科学研究的特征。
2. 掌握教育科学研究的主要分类。
3. 了解教育科学研究的发展历程,掌握每一阶段的主要特点及代表人物。
4. 掌握教育科学研究的伦理性规范与操作性规范。

建议学时

4 学时。

教师导读

本章是本书的第一章,是对教育科学研究的整体概述,因此思辨性、系统性较强,学习者在学习时要从整体上对内容进行把握,体会每一节彼此间的联系。

重要概念和术语

教育科学研究　教育活动　基础研究　应用研究　评价研究　预测研究　定量研究　定性研究

教育是以培养人为根本目的的社会活动,是人类生存与发展的重要基础。教育活动是一种复杂的社会现象,人们对它的认识是一个从不自觉、自然地认识,到主动、科学地认识的过程。与认识自然现象和其他社会现象一样,研究教育现象、认识教育规律,同样需要科学的研究方法。只有利用科学的研究方法,才能有效地研究教育现象之中各种复杂的问题,推动教育事业的良性发展。

教育科学研究属于人文社会科学研究范畴,是在一般科学研究基础上发展起来的。人类在长期的社会实践中,对于诸多自然现象和社会现象进行了不懈的研究和探索,形成和发展了一系列具有一定普适性的研究方法。当代教育科学研究正是在借鉴其他科学研究方法的基础上,结合教育现象自身的特点而进行的理论探讨和实践活动。因此,教育科学研究既有同一般科学研究的相同之处,也具有自身的独特特点。学习和理解教育科学研究方法的基本概念,熟悉和掌握教育科学研究的基本方法,有助于我们深入地认识和理解教育现象,科学准确地探索和研究教育问题。

第一节　教育科学研究的内涵、对象与特征

一、教育科学研究的内涵

人类社会产生之时,教育活动就开始出现了。但对教育的自觉反思与专门研究却是专职教师出现以后的事情。从古代东西方先哲对教育活动的经验式体悟,到近现代一批批教育家对教育规律的科学探寻和对教育意义的无限追问,再到当代世界各国基于国家民族发展的立场而开展的各种教育改革实践,教育科学研究经历了曲折而漫长的发展历程。那么,到底什么是教育科学研究呢?

教育科学研究是科学研究的一个组成部分。透视不同时代、不同形态的教育科学

研究活动,可以看到,一切教育科学研究的共同特点就是对教育活动的有意识的自觉反思。一般地,教育科学研究是指研究者有目的地运用一定的研究方法,遵循一定的研究程序,有计划、有系统地收集、整理和分析有关资料,从而揭示教育规律、发展教育知识体系的科学认识和实践活动。描述教育事实、解释教育现象、评判教育价值、预测教育未来或改造教育实践,是教育科学研究活动的基本追求,也是教育科学研究活动的基本样态。从广义上讲,任何对教育现象的自觉研究和探索都可以看作是教育科学研究。每一位教育理论工作者和教育实践工作者,在自己的实际工作中,都在不同程度地进行着教育科学研究工作,只是研究的水平、研究的层次不同,研究所面对的具体问题不同而已。

二、教育科学研究的对象

(一)教育科学研究的基本对象是教育活动

关于教育科学研究的对象,学界有着多种不同的观点,如教育现象、教育活动、教育问题、教育存在、教育规律等,这与各自选取的研究视角和研究领域有直接关系。一般来说,我们将教育科学研究的对象表述为教育活动,即一切以促进人的身心发展为直接目标的人类实践活动。当然,在这种生动、丰富、多变的活动中,人们逐渐形成了有关教育的意见、观点、思想、理论等,它们也可能成为教育科学研究的对象。据此,有学者把教育科学研究对象分为"理论形态的教育存在"和"实践形态的教育存在"两种。但是,实质上,"理论形态的教育存在"是人类教育活动多方面的"认识成品",而且人们研究这些观念、理论的最终目的也是为了更好地认识、理解和改造教育实践活动。因此,从这一角度而言,教育活动是教育科学研究最基本的对象。

(二)教育科学研究对象的特殊性

虽然教育科学研究也属于科学研究的范畴,拥有一些与其他科学研究共同的规范要求,但由于研究对象的差异,教育科学研究也拥有许多与其他科学研究不一样的独特要求。因此,要把握教育科学研究的特点,就必须先了解教育科学研究对象的特殊性。

教育科学研究的对象是教育活动。那么,作为研究对象的教育活动有哪些不同于其他科学研究对象(如自然现象)的特征呢?

1. 复杂性

复杂性是教育活动的首要特征。究其原因,首先是由于影响教育的因素非常多,任何一个因素的改变都可能导致连锁反应。据学者计算,兴办教育所涉及的因素的数目达 10^7 个,比生产火箭涉及的因素 10^6 个还要多一个几何级数。① 这虽然只是一种比喻说法,但却很形象地道出了教育影响因素的多样性和复杂性。其次是人的因素的介入。教育活动离不开人,人的价值与愿望会参与其中,影响教育活动的方向和形态。教育中的人,尤其是作为教育对象的青少年,其身心发展具有素质多样、易变可调等特点,而作为教育者的教师又无法对这些多样与变化一一了解和控制,这就使得任何一种教育活动都被纠结在复杂的因果关系之中,一因多果、多因一果、多因多果、亦因亦果的事例举不胜举。因此,在教育科学研究中,试图对一种教育现象进行一因一果式

① 杨小微.教育研究的理论与方法[M].北京:北京师范大学出版社,2008:63.

的简单的归因分析,往往是比较困难的,而必须以复杂的眼光、复杂的头脑去观察和思考。

2. 境域性

境域性是指教育情境具有不可复制性,在教育领域永远不可能出现两个一模一样的教育情境。教育活动总是发生在特定的情境之中的,在某一情境下形成的教育经验或研究结论,往往难以简单推广应用到其他类似情境之中。因为任何教育经验都是与特定情境捆绑在一起的,一旦剥离了情境,经验也就失去了其原有的效果。这就决定了我们在进行教育科学研究时,不能把某些所谓规律性的因素绝对化,一味地追寻能普遍解决教育问题的"金钥匙",而是要将普适性研究和个案研究结合起来。鲜活的个案研究往往能让教育科学研究变得更加深刻和丰满,变得更有说服力。

3. 整合性

整合性是指教育活动的实际效果,不是由某一个构成要素决定的,也不是由各个构成要素简单相加来决定的,而是取决于各个要素之间的整合优化。教育活动是由众多因素构成的,我们可以从不同的角度对教育活动进行因素分析。比如,从静态来看,教育活动的构成要素包括教育者、受教育者、教育内容和教育条件;从动态(实践形态)来看,教育活动可以分为教育目标、教育内容、教育策略(包括教育方法、教育组织、教育手段等)、教育评价等构成要素。一种教育活动效果如何,既不单纯取决于教育者或受教育者的素质,也不单纯取决于教育内容或教育条件这些客观因素,而是要看这些因素之间是否实现了有机的整合、和谐的搭配。我们设计一种优良的教育教学活动,不是先寻求各要素的最优,再将各个最优要素简单相加,而是要在特定教育条件下,运用系统论"结构决定功能"的原理,寻求各个要素之间的最佳结合,实现整体优化。因此,在教育科学研究活动中,必须将整合式研究和分解式研究结合起来,才能全面揭示教育问题的本质。即使我们从原子论的方法论出发,对教育活动的局部加以分解式研究,最终还是要把这一问题及研究结论放回到复杂的教育系统中去进行整体思考。我们已经看到,当代教育科学研究正越来越关注教育问题的整合性特点,在研究设计上的整体思维正越来越凸显出来,并在不同层面的教育科学研究中得到体现,如课堂层面的整合、学科层面的整合、学校层面的整合,乃至区域层面的整合。

4. 模糊性

模糊性是指在教育领域中,有许多变量还不能使用数字进行精确的描述。在教育实践活动中,我们常常需要对教育效果进行考量。然而,面对教育效果所包含的诸多变量,却往往没有有效的测量工具(如人格、品德),或者虽然有测量工具,却难以保证其测量结果的科学可靠(如智力、情感)。迄今为止,我们所能精确测量的,也就是知识的记忆与理解。因此,在教育科学研究中,如果想像自然科学研究那样要求对研究中所涉及的所有变量进行精确量化,那只能是一种苛求。在教育科学研究发展史上,受到科学主义思潮的影响,教育科学研究也曾为"科学化""精确化"做出过很多的努力,如 20 世纪二三十年代在欧美兴起的教育测量运动。但 20 世纪 50 年代以来,人们却越来越认识到,在教育科学研究领域越是追求精确化,越是偏离教育的本质。几乎任何一个荒谬绝伦的观点都能找到确凿的统计数据来证明自己的正确性,这一颇具讽刺意味的现实本身就证明了教育问题的模糊性特征。教育问题和自然现象之间的一个重要区别就在于教育问题难以像自然现象那样精确量化。控制论的创始人维纳在谈到社会研究中的数据收集时曾指出："对于一些基本模糊的量,如果给以任何意味的精确的数值内容,那是既无用处,也是不老实的,而任何想把精确的公式应用于这些不准确定义的量的企图,都只是胡闹和浪费时间。"①也就是说,面对一个原本比较模糊的事物,如果非要强求精确化,那么我们离这个事物的本质可能不是越来越近,而是越来越远了。面对教育问题的模糊性,我们在进行教育科学研究时,基于实践问题解决的需要,往往将定量研究与定性研究相结合,开展混合式研究。

5. 两难性

纵观教育科学研究活动的历史与现实,存在着大量在理论上悬而未决的两难问题,比如教育公平与教育效率、社会本位与个人本位、教师中心与儿童中心、兴趣与努力、自由与纪律、减轻负担与提高质量等。面对这些两难问题,教育理论往往以"辩证统一"来高度概括,无法做出更具体的阐释与说明。这就极容易导致教育理论研究的虚空,与实践改造的旨趣相去甚远。因此,解决这些两难问题,光靠理论研究是不行的,必须将教育理论研究与教育实践研究有机结合起来。其实,面对这些两难问题,教育实践也往往会摇摆不定,在某些时期某种条件下侧重或突出某一方面,在另一时期另一条件下侧重或突出另一方面。这是教育实践发展的正常规律。正是在左右摇摆中,问题不断被从"深刻"推向"片面",而后又矫枉过正,最终在一次一次的摇摆中实现在更高层次和更深意义上的互补。当理论研究与实践研究有机结合后,教育理论会因实践的支撑而变得更加丰满,教育实践也会因理论的导引而保持正确的方向。

三、教育科学研究的特征

教育科学研究具有一般科学研究的特征,也具有自身的独特性。理解和掌握教育科学研究方法,既要认识教育科学研究与一般科学研究共有的特征,也应当认识教育科学研究自身的特点。

(一) 科学研究的一般特征

教育科学研究是用科学的方法研究教育问题,因此,教育科学研究具有科学研究的一般特点,应当遵循科学研究的一般规范。

1. 研究目的在于探索规律,以解决重要的理论与实践问题

教育科学研究所追求的是对教育规律的探寻,在于从复杂的教育现象中发现有价值的规律,确定教育发展的原理、方法和理论,寻找对现实教育问题具有指导意义的教育教学策略。要达到这样的目的,就需要教育科学研究工作者以严谨的、符合逻辑的方式去解释教育现象,论证提出的假设,而不只是对资料的简单罗列和对事实的一般陈述。

2. 研究问题表述明确,界定清晰,并有可检验的研究假设

明确的研究问题是科学研究不可缺少的,也是教育科学研究有效性的前提。一项科学的教育研究应当对研究问题做出清晰准确的表述,对核心概念进行明确的可操作的界定,并提出可检验的研究假设,以明确研究的界线与方向。

3. 研究方法设计严谨,操作规范

---

① 杨小微.教育研究的理论与方法[M].北京:北京师范大学出版社,2008:47.

一项有价值的研究工作,是在一定的理论指导下,按照科学的方法和程序进行的。要使科学研究达到预期的目的,准确有效地揭示研究对象运动变化的基本规律,就要求研究者在研究过程中,按照科学认识的规律来开展研究,遵循一定的行动规范,以事实为依据,在可靠的资料基础上进行分析、得出结论。而资料是否可靠,结论是否合理,依赖于研究方法的设计与操作。盲目地、无序地进行研究,很难取得有效的成果。教育科学研究也是如此。在教育科学研究中,研究方法本身应该是可辨认的,与研究目的之间是有切合度的,方法的运用过程应该是规范的,收集的资料应该是可靠具体的,研究的结论也应该是可检验的。

4. 研究结果具有创新性,应对原有研究有所突破

科学研究是一种认识活动,它不能凭空产生,需要在继承前人和他人认识成果的基础上继续探索。但这并不是说科学研究只是对前人研究的机械重复。相反,科学研究的目的在于创新,在于在前人或他人的研究基础上发现新事实,获得新知识,寻找新途径,解决新问题。创新性是科学研究的基本特征。对原有理论体系、思维方式及研究方法有所突破,这是科学研究最重要的特点,也是科学研究拥有价值的前提。教育科学研究也是如此,应当就广泛的教育问题进行创造性的研究,在错综复杂的教育现象中发现前人没有发现或者没有解决的问题,并提出独特的问题解决方案。简单重复或机械模仿式的研究,只会是对教育科学研究资源的浪费。

(二)教育科学研究的独有特征

教育科学研究除了具有一般科学研究的特点外,还具有一些独有的特征。教育科学研究的独特性主要表现在:

1. 综合性

教育是一个系统工程,教育问题涉及多方面的因素,来自社会的、经济的、家庭的和学生自身的因素都会影响教育现象的发生和发展。在对一个教育问题进行考察的过程中,不只是考虑教育内部的问题,还要综合考虑对一个教育问题可能产生影响的诸多因素,这就决定了教育科学研究具有综合性。如,对一所学校的改革与发展的考察,我们要考察这所学校内部的状况,包括学校的环境、学校的风气、学校的管理模式与方法,教师队伍的年龄结构、学历结构、教育观念、教育方法,学生的学习状况、精神面貌等。同时,我们也要考察这所学校周围的环境、社区的特征、家长的状况等因素。通过对这些问题的综合考察,才能比较全面地认识这所学校。

2. 长期性

教育是培养人的活动,培养人的过程是一个长期的过程。俗话说,"十年树木,百年树人。"与此相对应,系统地进行教育科学研究也往往需要经过一个比较长的周期。比如,在小学进行一轮普通的学制改革实验研究,就需要用5~6年的时间。如果是一项中小学的教改实验研究,就要用10~12年的时间。假如再进行验证性的研究,所需要的时间就会更长。赞可夫所进行的"教学与发展"的实验研究,先后用了近20年的时间。可见,教育科学研究是一项长期性的研究活动,需要教育科学研究工作者长期不懈的努力。

3. 实践性

教育科学研究是一项针对性很强的工作,许多教育科学研究问题都是对现实的教

育问题的探索和研究,是针对现实的教育问题提出来的。比如中小学生课业负担过重的问题,是社会上十分重视和关心的,一些教育工作者对这个问题进行了深入的调查和分析,具体地了解学生负担的现状,有针对性地提出建议。从某种意义上说,真正有价值的教育规律来自教育实践,来自在教育第一线辛勤工作的教师之中。第一线教师有许多默默无闻的"教育家",他们在用自己的行动实践着某种教育理论,同时也在创造着新的教育理论,所以教育科学研究具有很强的实践性。教育科学研究既需要理论上的思辨,更需要实践中的探索。在教育实践中存在着许多值得研究的问题,在教育改革实践中发现问题、解决问题,在解决问题的过程中总结规律、丰富理论,这是教育科学研究的根本路径。

4. 群众性

教育科学研究并不是只有教育专家才能完成的,它具有广泛的群众基础和社会基础。只有教育理论工作者和教育实践工作者密切合作,将教育理论和教育实践紧密结合起来,才能有真正的教育科学研究。同时,广大的第一线教师和管理工作者在积极参与教育科学研究的过程中,也使自己更清楚地认识教育规律,更自觉地运用教育科学研究成果指导自己的教育实践。

5. 伦理性

教育科学研究的对象往往是教育活动中的人,尤其是儿童和青少年,许多课题的研究是直接与人的发展、人的行为有关的。教育科学研究与自然科学研究中,针对各种研究对象的一个最重要的区别就在于教育科学研究要遵守一定的道德原则和规范。一些可能会伤害、惊吓、妨碍受试者,或会使受试者个人的某些权利受到侵犯的研究,按照教育科学研究的道德原则都是不允许的。

第二节　教育科学研究的类型

在教育科学研究实践中,存在着各种类型的教育科学研究活动。区分不同类型的教育科学研究活动,准确把握不同类型教育科学研究活动的特征,有助于我们从总体上理解教育科学研究及其方法。

一、基础研究、应用研究、评价研究和预测研究

按照研究目的的不同,可以将教育科学研究分为基础研究、应用研究、评价研究和预测研究。

(一) 基础研究

基础研究是指那些具有较强的理论性,可直接在某个领域增添知识、提高认识的研究。基础研究的主要目的在于通过研究寻找新的事实,阐明新的理论或重新评价原有理论,从而为某一学科的现有知识体系增加新的内容,以建立、发展和完善某种理论。它回答的是"为什么"的问题,研究内容往往是概括程度较高的基本理论和基本规律,与建立教育科学的一般原理有关。基础研究的成果往往能扩大一些新的知识领域,并可以在较大范围内应用。也有一些基础研究的成果可能暂时得不到应用,但从长远观点看,在理论上和实践上是有价值的,往往在某一学科或某种理论中起到奠基作用。教育领域基础研究的范围很广,涉及教育教学的一些基本问题,如关于教育本

质的研究,关于教育功能的研究,关于教育优先发展战略的研究,关于教学中的学生主体性问题的研究,等等。

（二）应用研究

应用研究是有直接应用价值的研究。应用研究的目的在于将基础研究的理论成果应用于特定的实践活动,探索解决这一实践活动中存在的实际问题的有效途径或方法,回答的问题是"如何改进"。应用研究解决的问题是当下的实际问题,与教育实践直接相关,其研究结果对教育实践具有直接的指导作用。如对于某一学科的教学内容、教学方法、教学组织方式的研究;对于学生行为习惯的培养、班集体的建立、班队会活动等内容的研究等。应用研究的内容比较具体,并且在研究中需要把有关的理论与教育改革的实践紧密结合,解决当前教育教学改革中遇到的现实问题。因此,有成效的应用研究在理论和实践上都是有一定意义的。

（三）评价研究

评价研究是通过收集和分析资料数据,对一定教育目标和教育活动的相关价值做出判断的过程,回答的问题是"怎么样"。一个教育方案是否科学、是否具有价值和实施的可行性以及实际执行的效果,一项教育活动的意义、价值究竟如何,其实施结果的有效性如何,等等,都需要进行科学的评价。评价活动本身需要做科学的设计和操作,通过收集、整理和分析有关的资料,得出有说服力的结果。如基础教育课程改革方案及其实施效果的评价,一所学校整体改革研究方案及其实施情况的评价,一种实验教材的特征及其可行性的评价,等等。

（四）预测研究

预测研究的主要目的在于分析事物未来发展的前景和趋势,回答"将会怎么样"的问题。研究者在对历史和现状的考察中,在对现实的各种条件分析的基础上,以一定的理论模型为基础,对教育发展的趋势做出预测。这种预测并不是简单的猜想,而应当是有根有据的。因此,其结果对人们研究教育的发展和现实的教育问题设计都是有帮助的。例如新世纪基础教育课程与教材发展趋势的研究,未来十年我国高中教师职前培养模式的研究,我国未来基础教育政策发展的前景研究等。

二、直觉观察、探索原因、迁移推广和理论阐释[①]

作为研究教育现象所采用的方式、手段或遵循的途径、程序、格式和规则,研究方法具有不同的层次、水平和不同的类型。按照研究水平和层次的不同,可以将教育科学研究分为直觉观察水平的研究、探索原因水平的研究、迁移推广水平的研究和理论阐释水平的研究四种。

（一）直觉观察水平的研究

直觉观察水平的研究回答的问题是:"发生了什么?"例如:小学一、二年级的学生一节课能识多少字? 男、女学生在识字方面有什么不同的特点?

（二）探索原因水平的研究

探索原因水平的研究回答的问题是:"为什么会发生这种现象?"这种研究属于探究因果关系水平的研究。例如:学生识字能力的增强是因为采用了新的识字方法,还

---

① 裴娣娜.教育研究方法导论［M］.合肥:安徽教育出版社,1995:8.

是由于学生从小在日常生活中从父母那里学习了部分词汇?

（三）迁移推广水平的研究

迁移推广水平的研究回答的问题是:"在不同环境条件下将发生同样的现象吗?"例如:新的识字教学方法在城市小学可行,在农村小学也可以采用吗? 在正常儿童中可行,在特殊儿童中也可行吗?

（四）理论阐释水平的研究

理论阐释水平的研究回答的问题是:"研究中有哪些潜在的基础理论原则?"例如:新教学法之所以有效,是由于它符合汉字的结构特点,符合儿童识字的认识特点,并通过对集中识字与传统识字法的特点与不足的对比分析,找到各自的适用范围和条件。

三、定量研究与定性研究

按照研究中对收集、处理资料方法的不同,可以将教育科学研究分为定量研究和定性研究两种。

定量研究是主要运用数据和量度来描述研究对象特征或变化的研究。它是在理论思辨的基础上,将研究内容分解为某些因素或变量,运用数据进行度量,通过数据的统计分析形成对教育现象内、外部关系的结论,对结论的表述也主要依靠数据、图表等手段。定量研究的主要功能是描述、推断和预测,其主要手段有教育统计、教育测量、教育评价等,常出现在教育实验、社会调查、教育观察等研究之中。定量研究往往比较追求研究结论的客观性、精确性和普适性,因此非常注重对研究过程进行设计和控制,强调研究样本的代表性。

定性研究也叫质的研究,是着重运用描述性分析来解释教育现象的含义和特征,进而理解教育现象或问题的性质或意义的研究。定性研究的主要功能是描述与解释,是对特定情境下教育活动的本质或意义的探寻,因而比较注重研究结论的情境性和深刻性,而不太追求其代表性和普适性,研究结论的表述也大多使用文字进行描述,而不是依赖数据和量度。由于定性研究与教育问题的境域性有着很大的切合性,因此,掌握定性研究的基本方法对教育科学研究者来说非常必要。定性研究的方法,较多地运用于历史研究、文献研究、观察研究、逻辑分析、内容分析、实地考察、个案研究等研究活动之中。

综上所述,定性研究与定量研究同属于实证研究的范畴,它们各有优劣,又相互配合,分别从不同的侧面,从微观与宏观(点与面)、复杂性与一致性、纵向与横向、背景与前景等方面,对教育现象进行全方位、多角度的特征分析和意义阐释,使结果更具说服力和科学性。在进行一项新的教育科学研究项目时,一般在定量研究之前常常都要以适当的定性研究"开路"。有时候,定性研究也用于解释由定量分析所得的结果。

第三节　教育科学研究的历史考察

教育科学研究的发展经历了一个孕育、发展和成熟的过程,它始终伴随着人类教育的发展。对这一过程发展变化的考察,将有助于我们历史地把握教育科学研究的变化轨迹,从而具体揭示教育科学研究发展的基本规律。

教育科学研究的发展历程,是一个逐渐科学化的进程。如果从人类对教育问题进行自觉思考开始算起,教育科学研究至少有两千多年的历史。这段历史大体可以划分为四个阶段,即前学科时期、教育学学科形成时期、教育科学研究方法学科形成时期和现代教育科学研究方法论变革时期。①②

一、前学科时期

前学科时期是指从教育科学研究萌芽到教育学作为独立学科形成之前教育科学研究的发展时期。教育学科首先在西方形成,我国教育学科是在引进西方教育学科的基础上发展起来的,因此中西方教育科学研究的历史起点以及教育学科的形成时间差异较大。按照西方教育学科形态发展的历史线索来划分,从公元前5世纪的古希腊至16世纪末近代科学产生,是教育科学研究的前学科时期。具体来说,我们可以把古希腊哲人对教育的有关探讨作为前学科时期的起点,把夸美纽斯的《大教学论》的诞生作为前学科时期的终点。而按照中国教育学科形态发展的历史线索来看,中国教育科学研究的萌芽应该追溯到春秋战国时期(这一时期保留下来许多有关教育的思想和观点),教育学科的形成则要比西方晚得多,是到19世纪末才开始逐渐从西方引进的。所以,中国教育科学研究的前学科时期,应该是从公元前770年延续到19世纪末这一个漫长的历史时期。在古代中国两千多年的发展过程中出现了一大批教育大师。从孔丘、墨翟、孟轲、荀况、董仲舒、王充、韩愈、朱熹直到王夫之,他们在总结教育实践经验的基础上,不仅形成了中国古代丰富的教育思想,而且提出了他们研究教育的种种方法论观点。

这一时期虽然历史跨度很大,但人们研究、思考教育问题的基本思维方式和具体研究方法没有发生很大的改变,体现出一些共同的特点。

(一)教育科学研究开始萌芽,研究方法主要是直接观察和简单类比

这一时期,人们对教育现象的认识主要依赖于不充分的观察、实际经验的总结和直觉基础上的思辨。虽然有简单的逻辑推理,但总的看来是笼统、直观、综合地认识教育现象,带有明显的朴素性和自发性。

观察是人生而具有的认识世界的基本方法,也是古代思想家们研究教育、思考教育问题的重要基础。关于观察在人类认识活动中的重要意义,早在古希腊先哲那里就已经有了清晰的论证。古希腊的哲人亚里士多德在他的《工具论》中创立了形式逻辑,提出了科学研究的"归纳—演绎"程序,如图1-1所示③:

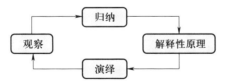

图1-1 亚里士多德的"归纳—演绎"程序

亚里士多德认为,任何真理性的认识都是从观察开始的,在观察的基础之上,人们

---

① 裴娣娜.教育研究方法导论[M].合肥:安徽教育出版社,1995:19-32。
② 叶澜.教育研究方法论初探[M].上海:上海教育出版社,1999:28-90.
③ 裴娣娜.教育研究方法导论[M].合肥:安徽教育出版社,1995:22.

获得许多感性经验,这些经验经过归纳整理形成一些解释性原理,要想验证这些解释性原理正确与否,则要经过演绎过程,从解释性原理出发导出个别结论,并回到观察中,与观察结果相比较,接受经验的检验。这就是亚里士多德提出的科学研究的基本程序,反映了人类认识的基本规律,是后世人类认识论发展的重要基础。在这个研究程序中,观察占据着非常重要的位置,既是一切科学研究的起点,也是一切科学原理的检验标准。在前学科这一漫长的历史时期中,观察一直是人们认识世界的基本方法,也是研究教育问题的基本方法。而且,由于当时缺乏观察的辅助仪器,人们主要靠直接观察,即靠自己的感官对教育现象进行观察,在对观察经验的不断反思总结中,形成自己的教育思想。

在这一时期,还有一种常用的研究方法是简单类比。类比推理是科学研究中常用的方法之一,它是以关于两个事物某些属性相同的判断为前提,推出两个事物的其他属性相同的结论的推理方法。简单类比就是类比推理最原始的形态,它不进行严密的相同属性分析论证,而是依靠对两个事物属性的直觉而做出推理。这样的推理形式在我国古代思想家论述教育问题时随处可见。如,《学记》中的"玉不琢,不成器;人不学,不知道""虽有嘉肴,弗食,不知其旨也;虽有至道,弗学,不知其善也",《劝学篇》中的"木受绳则直,金就砺则利。君子博学而日参省乎己,则知明而行无过矣""不登高山,不知天之高也;不临深溪,不知地之厚也;不闻先王之遗言,不知学问之大也""积土成山,风雨兴焉;积水成渊,蛟龙生焉;积善成德,而神明自得,圣心备焉",等等。这样的推理方式生动形象,给人以很多的启示,但是这样的论证难以保证结论的科学性和准确性。

(二)教育科学研究的思维方式表现出整体性和笼统性的特点,具有朴素的辩证法色彩

在古代社会,受科学发展水平和社会历史条件的限制,人们还不能对自然界、社会以及教育现象进行解剖式分析,而是将世界看作一个混沌的整体,从总体上进行观察研究。对教育现象的研究偏重整体而忽视部分,偏重综合而忽视分析。因此这一时期的教育科学研究主要是由哲学家、思想家来进行的,对教育问题的思考也只是描述整个教育的一般变化,还不能对这种变化的具体过程、原因做出分析,也就不能对教育的一般性质做出清楚的阐释。

朴素的辩证思维,也是这一时期中外教育科学研究的共同特点。辩证法是阐明对立面相互关联和相互转化的思想,是一种逻辑论证的形式,是通过论证或分析命题中的矛盾,以及事物存在的不同方面来探寻世界的本质、求得真理的方法。它强调人们认识事物时,不能只看到事物的一个方面,而要看到事物的不同方面,尤其是相互矛盾、相互对立的方面,才能保证我们对事物的认识是比较全面深刻的。在中国古代哲学中,就有丰富的辩证法思想。早在公元前11世纪,人们在同大自然作斗争的丰富经验的基础上,提出了早期的阴阳学说,用相互对立的阴阳二气的交互作用来说明天地万物的产生和变化。后经历代先哲们的发展,形成了具有中国传统文化特色的辩证法思想,留下了许多千古传诵的辩证箴言,如"柔弱胜刚强""祸兮福所倚,福兮祸所伏""物极必反""静即含动,动不舍静""推故而别致其新"等。这种朴素的辩证法思想,在中国古代教育思想中有着非常突出的体现,具体表现在先哲们关于文与道、言与行、知与行、学与思、师与生等辩证关系的分析论述中。尽管历代教育思想家们对这些范畴有着不一样的观点，如关于"知与行"就有"知先行后""知行合一""行先知后"等不同看法，但都是在反复阐明对立面相互依存和相互转化而引起发展变化的辩证思想。

欧洲古希腊哲学中，也有着丰富的辩证法思想。恩格斯曾说古希腊的哲学家都是天生的自发的辩证论者。早在公元前 6 世纪，赫拉克利特便以朴素的形式提出并说明了对立统一的辩证法思想。他认为一切都由对立而产生，他说："自然也追求对立的东西，它是从对立的东西产生和谐，而不是从相同的东西产生和谐。"亚里士多德也在研究当时诸多科学的基础上，探讨了辩证思维的最主要形式。亚里士多德研究了"一和多""整体和部分""个别和一般""质料和形式""潜能和现实"等范畴之间的关系，阐述了对立物的相互联系和相互转化的思想、不能把对立面僵化的思想、整个逻辑范畴都是在对立中发展的思想等。正是基于这种辩证思想，亚里士多德通过对教育现象的辩证分析，提出了关于人的教育发展三阶段理论以及与之相应的三育教育（身体训练、品格教育和智力教育）思想。

（三）研究成果经验性强，没有形成严谨的理论体系，但形成了教育科学研究的基本问题域

如前所述，在前学科时期，人们研究教育问题的方法主要是直接观察和简单类比，是从观察事实材料出发加以概括总结从而得出结论。这就使得当时的研究成果的经验性比较强，大多都停留在零散的经验介绍水平，表达方法以描述性的记述为主，较分散零碎，没有形成严谨的理论。当时的教育思想大多散落在哲学家有关哲学、政治、伦理等的著作中，还没有以教育专著形态存在。即使是被誉为世界古代教育史中的杰出篇章、专门论述如何培养雄辩家的著作——古罗马昆体良所著《雄辩术原理》，其内容的五分之四也是在讨论雄辩术本身，而不是讨论教育问题。

然而，这并不等于说古代对教育的探讨与观点不重要。相反，这些观点在很长的历史时期里成为教育科学研究的基本认识前提。人们对教育认识的整体性突破与进展，往往是从重新思考和批判这些前提性结论出发的。所以，在一定意义上，我们可以说，古代教育科学研究的结果形成了认识教育现象的前提性问题域，是教育理论的基础构成。这些问题包括：人与社会是否需要教育？人是否有接受教育的可能？造成人与人之间差异的原因是什么？教育对人的主要作用是什么？人什么时期接受教育最重要和最有效？等等。对这些问题的回答，古代教育家与近现代教育家可能有着较大的差别，但我们可以说，前学科时期对人类教育认识最重要和最有价值的贡献，不在于得出了什么结论，而在于提出和形成了教育科学研究的基本问题域。①

二、教育学学科形成时期

17 世纪至 19 世纪末 20 世纪初，是教育学独立学科形成时期。在 17 世纪近代科学产生以后，随着自然科学和哲学的发展，教育学逐渐走上了从传统哲学体系中分化出来、形成独立学科的发展道路，其间，教育科学研究的方法也随之发展，在方法论和具体研究方法上都发生了较大的变化。而导致这种变化的现实动因是：普及教育的不断发展，使探索教育规律、提高教育效率成为必需。

---

① 叶澜.教育研究方法论初探［M］.上海：上海教育出版社,1999:37—39.

欧美近代教育史上比较有影响的普及教育运动有三次。第一次是宗教改革时期的普及教育运动,旨在教会孩子一些最基本的识字、计算技能,以达到人人可以读《圣经》、人人可以与上帝直接对话的目的。第二次是 18 世纪普鲁士各公国实施的强迫教育,旨在通过军事训练和道德教育,把自己公国内的年轻人培养成能征善战、对封建主忠贞不二的合格士兵,以适应当时普鲁士各公国之间经年不断的战乱纷争。第三次普及教育运动是 19 世纪二三十年代开始的义务教育运动,旨在培养资本主义生产所需要的新型人才。这次运动的动力来自于资本主义生产方式的根本变革,即由手工业生产向机器大生产的改变。机器大生产与普及教育的关系在于:其一,机器大生产对劳动者的素质提出新要求,需要劳动者拥有一定的文化知识,这就需要扩大教育规模,实施普及教育;其二,机器大生产的技术基础是相同的,表现为机械学的基本原理,这又为通过学校普遍传授生产知识奠定了技术基础,使普及教育成为可能。在这三次普及教育运动中,前两次因为没有坚实的经济基础而归于失败,而第三次普及教育却历时一百五十多年,在经济发展的不断推动下最终得以实现。随着普及教育在欧美一次一次的推进,教育规模逐渐扩大,这就要求对教育现象的研究不能还仅仅停留在经验层面,而是要提升、概括到一定的理论高度,揭示教育教学活动的一般原理和过程模式,探究如何按照教育对象的本性组织教育教学活动。夸美纽斯关于班级授课制及教学原则的研究,卢梭关于自然主义教育的探寻,赫尔巴特关于教育目的与可能性的深入研究,都是在这样的背景下出现的。总之,这一时期对教育科学研究成果的概括性、理论性、深刻性的要求变得越来越高,教育科学研究也逐渐进入到更高的发展水平,呈现出与前学科时期不一样的发展特征。

(一) 教育科学研究从经验的描述上升到理论的概括,走上了理性化、理论化、系统化的发展道路

这一时期,人们开始把教育作为一个过程来研究,不仅描述现象的特点,更着重揭露现象间的内在联系。作为这一时期教育科学研究发展的重要标志,教育学开始从哲学中分离出来,成为一门独立的学科,并出现了一大批教育大师和杰出的教育理论著作。从最早的夸美纽斯的《大教学论》,到卢梭的《爱弥儿》、洛克的《教育漫话》、裴斯泰洛齐的《林哈德和葛笃德》,再到集近代教育之大成的传统教育的典型代表——赫尔巴特的《普通教育学》,人们对教育的认识变得越来越理性化、理论化和系统化。

(二) 受哲学发展的影响,形成了两种以不同哲学理论为指导的教育科学研究范式:归纳式与演绎式,实证研究与思辨研究

进入近代社会以后,欧洲哲学家们在清除经院哲学影响的同时,开始在继承亚里士多德科学研究程序的基础上,寻找一种更有效的科学认识方法论。人们积极探求认识的根源和结构,试图回答“世界是怎样认识的”这一认识论的根本问题。由于不同的哲学家对亚里士多德科学研究程序中两个最重要的方面(归纳与演绎、经验和理性)的侧重点的不同,形成了哲学理论上的分歧,导致了欧洲哲学的分化,形成了经验论和唯理论两大哲学派别。这种分化对教育科学研究方法论的发展产生了极其深远的影响。

欧洲经验论的代表人物是弗兰西斯·培根。作为英国唯物主义和整个现代实验科学的真正始祖,他反对中世纪的教条主义、形而上学的哲学,强调经验对于我们认识世界的重要意义,认为后天获得的对外部世界的感觉是认识的来源,一切真理的认识都是来源于感觉,感觉通过归纳而获得经验,才能得到真理性的认识。培根曾经对亚里士多德的研究程序做了改造,形成了"观察—实验"的实证方法体系:首先进行观察,从经验事实出发逐步归纳上升到普遍性的理论知识,再运用实验的方法来验证这个知识正确与否。这种方法体系突出了经验的积累和分析,强调科学方法的经验性质,力图用归纳逻辑来代替演绎逻辑,不太重视理论方法的作用。培根的经验论及其观察—实验的方法体系对近代以来的教育科学研究方法产生了重大影响。夸美纽斯正是以经验论作为其研究教育现象的方法论基础而形成了他的教育理论体系,提出了感觉先于理解的主张,以及"感觉—记忆—理解—判断"的教学程序,并十分强调直观教学的作用。洛克提出的著名的"心灵白板论",也是对培根经验论的继承与发展,而他的感觉主义及其代表作《人类理解论》更是把经验主义推到了他所处时代的顶峰。

与经验论产生于英国不同,唯理论的发源地是德国和法国,代表人物是法国的笛卡儿和德国的莱布尼茨。与经验论强调感觉经验、归纳法和实证研究的重要性相反,唯理论强调理性、演绎法和思辨研究的重要意义。他们认为,一切真知都是由简单自明的观念演绎出来的,只有理性才是真实知识的唯一可靠来源。经验是靠不住的,因为每个人对同一个事物的经验感受是不一样的,任何经验都带有主观色彩,容易导致谬误和激烈的争论。科学知识体系从哲学开始,建立在理性的直觉与演绎法的基础之上。人们认识世界首先是要把握世界的本源,再由世界的本源推演出真理性的认识。唯理论特别强调科学方法的演绎性质,主张的研究方式是演绎式的思辨研究。这种研究方法论是对古代哲学取向教育科学研究的继承与发展,对近代以后教育科学研究的发展也产生了很大影响。

18世纪末,康德站在唯理论立场上,企图使经验论与唯理论结合,把世界统一在思维的基础上。基于对人的认识能力的批判研究,他提出了由感性、知性、理性三个层次组成的认识发展过程理论。在科学研究方法上,他既提倡教育实验,也提倡理性和自由。他的哲学思想,不仅带来了德国教育科学研究的空前繁荣,而且也给众多教育家,诸如裴斯泰洛齐、赫尔巴特、福禄培尔等以深刻的影响。赫尔巴特正是以康德的哲学观为基础研究教育的。赫尔巴特是近代以来第一个有意识地提出教育科学研究方法问题的人。在经验论与唯理论的分歧上,他持一种比较辩证的立场。在《普通教育学》中,他把教育学研究的核心问题分为两大类,一是有关教育目的的问题,二是有关教育事实与方法的问题,而且认为这两种问题的性质不同,需要运用不同的方法来加以研究。他说:"教育学作为一种科学,是以实践哲学和心理学为基础的。前者说明教育的目的,后者说明教育的途径、手段与障碍。"[①]他反对教育学仅仅依赖于哲学或仅仅满足于经验描述的状态,认为教育科学研究既要依赖哲学方法,也要运用科学方法:价值研究用哲学方法,事实研究用科学方法。这就不仅把方法与对象的关系问题提到了教育科学研究的意识域之中,而且使教育科学研究在方法上不陷于单一的境地。他在概述普通教育学的形成方法时曾说:"这本书的产生,是出自我的哲学,同时

① 赫尔巴特.普通教育学·教育学讲授纲要[M].李其龙,译.北京:人民教育出版社,1989:190.

也是根据我的哲学思想,利用各种机会,收集并整理我精心安排的观察和实验的材料。"①

(三)心理学开始成为教育科学研究的理论基础

前学科时期的教育科学研究的主要前提是哲学。进入近代以后,由于教育科学研究的中心范畴从教育目的、功能等形而上的问题转向班级的组织、儿童的发展等更为具体的问题,加上心理学自身在观察实验基础之上的科学发展,心理学在教育科学研究中的地位逐步得到提升,成为教育科学研究的重要前提。这种倾向从中世纪末的维韦斯那里就显露出来,经裴斯泰洛齐的有意识的尝试,到赫尔巴特那里得到了完全明确化。如果说裴斯泰洛齐主张"教学的原则必须从人类心智发展的永恒不变的原始形式得来",让我们隐约看到了心理学的痕迹,那么赫尔巴特则不仅明确了心理学作为教育学研究理论基础的地位,而且运用"多方面兴趣"的原理论证了教学任务和课程内容,运用观念的运动统觉原理论证了教学过程的形式阶段,使其教学论真正建立在心理学的基础之上。尽管这时的心理学思想还局限于以经验论、联想论和感觉论为主要形式,方法上还存在片面地以力学规律来解释心理现象等问题,但将心理学作为教育学的前提与基础,还是使教育科学研究在科学化方向前进了一大步。

(四)实验法在教育科学研究中得到初步应用

早在中世纪,实验法就作为一种研究方法在某些研究领域(如解剖学)开始得到应用。17世纪培根提出经验论和观察实验方法体系之后,实验法就获得了更快的发展。整个欧美的自然科学主要就是借助观察实验的方法体系获得发展的,实验法是近代自然科学发展最重要的方法。教育领域运用实验法比自然科学要稍晚一些,是在18、19世纪实证主义思潮和科学主义思潮的影响下实现的。当自然科学借助于实验法获得空前的飞速发展后,社会问题(包括教育问题)能否借助于实验法来实现快速发展,就成为人们思考和探索的突出问题。在这种背景下,一些教育家开始尝试进行教育实验,用实验法来研究教育问题。如,裴斯泰洛齐于1774年创办"新庄孤儿院",进行初等教育新方法的实验研究;德国的梅伊曼和赖伊创立"实验教育学",把心理实验的方法直接应用于教育科学研究之中;19世纪初期欧文创建"共产主义实验区",开展教育与机器大生产相结合的实验研究。虽然那时候还没有良好的量化工具,统计技术尤其是心理测量还没有发展起来,加之教育实验是非常宏观的实验,没有办法做严密的条件控制,导致这些早期的实验研究还比较粗糙,大都是有实验之名而无实验之实,很多结论都带有推测的味道,比较主观、笼统,但是,实验法在教育领域的采用还是标志着教育科学研究方法的长足发展。

三、教育科学研究方法学科形成时期

20世纪前半期,是教育科学研究方法形成独立学科的时期。这一时期,新兴科学飞速发展,科学内部分工日益精密和专门化,对物质结构的研究愈来愈深入,科学研究更加重视理论模式和结构的作用。这些都要求对各门学科的共同问题,特别是科学方法论问题进行专门的研究。正是在这样的背景下,教育科学研究进入了一个新的发展阶段。

① 威廉·博伊德,埃德蒙·金.西方教育史[M].任宝祥,吴元训,译.北京:人民教育出版社,1985:332.

促进教育科学研究及其方法发生重大变化的直接原因,是20世纪初期形成的"传统派教育"与"现代派教育"之间激烈的论争,而这种理论论争的直接原因则是经济的发展。19世纪末20世纪初,西方资本主义生产方式从简单扩大再生产逐步转向相对扩大再生产,这种转变对劳动者的素质提出了更高的要求,更强调组织管理能力和技术革新能力的发展,要求劳动者拥有比较高的文化水平和智力水平。而当时在赫尔巴特教育理论指导下的欧美教育实践却似乎无法培养出新型社会所需要的人才,无法满足时代的要求。于是对赫尔巴特教育理论的反思与批判成为这一时期教育科学研究的突出特点,出现了许多区别于赫尔巴特教育理论的教育思想,如西欧的"新教育"思想和杜威的进步主义教育理论。其中,杜威的进步主义教育理论是最重要的代表。杜威在其实用主义教育哲学基础上,对当时以赫尔巴特为代表的传统教育理论的概念、范畴和理论体系进行了全面批判,强调必须从教育实验中构建教育理论,亲自主持了长达八年之久的美国芝加哥实验学校的教育实验,并构建了以"新三中心"(即学生中心、经验中心、活动中心)为核心思想的"现代派"教育理论。自此,以赫尔巴特为代表、以"旧三中心"(即教师中心、教材中心、课堂中心)为核心理念的"传统派教育",与以杜威为代表的、以"新三中心"为核心理念的"进步派教育"之间的激烈论争开始形成。起初,这种论争主要是观点之争,但当人们发现这两种截然对立的思想似乎都可以找到足够的研究成果来证明自己的科学与正确时,人们便开始怀疑这些研究成果获取的方法是不是科学,因为如果研究方法是不科学的,得出的结论就是不科学的,也就难以保证对应观点的正确性了。于是,传统派与现代派之间的论争开始由观点之争转向研究方法之争。人们开始考虑,到底应该从什么样的研究方法出发,才能够得出科学有力的研究结论。这种研究方法的争论使得人们更多地关注研究方法问题,使原来处于争论背后的隐性的研究方法问题越来越显性地显现出来,成为大家关注的焦点。随着关于教育科学研究方法的思想的逐渐丰满,教育科学研究方法就慢慢地从教育学比较混沌、庞杂的体系中分化出来,成为教育科学体系中的一门独立学科。

这一时期,教育科学研究活动的主要特点包括:

(一)教育科学研究方法论从教育学和哲学中分化出来,形成独立学科

正如上文所言,受经济发展方式和教育理论论争的影响,教育科学研究方法这门学科在20世纪初期逐渐从教育学和哲学中分化出来,形成了独立学科。其独立的标志主要有两个:一是1909年美国芝加哥大学率先开设了教育科学研究方法课程。这表明教育科学研究方法的学科体系已经基本完备,因为只有一门学科具有了相当的学科体系,它才能够作为一门课程来开设。二是这一时期出现了许多教育科学研究方法方面的专著。如吉特的《教育之科学的研究》、谷德的《教育研究法》、柯斯的《教育问卷法》、麦柯尔的《教育实验法》、士路特的《如何做研究工作》、特尔欧的《教育之科学研究》、怀特的《教育研究的方法》等。除了国外的这些早期著作外,受欧美教育的影响,我国在这一时期也出版了一些教育科学研究方法著作,有罗廷光的《教育科学研究大纲》、朱智贤的《教育研究法》、钟鲁斋的《教育之科学研究法》等。

(二)在移植其他学科的研究方法的基础上,初步形成了教育科学研究方法体系

一门学科的独立,不仅需要其理论体系比较完整,而且需要其在研究方法上比较系统完整。传统的教育科学研究方法相对来说是比较单一的,除了理性思辨研究之外,只有零星的一些不太科学的实验研究和观察研究。于是,人们打开视野,开始探索将其他学科的研究方法移植到教育科学研究中来。受自然科学研究方法的影响,实验法、观察法、统计法被正式引进到教育领域之中。受社会学、历史学等其他社会科学的影响,调查法、文献法、历史法等方法也成为教育科学研究方法体系的重要组成部分。到了20世纪前半期,心理学已然比较成熟,其测量法也被引入到教育科学研究之中,成为教育科学研究的一种重要方法。这样,在移植其他学科的研究方法的基础上,初步形成了教育科学研究方法体系。

但是,这些移植过来的方法的"教育学化"做得不好,更多的是简单移植,而不是科学借鉴。在这一时期,人们只是忙于从各个学科移植研究方法,至于这些方法如何通过改造而成为适切教育科学研究的方法,却并没有引起人们的普遍关注。因此在这一时期,教育科学研究更多考虑的是,如何向自然科学、其他社会科学、心理学看齐,向它们学习,而没有意识到教育学自己独特的特点,还没有形成教育科学研究方法自身发展的内在逻辑体系。

(三)教育科学研究的实证化倾向突出,成为这一时期教育科学研究的主流

如前所述,在教育科学研究发展的第二个时期,受经验论和唯理论的影响,形成了两种不同的教育科学研究范式——归纳式与演绎式。这两种研究范式进入20世纪以后继续向前发展,在教育科学研究活动中都得到了比较充分的运用。但相比较而言,20世纪前半期,受到实证主义哲学思想的强烈影响,在教育科学研究中更占据主导地位的应该是归纳式。因为在这个时期人们普遍认为:教育还不够科学,还要努力向自然科学靠拢。这种教育科学研究的实证化追求,突出体现在以下两个方面:

一是实验教育学的发展。拉伊、梅伊曼认为,教育问题按照其性质,可以划分为两类:一类是事实问题,另一类是价值问题。价值问题主要借助哲学思辨来研究,而事实问题则只有借助实证的方法才能研究彻底。科学教育学就是致力于解决事实问题的教育学。因此,他们反对传统的哲学思辨方法,包括赫尔巴特的哲学式心理学研究方法,主张用系统观察、实验、测量、统计等方法对教育事实进行研究,认为只有这样的研究才能形成真正的科学教育学,才能有助于对教育实际问题做出有根据的判断。他们特别强调实验研究的价值,因此将自己的学派直接命名为"实验教育学"。实验教育学研究的问题非常广泛、具体,包括性别差异、记忆、学习迁移、学科教学方法等一系列与教学关系密切的问题。这一时期实验教育学所做的教育实验与19世纪下半期已经有了很大的不同,不仅使用了实验之名,而且努力借鉴自然科学的方法,追求研究的精确化和控制的严密化。这是典型的归纳式研究,走的是经验主义的发展道路。

二是教育测量运动的开展。20世纪二三十年代,在欧美掀起了一场轰轰烈烈的教育测量运动。这次测量运动的领军人物是被誉为"教育测量之父"的著名心理学家桑代克。桑代克在20世纪初期就曾明确提出"凡是存在的东西都有数量,凡有数量的东西都可以测量",这阐明了教育心理测量的合法性基础,奠定了桑代克在整个教育心理测量领域的地位。在这样一种对坚定信念的支持之下,以桑代克为首的一批心理学家进行了积极的探索,编制了很多的教育心理测量量表。据美国资料统计,在先后20年的时间之内,美国共编制了1 300多种比较成熟的标准测验量表。其中,有代表性的、跟教育关系比较密切的有斯通的算术标准学力测量,桑代克的书法量表和兴

趣测验、职业测验、办事员能力测验。跟随着欧美学者的研究,我国当时也编制了一些测量量表,如俞子夷的小学国文毛笔书法量表、陆志伟的中国比内-西蒙智力测验和陈鹤琴的智力测验法等。这次轰轰烈烈的心理测量运动不仅使得心理学在科学的道路上迈进了一大步,同时也使教育学在科学化的道路上拥有了更坚实的基础。

四、现代教育科学研究方法论变革时期

20世纪50年代以来,是现代教育科学研究方法论变革时期。这一时期,教育科学研究在方法论上出现了比较明显的转型,20世纪上半叶占据主导地位的实证主义研究范式在教育科学研究领域遭遇到诸多困境,促使人们开始深刻反思教育科学研究的方法论问题,以寻求与教育问题相切合的研究方法基础。催生这种转型的动力主要有两个:一是历史主义科学哲学的产生与发展,二是对教育科学研究现实困境的反思。

科学哲学是从哲学角度考察科学的一门学科。它以科学活动和科学理论为研究对象,主要探讨科学的本质、科学知识的获得和检验、科学的逻辑结构等有关科学认识论和科学方法论方面的基本问题。科学哲学的萌芽可追溯到亚里士多德,以及伽利略、培根、笛卡儿、牛顿等哲学家、科学家对经典科学的哲学探索,但作为一门独立学科,却始于20世纪20年代,经历了20年代的逻辑实证主义、40年代的批判理性主义和50年代末60年代初的历史主义几个发展阶段。虽然逻辑实证主义的可证实性与批判理性主义的可证伪性在科学进步的主要机制上持有不同的观点,但它们的共同特点是都相信存在具有永恒性和普适性的科学知识与方法体系,都致力于追求普遍有效的方法论原则。但20世纪前后物理学革命对传统经典自然科学知识体系的颠覆,彻底动摇了人们对科学知识与方法的永恒性和普适性的信心。最典型的代表是爱因斯坦的相对论和量子力学对牛顿三大定律的颠覆,而在20世纪之前,牛顿三大定律一直被人们信奉为自然科学的永恒真理和标杆。这就从根本上摧毁了人们对于真理永恒性的信心,迫使人们放弃了对科学理论的静态的逻辑分析,转而把对科学知识及其方法论的研究与科学发展的历史联系起来。这便是20世纪五六十年代历史主义科学哲学产生的背景。

历史主义科学哲学认为,历史"是一项解释性的事业……它不仅要表现事实,还要表现事实之间的联系"①。因此,对历史上科学事业或科学思想的理解,不能脱离其所处的时代,要放在其所在的时空背景和文化背景之中。任何机械论、永恒论、绝对主义的观点都是不符合科学发展历史的。那种试图寻找某些古老科学对现代文明的永恒贡献,以及试图以自然科学作为理性的最高表现,以自然科学来建立世界终极秩序的努力,注定是徒劳的。科学发展的模式是一个内部自洽的过程,没有绝对的、必须奉行的固定范式。科学哲学必须冲破对科学理论的静态的逻辑分析,把对方法论的研究同科学发展的历史联系起来。历史主义哲学的这些思想无疑为教育研究科学化的努力指明了一个全新的发展方向。

20世纪50年代之前,人们一直相信认识世界最有效的方法是建立在培根经验论基础之上的观察实验方法体系,即实证研究的方法,所有的学科要想成为真正的科学,都必须向它看齐,教育研究也是如此。因此,自19世纪中叶以来,教育研究便始终在

阅读材料:
《当代教育方法论的变革动力与基本取向》

---

① 库恩.必要的张力[M].福州:福建人民出版社,1981:14-15.

向自然科学看齐的道路上行进,试图通过教育研究方法的实证化来保证教育学的科学化。然而,半个多世纪的努力并没有给教育理论或实践带来期望的重大进步,相反却使教育研究陷入了重重困境:实证研究者要极力摆脱的哲学,依然对教育理论的发展起着重要作用;面对复杂的教育问题,实证研究也难以做出准确的归因分析;教育中丰富的人文因素往往使实证研究难以做到主客分离、价值排斥;等等。教育科学研究的这种纠结和迷茫的状态,促使人们对教育科学研究的方法问题进行全面反思,并在历史主义科学哲学的指引下开始重新审视教育科学研究的独特特点,构建教育科学研究独有的方法规范和发展模式。这就使 20 世纪下半叶的教育科学研究呈现出与以前完全不同的发展取向和方法特点。

(一) 人本主义取向教育科学研究日益崛起,教育科学研究方法论基础由经典自然科学过渡到社会人文科学

人本主义和科学主义是 20 世纪的两个主要哲学思潮。20 世纪上半叶,科学主义思潮在教育科学研究领域占据主导地位,而 20 世纪 50 年代以后,人本主义思潮逐渐兴起,并占据上风。人们在反思和重构中逐渐认识到教育科学和自然科学的重大区别。自然科学的研究对象相对简单,是比较低级的物理运动、化学运动或生命运动等自然现象,而教育科学所研究的对象则是相对复杂的社会实践运动,把研究低级运动的方法简单用于研究高级运动,用适用于自然科学的实证方法来规范相对复杂的教育科学研究活动,这在逻辑上就是讲不通的。教育科学研究绝不能再盲目追随自然科学。教育科学研究的对象是人类的实践活动,需要我们从人出发,用人本主义的思维方式来开展研究和思考。

(二) 实证取向教育科学研究得到修正,两种研究范式逐步走向融合

20 世纪前半期研究方法实证化的实践,已经证明了实证取向在教育领域的局限性,同时也证明了实证方法在某些教育具体问题研究上的价值。因此,20 世纪 50 年代以后,在探索教育科学研究自身规范的努力中,实证取向得到修正,但也没有被彻底放弃,而是在与传统思辨取向的不断结合中逐步走向融合。"准实验"概念的提出就是这种融合的典型代表。按照经典实验理论,实验有真实验和假实验之分,教育实验因难以精确量化和严密控制而被归入假实验的范畴,无法得到科学性和合法性的认可。美国专家坎贝尔和斯坦利在 20 世纪 50 年代后期提出的"准实验"概念,却使教育实验取得了科学性和合法性的基础。准实验是指在非随机安排被试的条件下,运用原始群体,在较为自然的情况下进行实验处理的研究方法。它虽然不能完全控制研究条件,在某些方面降低了控制水平,但却在接近现实的条件下,尽可能运用真实验设计的原则和要求,最大限度地控制无关因素。它既达不到真实验的水平,也并非完全不讲控制与量化的假实验。这种实验在人文社会科学研究领域具有较好的科学性和合理性。显然,教育领域的多数实验研究都属于典型的准实验研究,它们强调对实验情境的相对控制而非严密控制,强调精确量化与质性描述相结合而非严格量化,虽然在科学性上无法做到完美,却较容易与教育现实情况结合起来,拥有较高的现实性。

(三) 实践取向的教育科学研究——行动研究得到重视和推崇

教育行动研究是在自然的教育情境中,行动者本人或与他人合作,以改进教育行动为目的,以教育实践中的实际问题为研究对象,运用各种教育科学研究方法进行的综合性研究活动。它不追求理论体系的建构，而是以解决实际问题为目标追求，是实践取向的研究范式。行动研究最早出现在20世纪初期的社会学研究之中，60年代末首先在美国被引入教育科学研究领域，成为一线教师做教育科学研究的主要范式。教育行动研究在中国的引入与广泛运用是伴随2001年基础教育课程改革进行的，现在已经成为中小学教师开展教育科学研究的普遍方式。行动研究在教育领域的应用，实质上是社会变革在教育领域的反映。当代社会的快速变化不断从不同角度向现存的教育提出挑战，而应对这些快速变化的挑战，坐等"理论先行"已经难以奏效，只能通过实践层面的直接研究来回答和解决一系列现实问题。这就促进了教育科学研究应用层面的发展。近几十年的发展证明，教育行动研究对教育理论与实践的发展都具有非常重要的意义。教育行动研究是一种教育实践者的批判性自我反思，可以帮助教育实践者提高理性、自主能力，从原有思维和行为框架中解放出来，实现自身的专业成长；也可以在研究中创造出新型教育实践，使研究活动及其创造力直接凝聚在实践之中，成为推动实践完善的直接力量，从而提高教育科学研究的实效性；还可以促使人们更加深入地思考教育理论与教育实践之间的关系，引导理论研究走向实践，既实现教育理论研究的终极追求，克服教育理论空洞无物之弊，又提高教育实践的研究意识，避免教育实践盲目浅薄之害；同时，它还可以使教育实践者变为研究者，教育科学研究队伍因行动研究的加强而改变结构，形成专业人员、中小学一线教师和管理人员结合在一起的局面。这一切都突显了教育科学研究的实践性格。研究实践、通过实践、为了实践、发展实践，成为当代教育科学研究的标志性特征。

（四）整体取向凸显，跨学科研究渐成风尚

20世纪40年代末诞生的系统科学，为科学研究提供了整体结构研究的思维方式，对教育科学研究的思维方式和技术方法也带来了越来越广泛的影响，如何处理系统与结构、结构与功能、结构与要素、控制与信息、规律与预测之间的关系，也日益成为教育科学研究关注的内容。在系统科学的影响下，整体取向越来越成为教育科学研究的重要发展方向。这种取向首先体现为整合式研究的日益增多。教育活动实质上是一种整合性很强的活动，每一种教育教学活动，都是目标、方法、内容、评价等因素的有机整合。我们常说"教学有法，但无定法"，意即教学方法无所谓好坏，关键是看在什么情境下使用，为哪种目标服务以及如何合理使用。所以，自然科学主要采用分解式的研究方法，而教育科学研究则要在分解式研究的基础上进行整合式研究。整体取向还体现为教育科学研究结构化倾向的加强。系统论认为，结构决定功能。教育科学研究的结构化倾向是指研究力图深入到教育活动的内核，把握教育活动整体的内在结构和发展逻辑，旨在从结构的意义上把握一般，实现整体优化。

随着教育科学研究向人本化的回归，人们越来越清晰地认识到，对于结构复杂、层次多样、追求整体效应的教育活动的把握，已不可能只依靠一两门学科了，而要依靠相关学科群，开展跨学科研究。教育领域很流行的一句话——"跳出教育看教育"，实质就是强调跨学科的研究视野。从宏观层面来看，教育和社会各个领域的关系都十分密切，如经济、政治、文化、人口、环境等，而且关涉着社会的过去与未来，这就决定了教育不只是与社会学相关，还需要有经济学、政治学、法学、文化学、人类学、历史学、未来学、预测学等学科的参与；在中观层面，学校是一种社会组织，由不同年龄阶段、知识背景、文化追求的成员共同组成,它的有效运转和发展,离不开组织管理学、社会心理学、伦理学等学科的介入;在微观层面,师生之间的交流交往,既是文化科学知识传承与创新的载体,也是人与人心灵沟通的过程,其间的活动机制的揭示,需要哲学、个体发展心理学、教育心理学、生理学、传播学及各门课程相对应学科的共同支持。"所有这一切,为教育学科体系的形成提供了广阔的科学背景和可能性。在一定意义上可以说,教育学科体系的形成与发展是建立在整个时代科学发展基础之上的。"①

上述教育科学研究发展历程的回顾,不仅使我们对教育科学研究及其方法的理解变得更加具体和鲜活,而且使我们对现实教育问题的理解也变得更加丰满和深刻。可以看到,一个时代的教育科学研究既是对上一个阶段教育科学研究的承继,更是对相应时代社会发展需求的回应。其中,生产及科技发展的特点以及哲学认识论的变革,对教育及教育科学研究的影响最大。表1-1是对这种影响的集中呈现。

表1-1　时代发展与教育科学研究②

时代	生产及科技的发展	哲学认识论	教育科学研究方法
古代至16世纪	手工业生产	朴素唯物主义 朴素辩证法	直接观察 简单类比 朴素的辩证思维
17世纪至19世纪末	工业革命 简单扩大再生产 自然科学发展	经验论 唯理论	归纳式与演绎式研究并存 实验法的试用 心理学化
20世纪上半期	相对扩大再生产 现代科技发展 社会科学发展	实证主义哲学 科学主义思潮	归纳式研究占据主导 自然科学化 定量研究
20世纪50年代以后	信息技术革命 人文科学发展	历史主义哲学 人本主义思潮 系统科学	归纳式与演绎式研究融合 人本取向 实践取向 整体取向 跨学科取向

第四节　教育科学研究的基本规范

教育科学研究是通过理性的探究活动获取真实而有价值的信息,以认识教育现象、揭示教育规律的活动。要保证教育科学研究的科学性和合理性,就必须遵循一定的规范。规范是科学理性的具体体现。教育科学研究的基本规范,是指进行教育科学研究活动时必须遵循的基本要求。它既是教育科学研究基本规律的反映,也是人们长期开展教育科学研究活动的经验的概括和总结。在教育科学研究中,既涉及研究的科学性、可靠性问题,也涉及研究的伦理性问题。因此,教育科学研究的基本规范也就包

---

① 叶澜.教育研究方法论初探[M].上海:上海教育出版社,1999:87.
② 裴娣娜.教育研究方法导论[M].合肥:安徽教育出版社,1995:38.

含了伦理性规范和科学性规范两大类。

一、伦理性规范

教育科学研究的对象是教育活动,而教育活动是由学生、教师、家长和其他相关人员共同构建的。在教育科学研究中,某些研究方式有可能会妨碍他们的生活,伤害他们的身心,侵犯他们的权利以及其他类型的负面影响。为此,教育科学研究者在设计和实施研究时,必须有伦理上的考虑。所谓教育科学研究的伦理性规范,是指在教育科学研究中,基于伦理的需要,研究所应遵守的基本行为准则。

伦理性规范是对人与人之间关系的处理原则。在教育科学研究中,从研究者角度出发,主要涉及两类人与人之间的关系,对应着两大类教育科学研究的伦理性规范:一是研究者与被研究者之间的关系,另一类是研究者与其他研究者之间的关系。这些规范具体来说,表现在以下四个方面:

(一)充分尊重和保护被研究者的各种正当权利

教育科学研究中,往往需要选取一些学生、教师、家长和其他人作为研究对象或者参与到研究中来。无论研究多么急需、多么紧迫,研究者首先要考虑到尊重这些人的正当权利,不能以科学研究为理由,剥夺或侵犯个人所享有的法律赋予的各种权利。在教育科学研究中,经常涉及的被试的正当权利主要有:

(1)知情权。

(2)不协作权。

(3)匿名权。

(4)个人资料保密权。

在教育科学研究中,由于各种原因,被研究者有可能并没有清晰地认识到自己拥有这些权利,需要研究者自觉地仔细考量,主动保护被试的这些权利。这就要求研究者:在研究开始之前,让被研究者或参与研究的人员了解将要开展的研究的目的与内容,这种研究对于他们的意义以及需要他们付出的时间、做出的努力和可能承担的压力;如果被试因某种原因而拒绝参与研究,应尊重他们的选择,并对他们做出妥当的安排;研究中尽可能开展匿名研究,或以编号来替代真实姓名,以保护研究对象的匿名权;若研究需要公开有关的个人信息,须征得相关信息提供者本人的同意;如果研究对象有对所提供资料进行保密处理的要求,应得到尊重,在研究全程避免非研究人员对资料的接触,并在研究结束后尽快销毁资料;如果涉及年龄较小、不能自主做出决定的研究对象,则必须征求其父母或监护人的意见。

(二)避免给研究对象造成伤害

在收集资料或实施某些研究措施时,有时不可避免地会给研究对象带来一些人身的、社会的、心理的伤害,包括让他们承担不利的压力和负担,甚至是对他们身体或心理的直接损伤。例如,某研究者希望研究三种处理学生行为的方式——表扬、批评和无评价对学生学习的影响,于是确立了三个小组分别采用三种处理方式:第1组,有好的行为就表扬,不好的行为不予批评;第2组,好的行为不表扬,不好的行为给予批评;第3组,各种行为都不予评价。在这个研究过程中,就涉及一定的伦理问题,至少第2组学生有可能承担过量的压力和负担。再如,在一个实验班中进行智力测查后,测查结果有可能使教师或其他同学对某些学生产生偏见、歧视或不良预期,尤其是那些测试得分较低的学生,更是容易受到伤害。[1]

对于教育科学研究中此类被试伤害问题的处理,有三个基本的原则:①尽可能减少或避免可以预期的伤害;②若伤害不可避免,必须提前告知研究对象;③若伤害是严重的、长期的,则必须停止研究。例如,在德育研究中,为了研究不同阅读素材对学生品德发展的影响,研究者有意让某组学生看不合适的读物或影视作品,这显然是违背伦理性规范的。若要了解这些方面的信息,完全可以不采用主动干预变量的实验法,而考虑采用问卷调查或访谈调查等方法了解已经存在的事实。若要通过个案分析研究中学生的早恋现象,则无论采取何种措施,恐怕都难以完全避免对个案对象在心理上可能带来的压力和负担,这时研究者应该提前告知研究对象,与之做充分的交流沟通,以尽量减少这种压力。至于"体罚对学生心理发展影响的实验研究""孤独对幼儿人格形成的影响的实验研究"之类肯定会带来严重伤害的研究,则应该停止或完全放弃。

(三)尊重知识产权,杜绝学术不端行为

知识产权是指公民、法人或非法人单位对自己所创作的智力劳动成果所享有的专有权利。各种智力创造比如科技发明、文学艺术作品、科学研究成果,以及在商业中使用的标志、名称、图像以及外观设计,都可被认为是某个人或组织所拥有的知识产权。知识产权具有专有性,也称为垄断性、排他性,即除非权利人同意或许可或法律规定,任何其他人都无权享有。如果有人对权利人的知识产权形成侵犯,就要受到道德谴责,甚至法律制裁。

在教育科学研究领域,知识产权也是研究者必须关注的重要问题。对他人知识产权的侵犯集中表现为学术不端行为。何为学术不端行为?中国科协在2007年3月发布的《科技工作者科学道德规范(试行)》中对学术不端行为做了明确的界定:学术不端行为是指在科学研究和学术活动中的各种造假、抄袭、剽窃和其他违背科学共同体惯例的行为。教育部在2016年9月1日开始施行的《高等学校预防与处理学术不端行为办法》中,列举了教育科学研究中应被认定为学术不端的行为,它们是:

(1)剽窃、抄袭、侵占他人学术成果。

(2)篡改他人研究成果。

(3)伪造科研数据、资料、文献、注释,或者捏造事实、编造虚假研究成果。

(4)未参加研究或创作而在研究成果、学术论文上署名,未经他人许可而不当使用他人署名,虚构合作者共同署名,或者多人共同完成研究而在成果中未注明他人工作、贡献。

(5)在申报课题、成果、奖励和职务评审评定、申请学位等过程中提供虚假学术信息。

(6)买卖论文、由他人代写或者为他人代写论文。

(7)其他根据高等学校或者有关学术组织、相关科研管理机构制定的规则,属于学术不端的行为。

由于教育科学研究的特殊性,在教育领域认定学术不端行为应该注意以下几点:

[1]　杨小微.教育研究的理论与方法[M].北京:北京师范大学出版社,2008:91-92.

第一,学术不端行为是指有意而行的行为,具有主观上的恶意性。那种在教育科学研究工作中非有意的错误或不足,如对评价方法或结果的解释与判断错误、因研究水平和能力原因造成的错误和失误等,不能认定为学术不端行为。第二,任何研究的创新都是在借鉴他人研究成果的基础上实现的,如果研究中引用了他人研究成果,并明确标注出来,对出处加以说明,则不能认定为学术不端行为。第三,在教育实践研究中,成果的相互学习、分享、推广是教育改革实践所必需的。教育实践领域没有专利,只要对孩子成长有好处的经验与智慧,理应全人类共享。在这一点上,教育实践研究成果根本不同于科技发明或商品专利,但应该注意分享方式,应该尊重教育经验形成过程中重要人物的贡献,对经验的源与流加以适当的说明。

(四)审慎解释研究成果

一般说来,公众对科研工作者经过认真努力而形成的研究成果有一种信任感,也乐于成为这些成果的使用者。越是这样,科研工作者就越应本着高度的责任感,审慎地解释研究成果或结论。在教育科学研究领域,尤其要注意这一点。教育活动是一种境域性很强的社会活动,这就决定了任何教育科学研究成果都不具有普适性,而是具有特定的情境适用范围。这就要求研究者在公开自己的研究成果时,应详尽解释成果有效性的条件和范围,不能因为私利或其他原因而曲解研究结果,骗取公众信赖;教育行政部门或教师,在推广某项成果前,应特别严谨、慎重,要以科学的验证为依据,以对自己所在地区、学校和师生实际情况的正确分析为基础,避免因贪图政绩而盲目推广,造成难以估量的后果;传播媒体在宣传介绍教育科学研究成果时,也应实事求是,不能为追求新闻效应而夸大其辞。

二、科学性规范

作为一种科学研究活动,教育科学研究必须遵循一般科学研究的规范要求。但由于研究对象的特殊性,教育科学研究又必须按照自身研究的需要对一般科学研究规范做适当的调整与变通。教育科学研究的类型很多,每种研究在具体操作上都会有自己的特殊要求,为了保证研究的科学性和可靠性,不同范式和类型的研究之间也有必须共同遵守的基本操作规范。

所谓教育科学研究的科学性规范,是指在教育科学研究过程中,基于保证研究过程与结果的科学性与可靠性的需要,研究人员应该遵守的基本行为准则。借鉴一般科学研究的操作规范,教育科学研究的科学性规范主要体现为如下几个原则:[①]

(一)客观性原则

客观性原则也称价值中立原则,这是所有科学研究都突出强调的原则。它要求研究者研究工作的程序是客观的,即一旦研究展开,就应客观地收集资料,并客观地分析、解释其结果,其间不允许带有价值偏见的成分。教育科学研究中的客观性,与自然科学研究略有不同。教育活动是人为的有目的的活动,其本身就涉及价值追求问题,故而在教育科学研究中很难绕过人的意志和价值标准,要保持价值中立往往比在自然科学研究中更加困难。教育科学研究不可能像自然科学研究那样做到绝对的中立甚至价值排斥,研究者总是要带着自己对教育的理解进行研究,并在这个理解的影响下

---

① 杨小微.教育研究的理论与方法[M].北京:北京师范大学出版社,2008:89-90.

收集、整理资料。因此,在教育科学研究中讲客观性原则,不是排斥研究者的教育价值取向,而是强调在收集资料、分析资料和解释结果时,研究者要注意避免因为自己的价值取向而无意之间遗漏或回避不符合其价值取向的信息,甚至做出不符合实际情况的片面结论,要尽量避免个人的价值取向对教育科学研究的负面影响。例如,在一个问卷调查题目中,某研究者分别设置了 A、B、C、D 四个选项,统计结果表明,C 和 D 两个选项的选择率是一样的,都是 20%,但在做分析和陈述研究结论时,研究者如果倾向于 C 选项,那么就有可能会在描述 C 选项的选择率时说"高达 20%",而在描述 D 选项的选择率时却说"低至 20%",这种描述分析就是不客观的,没有保持价值中立的态度。

(二)公共性原则

所谓公共性原则是指研究中应尽可能使用学术界公认的术语,如果没有公认的术语,必须自我界定并贯彻到底。作为科学研究活动,研究成果的交流分享是必需的活动。而有效的交流分享需要有共同的话语系统作为前提。因此,研究者应该用学术界共用的明确的文化符号清楚地表达研究工作的研究程序、方法和成果,以保证同行专家能够依照研究报告的内容了解整个研究过程和结果。教育科学研究也需要遵循这样的规范。但是,由于教育问题的境域性和教育科学研究的多学科交叉性,在教育科学研究中同一个概念术语有时会存在不同的界定和理解,因此研究者在界定自己的概念时,要特别注意:一方面,要把握追踪学术发展的脉络,立足相关领域的前沿,在辨析中把握相关概念的定义,以了解同行学者们形成的共识;另一方面,对于一些尚有争议或语义模糊的概念,在研究中应做出自己认可的定义,并将这一定义贯彻到底,不能在研究中左右摇摆甚至偷换概念。比如:"教学策略"是目前教学论研究中经常出现的术语,但仔细考察这一概念的发展历程,你会发现,这一术语存在着三种不同的理解:其一,是 20 世纪后半期在教育心理学视野下的理解,意指用以解决教学难点、突破教学重点的教学技能技巧,在概念层次上,是一个低于教学方法的概念;其二,20 世纪 90 年代初期,在"教学模式"的构成要素(目标、内容、策略、评价)中,教学策略意指教学实施策略,包含了教学方法、教学组织和教学手段等因素,在这里,在概念层次上教学策略是一个低于教学模式、高于教学方法的概念;其三,20 世纪 90 年代末期,有研究者在更高层次上使用教学策略一词,如裴娣娜教授在主体教育科学研究中提出了主体教育的四大教学策略,包括"主体参与""合作学习""体验成功""差异发展",在这里,教学策略显然不同于教学方法或教学模式,而是更近似于教学理念,是在教学指导原则这个层次上的运用,是一个高于教学模式的概念。因此,如果现在有人要研究某种教学策略,那么他就需要在借鉴前人研究的基础上对这个概念做出自己的界定,并贯彻始终。

(三)操作性原则

所谓操作性原则是指在研究中所使用的概念术语要有明确的可操作的语义规定,以便对其进行定性或定量的考察。一般地,对概念的界定有两种:一种是抽象定义,即只给出其内涵或本质特征;另一种是操作定义,即描述出其可观测到的具有独特性的特征,通常表现为给出其外延、表现形式、活动方式或测评方式。从理论上讲,任何事物和现象都是可以构造出操作性定义的,故一切科学研究都应遵循操作性原则。不过,在教育科学研究中,研究对象的复杂性、模糊性和人为性,往往使得研究者难以给某些概念下操作性定义,尤其是教育科学研究中的对象经常直接就是人的思想、行为、情感、态度等,具有整体性、流动性、多样性,这就更难准确而详尽地描述其可观测特征。因此,在教育科学研究中,研究者需要结合实际情况做出更多的创造性努力,在用心体验的基础上把定性与定量、状态与情境、动机与效果、行为表现的频次与条件等联系起来做具体说明。

(四) 检验性原则

所谓检验性原则是指同行专家在相同的研究条件下,依照相同的程序和方法应该能够重演研究过程,并能得到相同或相近的结果。一旦原有结果与重复研究结果不符,或被新的研究结果所否决,则要考虑重新修正或构建甚至放弃原来的研究成果。检验性原则是科学研究中至关重要的研究规范,它直接关系到研究结果的科学性和推广性。为保证研究结果的科学性,教育科学研究中也要遵循这一原则。只是,受到教育问题境域性的影响,在教育科学研究中不可能像经典自然科学研究那样准确地重复操作并验证结果,因为进入教育科学研究程序的各种因素、条件和场景不可能在异时异地原样重复,也就不可能得出完全相同的结论。因此,在教育科学研究中,也强调研究的结果要经得起重复验证,但只要求前后的研究结果在发展趋势和方向上相同,而不强求资料数据一模一样。具体表现为研究结果往往只能以概率方式加以陈述和印证,在文字表述上也不可避免地经常使用"基本""部分""相当"之类的修饰词做程度限定。当然,为了便于检验教育科学研究成果,研究者在表述研究成果时应该尽量全面而清楚地交代所在情境的关键特征,以避免检验情境与原来情境之间出现本质差异。

本章小结

教育科学研究是指研究者有目的地运用一定的研究方法,遵循一定的研究程序,有计划、有系统地收集、整理和分析有关资料,从而揭示教育规律、发展教育知识体系的科学认识和实践活动。教育活动是教育科学研究的对象,具有复杂性、境域性、整合性、模糊性、两难性等不同于其他科学研究的特殊性。教育科学研究的类型按照研究目的可分为基础研究、应用研究、评价研究和预测研究;按照研究水平和层次可分为直觉观察水平的研究、探索原因水平的研究、迁移推广水平的研究和理论阐释水平的研究;按照对资料收集、处理的方法可分为定性研究和定量研究。回顾教育科学研究的发展历程,可以将其划分为前学科时期、教育学学科形成时期、教育科学研究方法学科形成时期和现代教育科学研究方法论变革时期。最后,在进行教育科学研究时必须遵循伦理性规范和科学性规范两大基本规范。

一、名词解释题

1. 教育科学研究
2. 定性研究
3. 定量研究
4. 基础研究
5. 应用研究
6. 评价研究

思考与练习

思考与练习
参考答案

7. 预测研究

二、选择题

1. 在教育科学研究中,有一种研究的主要目的在于增加教育知识、提高教育认识、发展和完善教育理论。这种研究是(　　)。

　　A. 发展研究　　　　B. 基础研究　　　　C. 评价研究　　　　D. 实验研究

2. 在教育科学研究方法的初步形成时期,受哲学发展的影响,形成了两种不同的教育科学研究范式,它们是(　　)。

　　A. 实证研究与思辨研究　　　　　　B. 行动研究与书斋式研究

　　C. 基础研究与应用研究　　　　　　D. 理论研究与实践研究

3. 主张"一切真知都是由简单自明的观念演绎出来的,感觉经验不可靠,科学知识体系应建立在理性的直觉和演绎法的基础上"这一观点的代表人物是(　　)。

　　A. 笛卡儿　　　　B. 培根　　　　C. 康德　　　　D. 亚里士多德

4. 某研究者发现自己研究课题中的核心概念在学术界尚有争议,于是在研究报告中对核心概念做出了自我界定,并将这一定义贯彻到底。他这是遵循了教育科学研究的(　　)。

　　A. 操作性原则　　　　　　　　　　B. 检验性原则

　　C. 公共性原则　　　　　　　　　　D. 伦理性原则

5. 某研究者用实验法研究"惊吓对幼儿心理发展的影响",他违背了教育科学研究的(　　)。

　　A. 操作性原则　　　　　　　　　　B. 检验性原则

　　C. 公共性原则　　　　　　　　　　D. 伦理性规范

三、思考题

1. 教育科学研究的对象是什么?与自然科学研究对象相比,它有哪些特殊性?

2. 教育科学研究有哪几种分类方法?

3. 教育科学研究分为哪几个发展阶段?各有什么显著特征?

4. 教育科学研究的伦理性规范有哪些?科学性规范有哪些?

拓展练习及
参考答案

第二章 教育科学研究的选题与设计

学习目标

1. 明确教育科学研究课题的来源,了解教育科学研究课题选择的原则和内容。

2. 知晓研究假设的特性、类别与规范表述,能正确选择教育科学研究课题中的自变量和因变量。

3. 明确教育科学研究设计的基本构成要素、步骤和方法,能结合研究课题制订具体可行的研究计划。

建议学时

4 学时。

教师导读

教育科学研究是一项复杂的系统工程。在教育科学研究的准备阶段,必须考虑两个关键问题,一是研究什么,二是怎样研究。课题的选择就是要确定"研究什么",课题的设计则回答"怎样研究"。选题的作用在于明确研究的方向、任务、对象与范围、价值和意义;课题的设计则关系到研究目标能否实现、研究效率如何、研究结果的科学性和可靠性会怎样。要成功地开展教育科学研究,必须首先学会选择课题和设计课题。本章主要介绍课题的来源与表述、课题的论证、假设的提出与表述,以及课题研究方案的形成等。

重要概念和术语

问题 课题 假设 研究变量 抽样 课题论证

第一节 教育科学研究的选题

教育科学研究是一个发现、选择和解决研究问题的过程。发现和选择研究问题是进行教育科学研究的第一步,而且是关键性的一步。它不仅决定研究者现在和今后研究工作的主攻方向、目标与内容、方法与途径,而且在一定程度上决定着教育科学研究的价值和意义。爱因斯坦认为:"提出一个问题往往比解决一个问题更重要,因为解决问题也许仅是一个数学上或实验上的技能而已。而提出新的问题、新的可能性,从新的角度去看旧的问题,却需要创造性的想象力,而且标志着科学的真正进步。"[①]许多教育工作者都认识到:研究问题的选择是否优良,是关系到科研成果大小和科研工作成败的关键;一个科研人员的科研能力如何,首先就表现在他的选题水平上;选准了一个研究问题,等于走完了一半路程。实践证明,问题选择得好,可以解决教育实践中存在的实际问题,促进教育理论的发展;可以事半功倍,顺利地完成研究任务。反之,问题选择得不好,会导致教育科学研究成果的质量不高,无助于教育实际问题的解决和教育理论的发展创新,并造成人力、物力、财力和时间上的浪费。因此,学会正确选题对于提高科学研究能力水平具有特别重要的意义。

---

① 艾·爱因斯坦,利·英费尔德.物理学的进化[M].周肇威,译.长沙:湖南教育出版社,1999:66.

一、 教育科学研究课题的来源

发现有价值的研究问题,是一个创造性的思维过程。研究者必须对自己探索的领域的历史和现状、存在的问题和发展趋势有所了解,同时需要具有较强的分析能力和敏锐的洞察力。发现研究问题有不同的途径。对于学生而言,为完成毕业学位论文,他们一般密切结合某个导师或多个导师的研究方向,确定一个与之相关的问题和导师共同开展研究工作;或者把自己在学习过程中感兴趣的问题作为研究问题。对于中小学教师而言,他们更多的是选择自己工作中遇到的实践或理论方面的问题。因此,教育科学研究课题的来源因人而异,没有统一的方式。但是,别人成功的选题经验却可以借鉴。下面介绍的课题来源和选题线索可供大家选题时参考。

(一)教育实践和教育理论中迫切需要解决的问题

教育科学研究是研究者有目的地运用一定的研究方法,遵循一定的研究程序,有计划、有系统地收集、整理和分析有关资料,发展和拓展教育知识体系,揭示教育规律,解决现实教育问题的实践活动。描述教育事实、解释教育现象、评判教育价值、预测教育未来、改造教育实践,是教育科学研究活动的基本追求,也是教育科学研究活动的基本样态。因此,教育理论和教育实践中存在的问题自然就成为教育科学研究课题的首选,教育理论和教育实践的需要是教育科学研究课题的根本源泉。在教育理论方面,我们应该重视和加强习近平教育思想的研究、人工智能与未来教育发展的研究、面向2035中国教育开放战略的研究、新时代教师专业标准的研究、新时代劳动教育的中国理论研究等重大理论问题的研究。在教育实践方面,应该重视新时代爱国主义教育长效机制研究、把制度自信教育融入国民教育全过程的实践路径研究、新时代民办教育发展战略和治理创新研究等宏观问题的研究;重视新型高水平民办大学的制度创新与政策保障研究、中国特色的一流本科教育建设标准与建设机制研究、职业教育类型特征及其与普通教育"双轨制""双通制"体系构建研究、我国学前教育可持续发展的路径与对策研究等中观问题的研究;重视学校良好社会心理环境建设、校风建设、校园文化的建构、品德后进生的转化教育、中小学生早恋现象、学生网瘾、各学科教学工作中的有效教学、减轻中小学生学业负担过重、学困生的教育与转化等微观问题的研究。

(二)对已有理论、传统观点和结论的怀疑[1]

用批判的眼光审视已有理论、传统观点和结论的合理性,寻找它们的缺陷和矛盾,做出非绝对肯定或否定的判断,然后,再设法证明这种怀疑是否正确。在科学史上,许多科学家都是从看似没有问题的地方找到了问题。盖伦医学观点被否定,亚里士多德许多结论被驳倒,燃素说被推翻……这些都是在当时被认为确定无疑的结论,后来都被人发现了漏洞。怀疑必然会引起人们对事或物的重新审度,会在原来以为没有问题的地方发现新问题。一般说来,学科发展水平越低,值得怀疑的结论越多;实践越依赖于经验和常识,可信度越低。目前的教育科学和教育实践基本上处于这样的水平,在这个领域内的无论哪一个层次上,都有一些可以怀疑的问题。如在我国的教育学著作中,通常都无条件地承认学校教育对学生发展起主导作用,但在现实中,却存在很多青少年违法乱纪的现象,这总不会是学校教育主导作用的结果吧!我们在教育实践中也

---

① 叶澜.教育研究及其方法[M].北京:中国科学技术出版社,1990:40.

发现,即使是一般的青少年,在品德面貌发展变化的过程中,家庭背景、社会风气的影响非常大,有时学校教育在它们面前显得十分苍白,远不是在起什么主导作用。由此,我们可以对"学校教育对人的发展起主导作用"一说提出一系列疑问:学校教育究竟能否对人的发展起主导作用?是对人的整个发展起主导作用,还是在某些方面起主导作用?是在人发展过程的任何阶段都起主导作用,还是在某个阶段起主导作用?怎样理解主导作用?学校教育和其他教育有几种可能的组合形式?等等。这些问题都可以从理论上和实践上做进一步的探讨,只要我们留意,这样的问题处处可以找到。

要想通过怀疑发现问题,就要求研究者具有批判性思维。在遇到自己的经验或者看到的事实与现在的观点不一致时,要相信自己的经验、观察、感受并独立思考。通过怀疑提出问题,经过研究后,有两种可能的结果:一种结果是部分或完全证实了研究者的怀疑,使人们对这个问题的认识向真理更逼近了一步;另一种结果是证明研究者的怀疑错了,它维护了原有的结论,科研没有取得成果。自然,后一种结果是令人扫兴和遗憾的,但是,研究者大可不必为此感到沮丧,怀疑被否决,至少能使研究者对自己曾经怀疑过的理论的正确性有更深入确切的认识,发现自己的怀疑之所以不成立的原因,也可以锻炼研究者的研究能力。实践证明,许多出色的科研人员的成长都经历过"失败"这位无情的老师的指导。

(三)勤于观察,善于思考

我们生活在一个丰富多变的世界中,只要勤于观察、善于思考,就会发现许多值得研究的新课题。实践经验告诉我们,研究课题不是研究人员在研究前集中一段时间,一个人关在屋子里冥思苦想就能获得的,研究者必须将自己锻炼成一个勤于观察、善于思考的人。恩格斯正是通过对英国伦敦的社会经济状况和居民具体生活条件的详尽观察、了解和分析,才于1844年完成了《英国工人阶级状况》一书。该书不仅全面地描述了当时英国工人阶级作为一个社会阶级的状况,而且揭示了资本主义经济发展、社会发展和社会意识之间的关系。又如,有一位教授在洗完澡后,拔下澡盆的活塞放水。他发现水流在排水口形成了漩涡,而且是向左旋的。这件不起眼的小事引起了他的好奇。他又用其他器具做实验,并且观察河流中的漩涡,结果发现它们都是向左旋的。教授于是联想到,这种现象大概与地球自转的方向有关。果然,在南半球国家,孔道水流的漩涡是右旋的;而赤道地区的孔道水流并不形成漩涡。最后,这位教授总结出了孔道流水的规律,提出了一种新观点,在研究台风方面具有实用价值。

巴甫洛夫曾经把"观察、观察、再观察"当作自己的座右铭,贴在实验室的墙上时刻提醒自己;达尔文从小就酷爱观察昆虫,他曾自我评价说:"我并没有突出的理解力和过人的机智,只是在抓住稍纵即逝的事物,并对它们进行精确观察方面,我的能力也许在众人之上。"很多著名的科学家大都有敏锐的观察力,常常能看到被普通人所忽略的东西。传说中阿基米德看到澡盆溢水而想出鉴别王冠含金量的方法,牛顿看到苹果落地而发现万有引力定律,瓦特看到壶盖震动而发明蒸汽机。许多著名的教育家、心理学家都曾借助观察法研究儿童。瑞士学者裴斯泰洛齐早在18世纪下叶就开始用观察的方法记录他3岁半儿子的成长情况;我国著名幼儿教育专家陈鹤琴采用写观察日记的方式记录儿子陈一鸣自出生起的成长,共计808天,于1925年发表了《儿童心理之研究》一书;苏联教育家苏霍姆林斯基曾对3 700名学生做了观察记录,并据此撰写了大量著作;瑞士心理学家皮亚杰通过详细的观察和记录(主要是对他自己的三个孩子),揭示了许多儿童认知发展的规律。

(四)对成功的教育教学经验的总结

教育工作者在教育实践中积累了丰富、宝贵的教育经验,有不少是成功的,但往往又是零碎的、不自觉的,也未经科学检验。因此,这些经验往往"自生自灭",难以推广。若运用经验总结法或实验法予以科学检验与总结,揭示教育措施与教育效果间的关系,并给以理论的抽象与概括,就使它们有了推广的可能。对教育工作者来说,对自己或他人成功的教育教学经验进行总结和研究是一个不错的选题途径。

(五)各类教育科学规划课题指南

为了指导教育理论和实践工作者更好地把握教育科学研究的发展趋势,解决教育发展中出现的理论和实践问题,各级教育行政部门每年都会发布本年度的教育科学规划课题指南供大家参考。课题指南会把当前遇到的重大理论问题和实践问题、热点问题和焦点问题提供给大家,以便选题时参考。这对于初涉教育科学研究领域的新手来说,是一个不错的选择。

阅读材料

阅读材料:
全国教育科学
规划课题申请
示例

2019 年度全国教育科学规划国家重大招标和重点课题指南

中国特色社会主义教育理论体系研究;立德树人的落实机制研究;新时代深化我国教育体制改革的目标和框架结构研究;教育适应中国人口结构发展趋势研究;新时代中国教育高质量发展的路径和对策研究;新中国成立 70 年教育发展的历史阶段及其特征与经验研究;人工智能与未来教育发展研究;面向 2035 中国教育开放战略研究;新时代教师专业标准研究;我国推进教育 2030 目标监测指标体系及方法研究;教育领域风险点特征与防范机制研究;教育扶贫的现状、问题与对策研究;雄安新区教育与经济社会协同发展研究;新时代劳动教育的中国理论和中国探索研究;职业学校与应用型本科产教融合评价体系与监测研究;中国特色、世界水平的一流本科教育建设标准与建设机制研究;中国学生体质健康综合干预和评估体系研究;构建人类命运共同体视域下国际教育援助理论与我国教育援助策略研究;中小学艺术教育改革研究;教育培训市场治理路径与监测指标研究。

2020 年度全国教育科学规划国家重大招标和重点课题指南

中国特色社会主义教育制度优势及转化为治理效能的实现路径研究;新时代爱国主义教育长效机制研究;职业教育类型特征及其与普通教育"双轨制""双通制"体系构建研究;新时代提升中国参与全球教育治理的能力及策略研究;教育现代化背景下学生美育评价研究;完善党对教育工作全面领导的制度研究;我国教育现代化发展的战略布局与推进策略研究;新时代提高教师地位的政策体系研究;学生信息素养的内涵、标准与评价体系研究;生均公用经费标准与经济社会发展关系研究;新型高水平民办大学的制度创新与政策保障研究;构建与教育治理现代化相匹配的教育法律制度体系研究;把制度自信教育融入国民教育全过程的实践路径研究;促进教育治理能力提升的教育评价制度改革研究;我国学前教育可持续发展的路径与对策研究;新时代"五育"融合实践路径与评价改革研究;适应新课程改革和新高考改革的普通高中育人方式变革研究;中西部地区推进高考综合改革研究;"十四五"期间我国高等教育发展目标与推进策略研究;高校服务国家重大战略的实现路径研究;面向 2035 中国教育对外开放战略及推进策略研究;粤港澳大湾区教育一体化发展的问题与制度创新研究;新时代民办教育发展战略和治理创新研究;民族地区国家通用语言文字普及攻坚研究;学生身体素质提升的有效路径研究。

二、 选择研究课题

在教育实践活动中,我们经常会遇到大量的问题,但受种种主客观条件的限制,不可能对所有的问题进行深入研究,这就要求我们必须学会选择课题。选择课题,实际上是按一定的标准或条件对可供选择(挑选)的课题进行比较、评价,最后做出抉择的过程。

(一)教育科学研究课题的筛选

教育科学研究课题的选择是一个很复杂的过程,一般需要经历以下三个阶段:

其一,初选备择问题。在教育理论和教育实践中,研究者可以发现大量问题,但并不是每一个问题都值得研究的,而且有些问题也是研究者不能驾驭的,所以研究者必须对其进行初步的选择,为最后确定恰当的课题打下良好的基础。一般说来,研究者需要选择 2~3 个问题,为了查阅资料的方便,这些问题最好要有一定的关联性。

其二,查阅资料,了解动态。对问题的初步选择并不是最终决定,研究者还要对初选问题进行必要的"背景"考察和分析研究。研究者要围绕初选问题查阅相关资料,进一步了解该问题的研究价值、研究内容、研究方法、以往研究取得的成果及存在的缺陷或不足、研究的发展趋势等,在对问题有了大致了解的基础上,决定是否作为科研课题进行深入研究。关于如何查阅文献、如何进行文献综述将在第三章中详细介绍,这里不赘述。

其三,进行筛选。经过查阅资料、了解动态之后,感到此课题确实有深入研究的价值,而且是自己力所能及的课题,有能力高质量地完成,这时就可以筛选决定。

(二)教育科学研究课题的选择原则

选择课题一般要根据课题本身的价值、研究者自身的研究能力、为研究可提供的客观条件等方面来做出抉择。具体来说,选择教育科学研究课题时,应该从以下几个方面来考虑。

1. 课题必须有研究价值

判断一个课题是否有研究价值,或者比较两个以上课题研究价值的大小,是选择课题时首先要考虑的问题。要衡量一个课题有无价值及价值的大小,主要是看两个方面:

一是所选择的课题是否符合社会发展和教育事业发展的需要,是否有利于提高教育质量、促进青少年全面发展。这里强调的是课题具有应用价值。衡量应用价值大小的主要依据是它对实践可能产生影响的性质和大小,提出的解决问题角度的新颖性、有效性和普适性。因此,这类课题要从当前教育状况的实际出发,针对性要强,要选取有代表性的、被普遍关注的亟待解决的问题。如杭州师范大学经亨颐教育学院黄兆信教授的《创新创业教育质量评价探新——来自全国 1 231 所高等学校的实证研究》课题,通过对全国 1 231 所高校的 201 034 份师生问卷的统计分析,揭示了我国创新教育的现状、实效及存在的问题,并提出了完善创新创业教育质量评价体系构建的三点对策:建立全链条式评价体系,加强质量全面监管;搭建结果和过程融合的核心指标体系;分层分类设计质量评价方案。该研究成果发表在《教育研究》上,被《新华文摘》全文转载,并获得第六届全国教育科学研究优秀成果一等奖。

二是所选择的课题是否符合教育科学本身的发展,为检验、修正、创新和发展教育理论,建立科学的教育理论体系的需要,即选择的课题是否有理论价值。衡量课题理论价值的主要依据是课题可能做出的理论贡献的大小,看它寻求对理论体系哪些方面做出突破与发展,是在什么程度上的突破与发展。因此,这类课题一般要求较专深,具有重要的学术价值,在理论上要有所突破和建树,或有重要的补充和完善。华东师范大学叶澜教授的《回归突破:"生命·实践"教育学论纲》是其 30 余年学术研究的集成之作,是"生命·实践"教育学派的立纲之作和代表作。它立足于中国教育学当代建设,以"生命·实践"为内核基因,扎根民族"文化传统"、当代学校"教育变革实践",为中国教育学研究赢得学术地位与尊严,赢得与国际对话的资格,做出了切实的学术贡献。2015 年出版当年即被列入"2015 年国家社科基金中华学术外译项目立项名单",作为当代中国原创教育学,具有学科发展的时代意义和与国际学术对话的资格,获得第五届全国教育科学研究优秀成果一等奖。

在实际的教育科学研究中,有的强调应用价值,有的强调理论价值,有的二者兼而有之,但无论哪一种,都要选择那些最有意义的教育问题作为研究对象。

2. 课题要有科学性

选题的科学性集中表现为课题的指导思想和研究目的明确,立论依据充实、合理。具体表现在两个方面:

其一,要有一定的事实依据,这是选题的实践基础。所选课题必须遵循教育教学发展的客观规律,应该对所选教育问题的历史、现状以及他人的研究成果有较为深入的了解,问题要有针对性,要有现实依据。如上海青浦区的"大面积提高数学教学质量实验"课题,是在进行了三年调查研究,积累 160 项专题经验的基础上筛选出来的。该研究提出了四条有效的教学措施:第一,让学生在迫切要求之下学习;第二,组织好课堂教学的层次;第三,指导学生亲自尝试;第四,及时提供教学效果的信息,随时调节教学。

其二,要以教育科学基本原理为基础。教育科学理论对选题起到定向、规范、选择和解释的作用。没有一定的科学理论依据,选定的课题必然起点低、盲目性大。如上海师范大学教科所的"充分挖掘儿童少年智慧潜力的教改实验"就是根据"人脑有巨大潜力""儿童少年期是智力发展的迅速时期"等理论,提出对教育体系进行整体改革、建立新的教育体系,用 9 年时间完成 12 年的教育任务。

因此,选题的实践基础和理论基础制约着选题的全过程,影响着选题的方向和水平。

3. 课题要有新颖性、创造性

教育科学研究是一种探索未知的活动,必须具有一定的新颖性和创造性。因此,所选课题应是前人未曾解决或尚未完全解决的问题,通过研究应有创新、有新意和时代感。要达到这一目的,就要把所选课题放在总结和发展过去有关学科领域的实践成果和理论思想的主要遗产的基础上,没有这个基础,任何新发展、新突破都是不可能的。科学上的任何重大成果,几乎都是科学工作者在前人和他人工作成就的基础上一步步取得的。因此,要通过查阅文献资料,广泛深入地开展调研,搞清楚所要研究的课题在当前国内外已达到的水平和已取得的成果。研究者要了解是否有人已经或者正在研究类似的问题,如果有,就要对自己的课题进行认真审视,从理论本身的完备性和研究方法的科学性等角度进行分析,以便使自己的研究有所创新。

4. 课题要有可行性

所谓可行性,是指课题存在被研究的现实可能性。我们知道,人的认识和实践总要受到所处时代的社会生产力和科学技术的种种限制,正如恩格斯所说:"我们只能在我们时代的条件下去认识,而且这些条件达到什么程度,我们就认识到什么程度。"①如果时代条件不具备,不管某个研究课题多么需要,多么具有科学性和创造性,那也不能成功。一般说来,可行性包含以下三方面的条件:一是客观条件,有必要的资料、设备、时间、经费、技术、人力及科学上的可能性。有的课题看起来似乎是从教育发展的需要出发,但由于不符合现实生活实际,违背了基本的科学原理,也就没有实现的可能性。二是主观条件,研究者本人的原有知识、能力、基础、经验、专长以及兴趣,要与选择的课题相适应。三是时机,选择课题要抓住关键性时期,什么时候提出该课题要看有关理论、研究工具及条件的发展成熟程度。提出过早,问题会攻不下来;提出过晚,又会被认为亦步亦趋,毫无新意。

在教育科学研究中经常出现以下选题不当的情况:一是范围太大,无从下手;二是不清楚主攻目标;三是问题太小,范围太窄,意义不大;四是在现有条件下课题太难,资料缺乏;五是经验感想之谈,不是科学题目。因此,正确选题并非一蹴而就,它要求研究者不仅要有科学的教育理论指导,还要坚持唯物主义观点,从实际出发,通过对事实材料的分析比较,善于发现和抓住重要的问题;不仅要把握该领域理论研究的全局,而且要对教育实际有深入的了解,不仅要有问题意识,而且要了解和掌握选题的有关知识和方法,不断提高自己的选题能力和创新、判断、评价等综合能力。

三、 课题论证

要判断课题的选择是否恰当,就必须对课题及其方案做出论证和评价,然后就最佳课题方案做出决策。对课题的论证包括以下几个方面:

第一,目的性论证。论证课题是否能够满足人类的社会需要和教育科学本身发展的需要,即论证课题的理论意义和实践意义。一般地说,满足社会和教育科学发展需要的课题都具有积极的理论和实践意义,会受到社会和学术界的重视,而那些不能促进教育理论发展、解决教育实践问题的课题就没有研究的价值。

第二,根据性论证。论证问题的立论依据,看有没有哲学依据和科学根据,是否符合教育理论和教育规律,不符合客观规律的课题就会陷入非科学或伪科学的歧途。

第三,创造性论证。论证课题是否有新颖性和创造性。深入了解前人及其他人在该领域的研究基础以及已有的结论和相关的争论等,进而论证该课题的研究将在哪些

---

① 恩格斯.自然辩证法[M].北京:人民出版社,2015:111.

方面有所创新和突破。

第四,可行性论证。即要论证问题能否解决,要切合实际地分析完成课题的主、客观条件是否具备或通过一定努力能否达到,不具备完成条件的课题,坚决不选。

对课题的论证,要求写出简洁、明确、具体、概括的论证报告。课题论证报告的内容一般包括:

（1）课题名称。课题名称要简明、具体、确切地反映出研究的内容、范围和准备完成的任务。

（2）课题研究的目的、意义。阐明本项目的理论价值和实践意义。

（3）课题研究的现状、趋势。包括前人及其他人的研究基础以及已有的结论和分歧点,分析该课题相关领域的研究动向。

（4）课题研究的目标。课题所要解决的问题,课题将在哪些方面有所突破。

（5）研究内容。研究准备在哪几个方面展开。

（6）研究方法。主要采用哪几种研究方法。

（7）条件分析。包括课题研究人员的结构、资料的准备和科研手段等。

（8）研究步骤和各阶段的时间分配。具体列出研究的步骤和主要任务以及研究阶段和时间安排。

（9）经费预算。匡算出研究所需图书资料的费用、调查的费用、专家咨询的费用以及结项费用等支出。

（10）成果形式。确定研究成果是以专题报告、学术论文还是专著的形式呈现。

阅读材料:
课题论证报告
结构示例

第二节　研究课题的表述与研究假设的建立

研究课题确定以后,研究者就需要对该课题的有关材料进行收集、整理和分析,在此基础上对研究课题进行确切的、可操作化的表述,进而建立明确的研究假设。只有这样,才可能避免教育科学研究的盲目性,取得良好的研究成果。

一、 研究课题的表述

研究课题的表述就是要求能清楚地说明研究课题的范围与变量的限定。对研究课题进行表述是研究设计的起点,表述时要注意简洁明了,并能确定研究活动的关键因素。只有这样,才能为研究提供足够的焦点和方向。

选择了一个研究课题,并不意味着这个问题就有了恰当的表述。通常的情况是,一个课题需要反复推敲才能成为有效研究的恰当形式。在研究的初始阶段,课题表述可以粗略一些,然后通过查阅文献,不断地对课题表述进行精致和细化处理。这种做法比一开始就陈述得狭窄、片面,然后再来扩展的做法要好。

（一）课题表述的内容和形式

课题必须明确表述所要研究的问题。一般来说,研究者在课题名称中尽可能表明三点:研究对象、研究问题和研究方法。如"初一代数自学辅导教学方法的实验研究",研究对象是初中一年级的学生,研究问题是初一代数的自学辅导教学方法,研究方法是实验法。

课题名称可采用叙述或描述的形式,也可采用问题的形式。很多研究工作者偏向于采用问题的形式,其实两种形式都是可行的。采用问题的形式对焦点问题研究较好,尤其是当大问题中包括有小问题时效果更好。例如,要研究和探讨教学技术与学习成绩之间的关系,我们可以采用叙述的形式:"三种教学技术对高中生学科成绩的影响的实验研究",也可以采用问题的形式:"三种不同教学技术是否对高中生的学科成绩产生不同的影响?"

(二)课题研究范围的界定

任何教育科学研究课题,都应该有一定的研究范围,研究者必须对研究范围进行明确的表述和界定,否则,研究就无法进行。课题研究范围的界定是对该课题研究对象的总体外延与内涵做出具体的解释和规定。研究对象总体范围的界定既关系到研究过程中样本的选取,同时也关系到研究成果的应用和推广范围。

对研究对象进行界定,包括两个方面:

其一,对研究对象总体范围进行界定。不同的课题有其不同的研究范围,即便是对同一问题的研究,由于研究角度和覆盖面的不同,也决定了各自研究范围的不同。例如要研究学生阅读能力的培养,以提高语文教学质量,这一课题可研究的角度很多,研究的覆盖面也不同,从而该研究就有不止一个研究范围。由于"学生"这一总体由"小学生""初中生""高中生"甚至"大学生"构成,总体外延界定的大小不同,就构成了不同的研究范围。如研究是针对城市初中生的,那么其研究范围就是城市初中语文阅读教学;如果研究是针对农村初中生的,那么其研究范围即为农村初中语文阅读教学。同样地,如果研究是针对小学生的,那么研究范围就包含了所有城市和农村小学的语文阅读教学。

即使该研究限制在小学生语文阅读能力培养这一范围,同样也存在着研究角度不同而使研究范围不同的问题。例如对于小学生语文阅读能力的培养可以从教师教学方法、教学改革经验、语文教材改革等角度去研究,它们都构成不同的研究范围;也可从语文阅读能力的构成、学生掌握和发展该能力的普遍规律、学生的学习方法等角度去研究,它们也有各自特定的应用范围。因此在研究设计过程中必须明确课题研究的角度,从而确定课题研究对象的总体范围。

其二,对一些模糊研究对象进行界定。不少课题中研究对象模糊,外延不确定。如"学困生""差生""青年教师""品德不良学生"等,没有一个统一和明确的定义,因此,必须进行界定,以确定研究对象总体的范围,正确选取研究对象的样本。一般说来,对这些模糊研究对象进行界定,应尽可能用有参考依据的、比较权威的、被大多数人认可的说法。

(三)研究问题(内容)的界定

研究问题必须内涵清晰,外延明确。在教育科学研究和实践中,许多概念说法不一,观点各异。只有研究问题内涵清晰,使研究成为一个有确切含义的问题,才能保证研究思路明确清晰,也便于其他研究者按照研究者规定的内涵来理解研究结果和评价该研究的合理性。同时,只有研究问题外延明确,了解研究问题所包括的指标或维度,才能使研究课题具有科学性和可操作性,从而保证研究目标的实现。如北京师范大学林崇德教授等人在《小学生运算思维品质培养的实验研究》中,把思维品质定义为在个体的思维活动中智力特征的表现。[1] 思维品质突出地表现在敏捷性、灵活性、深刻

① 林崇德,等.小学生运算思维品质培养的实验研究[J].教育研究,1983(10):36-41.

性和独特性四个方面。思维的敏捷性就是思维过程的速度和正确率;思维的灵活性就是思维活动的灵活程度;思维的深刻性就是思维的逻辑性,是思维活动中抽象水平的表现,即抓住问题的本质和规律,开展系统的理性活动;思维的独特性是指独立思考创造出一定新颖性成分的智力品质。

课题的复杂程度是与课题涉及的变量数目及变量变化幅度成正比的。如,有人以"当代青少年理想调查"为研究课题,那么,就必须对课题中涉及的下列变量下定义:

（1）"当代":应写明作为一个时间变量,在此是指从××××年到××××年,还是指调查进行的年代。

（2）"青少年":应写明这一概念所指的年龄段,以及是否指在校青少年。

（3）"理想":应写明指的是哪些方面的理想,以哪些可观察或可界定的事物、行为作为"理想"这一抽象概念的具体指标。

二、 研究假设的建立

研究假设是对研究中自变量和因变量之间关系(相关或因果)的陈述。明确具体的研究假设有助于研究者制订科学、可行的研究计划。

（一）假设

假设是依据已知的科学原理、科学事实和理论,对未知的客观现象及其规律性所做出的一种推测性论断或假定性说明,是在研究之前预先设想的、暂时的对某种已知现象与某种结果之间关系(相关和因果)的推论。

假设具有假定性、科学性和可验证性。所谓假定性是指假设带有推测的性质,即假设所陈述的因果关系是现实中暂不存在或未被确认的,它对未知的推论是概率性的,因此有可能被实践证实,也有可能被实践证伪。所谓科学性是指假设是以一定的科学事实、理论或经验为依据提出的,并且一般要经过初步的科学论证。如北京师范大学冯忠良教授的"结构—定向教学实验研究"假设的形成经过这样的过程:他首先对"教学""学生学习与能力的本性"进行理论研究,从而对如何提高学习成效形成初步假设;然后,运用这个初步假设进行了三轮实验,使初步假设得到充实、丰富和完善,经过实验取得事实支持;最后借鉴国外赞可夫关于批判传统教学的理论、加里培林学派的控制式理论、布鲁纳的结构教学理论、加涅的累积观点、皮亚杰的构造主义观点等,形成研究的假设。[1] 所谓可验证性是指假设对未知的推断是可以验证的,不能验证的假设是没有意义的。

假设是关于某类行为在一定条件下与某类结果之间关系的推论,是探索新事物、形成新理论的基础。具体明确的研究假设可以帮助研究者有一个明确的目标,研究者根据假设确定研究方向,进行主动、有计划的观察或实验,可避免盲目性和被动性。研究假设是确定具体研究目标、形成具体研究方案的关键,一项研究的假设越具体,研究目标就越清楚,研究计划的制订就越具体。

（二）常量和变量

如前所述,假设是对问题的结果、某些现象的性质以及两个或多个变量之间的关

---

① 冯忠良.结构—定向教学实验研究总结[J].北京师范大学学报(社会科学版),1992(5):95-112.

系的推测。假设直接建立在研究问题的基础之上,是研究问题的延伸。在教育科学研究中,有时研究者只是为了获得描述信息以发现人们是如何思考或感悟的,或者描述他们在特定情境下是如何行为的,研究者只想确认某些特征、行为、感受或想法的现实状况,为进一步的研究或教育决策奠定基础,并不研究变量之间的关系。而大多数研究都涉及寻找和探讨变量之间的关系,因为纯粹的描述性研究并不有助于我们理解人们为什么以某种方式感受、思考或行为,为什么这些计划有这些特征,为什么在某特定时间要使用某种特定策略,等等。我们了解发生了什么,或者某事情在何处或何时发生了,但并不知道这件事情为什么会发生,这往往会成为研究者的关注点。所以,科学工作者认为探讨事物之间关系的研究是非常重要的。因为,对事物之间关系的研究,有助于解释我们生活世界的本质。通过学会去解释世界各部分之间的联系,我们才会了解这个世界。

因此,在教育科学研究中,更多的是对两个或多个变量之间关系的推测,具体说,就是对研究中自变量和因变量之间关系的陈述。要想形成一个理想的研究假设,必须明确研究中有哪些常量和变量。

常量是一个研究中所有个体都具有的相同的特征或条件,与此相反,变量是一个研究中不同的个体体现出的不同的价值特征或条件。例如,一项研究要比较两种不同教学方法对小学 5 年级学生的语文成绩的影响,那么年级水平就是一个常量,因为每个学生都在 5 年级,5 年级这一特征对每个学生都是相同的,它是这个研究中不变的条件。而教学方法和语文成绩则是变量。教学方法是一个范畴变量,所有 5 年级学生被分别分配到这种或那种教学方法实践中去,根据所接受的教学方法的不同,对这些学生进行分类,将他们称为实验班或对照班。两种不同的教学方法实施后,对 5 年级学生进行语文成绩测量。在测量中不可能每个学生的分数都相同,不同的学生将会有不同的分数,至少不是所有学生都是同一个分数。

(三)自变量和因变量

在教育科学研究中,一些重要的、被广泛用于描述的变量是自变量和因变量。自变量和因变量源于数学。一般认为因变量的价值取决于自变量,因变量是我们可以测量的变量。自变量则是一个分类变量,它对研究的个体进行分类。在上面的例子中,教学方法就是个自变量,研究中的每个 5 年级学生都将接受两种教学方法中的一种方法的教学,两种不同的教学方法构成这一变量的两种水平或两种类型。而语文成绩则是因变量,被假设为受教学方法的影响,不同的教学方法可能导致实验班和对照班学生不同的教学效果。事实上,研究的目的在于弄清楚教学方法是否对语文成绩有影响,研究者将试图从自变量出发解释因变量。

(四)一个好的研究假设具备的条件

假设在科学研究中的作用,促使中外学者对假设具备的条件进行了深入的研究,并提出了各自的看法。伯格和高尔认为,假设应具备以下四条标准:① 说明两个或两个以上变量间的期望关系;② 研究者应有该假设是否值得检验的明确的理由,这一理由是有理论的或事实的依据的;③ 假设应是可检验的;④ 假设应尽可能简洁明了。叶澜认为好的假设标准为:① 假设应以叙述的方式加以说明;② 假设应说明两个以上变量的关系,但在每一个假设中只陈述两个变量之间的关系;③ 假设有待检验,并必须可以检验;④ 假设应全面反映课题中所涉及变量的不同值之间可能存在的关系。①

一般说来,一个好的教育科学研究假设应具备以下特点:

(1) 假设应说明两个以上变量的关系,但在每一个假设中,只陈述两个变量之间的关系。两个以上变量之间的关系的说明,可以有一组假设。

(2) 研究者应有该假设是否值得检验的明确的理由,这一理由是有理论的或事实的依据的。

(3) 假设应是可检验的,一个原则上不可检验的假设是没有科学价值的。

(4) 假设应以叙述的方式加以说明。这种叙述应明确表示研究者设想在两个变量之间有还是没有关系,因此不能采用提问、反问的方式叙述假设。

(五) 研究假设的基本类型

1. 按假设的形成分类,可分为归纳假设和演绎假设

(1) 归纳假设。归纳假设是基于观察基础上的概括,是人们通过对一些个别经验事实材料的观察得到的启示进而概括、推论出的经验定律。归纳假设是采用归纳法从大量的教育事实和教育经验出发,通过归纳形式提出初步的实验假设,然后对照已有的教育事实、教育经验和正确的教育理论,通过反驳、修正、剔除个别性和片面性,或指明该假设的适用条件和范围,最后形成理论假设。这种方法是目前我国研究者开展教育科学研究时提出假设的主要形式和手段,应该进一步发挥这种方法的优势和长处。

(2) 演绎假设。演绎假设是从教育科学的某一理论或一般性陈述出发推出新结论,推论出某种特定假设。它是采用演绎的方法,从一般的教育原理向个别的具体的教育事实推论,推断出关于特殊的个别的教育现象的属性、特征或关系的认识,得出个别的特殊的理论的方法。我国古代不少教育家从自己的哲学思想出发对天人、性习、知行等关系的推论中提出了自己关于教育目的、教育作用等的教育教学理论;夸美纽斯的教育理论中有许多论点是他根据推测创造出来的;卢梭的教育理论有不少是根据他的一般世界观和社会理想推论出来的。他们的不少观点至今仍有现实意义。由于目前教育科学仍处于经验科学时期,教育科学概念的清晰度和概括度不高、范畴体系与概念体系不十分清晰、命题与命题之间的逻辑联系也不严密等现象的存在,使得以概念、命题、公理为基础进行的演绎推理的可信度降低。研究者应当注意这一特点。

2. 按假设的性质和复杂程度分类,可分为描述性假设、解释性假设和预测性假设

(1) 描述性假设。描述性假设是研究中常用的一种假设形式,它向我们提供关于事物的某些外部联系和大致的数量关系的推测,是关于对象的大致轮廓和外部表象的一种描述。比如,要进行一项关于"教育发展对人口出生率变化的影响"的研究,我们在开始进行研究之前,先提出一个描述性的假设,人口的教育程度提高以后,人口的出生率会降低。之所以出现这样的变化,显然是教育发展的结果,但教育发展又是怎样引起这样的变化的呢? 这不是描述性假设的任务。为了回答这样的问题,就需要进一步提出解释性的假设。

(2) 解释性假设。解释性假设是比描述性假设更高一级的形式,是更复杂、更重

① 叶澜.教育研究及其方法[M].北京:中国科学技术出版社,1990:69.

要的一种假设。它与描述性假设的不同之处在于,解释性假设揭示事物的内部联系,从现象的质的方面提出假设,说明事物产生变化的原因。如果我们使用解释性假设来说明教育发展和人口出生率的变化之间的关系,就可以得到比较满意的答案。这就是教育程度较高的人,愿意将育龄初期用于学习,他们对就业的要求较迫切,就业的机会亦较多。由于学习和就业的要求,势必晚婚,于是,就缩短了生育旺盛期,减少了生育机会。

（3）预测性假设。预测性假设是对事物未来的发展趋势的科学推测,它是在对现实事物的更深入、更全面的了解基础上提出的更复杂、更困难的一种假设。预测性假设主要用于全国范围内的、具有战略意义的某些综合性课题的研究。

3. 按照假设的形式分类,可分为研究假设和零假设

如果用假设来引导研究的开展,那么这种假设或是研究假设,或是零假设。

（1）研究假设。研究假设描述的是研究者期望得到的结果。

（2）零假设。零假设常常不是研究者想得出的结论,但又可以通过推断统计做逻辑检验。

如要研究父母对教育的支持与中学生数学成绩的关系,研究假设和零假设分别为:

研究假设:中学生的数学成绩和父母对教育的支持存在正相关。

零假设:中学生的数学成绩和父母对教育的支持没有关系。

在同一个研究中往往同时使用这两种假设,即研究者用研究假设来引导研究的开展,用零假设来检验研究结果是否是由于抽样误差造成的。

阅读材料

关于"普通中学学生的学习成绩与教师文化水平的关系"
研究中的变量界定与假设表述[①]

在该课题中需要给下列变量下定义:

（1）普通中学。指国内的城、乡普通中学。

（2）学生。包括上述中学初一到高三的全部学生,分初中、高中两级。

（3）学习成绩。指各年级文、理各学科的单科标准化考试的成绩,分为不及格、及格、良、优等。

（4）教师文化程度。初中教师分为:初中、高中、大专、本科、硕士;高中教师分为:高中、大专、本科、硕士及硕士以上。

在此基础上,可以提出如下一组假设:

（1）在教师教学态度与教学经验相近的条件下,中学生的学习成绩与教师的文化程度相关。

（2）教师与中学生学习成绩的关系,与学校所在地无直接关系。

（3）初中教师至少应具有高中文化程度,才能满足使学生学习成绩达到及格标准的要求。

---

① 叶澜.教育研究及其方法[M].北京:中国科学技术出版社,1990:66.

（4）高中教师至少应具有大专文化程度，才能满足使学生学习成绩达到及格标准的要求。

（5）随着年级增高，中学生的学习成绩与教师文化程度的相关度也增高。

（6）理科教师文化程度与学生成绩的相关度，高于文科教师文化程度与学生成绩的相关度。

（7）中学教师文化程度高于大学本科，对学生学习成绩的提高无明显的作用。

第三节　教育科学研究设计

确定了研究问题并且完成了一些文献资料的准备以后，研究者接下来要做的工作就是进行研究设计——开展研究的计划或策略。作为一种计划（规划），研究设计涉及研究类型、研究方法、分析单位与研究内容、研究对象的选择、数据资料的收集与分析等研究过程的各种活动。定量研究设计注重结构化和规范性，可以使研究者通过对数据的比较和分析做出有效的解释。定性研究设计的结构化程度比较低，更具有灵活性。

一般说来，教育科学研究设计包括以下几个部分。

一、确定研究类型

研究设计的第一步是要确定研究类型，只有根据不同的研究类型，才能有效地选择研究方法或研究途径。为了保证研究设计的完整、全面，应该从研究目的、研究时间的长短、研究对象范围的大小等方面来确定研究类型。

（一）描述性研究和解释性研究

以研究目的为依据，教育科学研究可分为描述性研究和解释性研究。

1. 描述性研究

教育科学研究的主要目的之一是对教育现象的状况、过程和特征进行客观、准确的描述，即描述教育现象是什么？它是如何发展的？它的特点和性质是什么？描述性研究同探索性研究一样都没有明确的假设，它是从观察、调查入手来了解并说明研究者感兴趣的问题。

描述性研究尽管没有明确的假设，但在进入观察、调查之前必须有一些初步的设想，以避免观察和调查的盲目性。这些设想主要包括：其一，研究的时间性，是了解它的历史状况或发展过程；其二，研究的范围，是了解几所学校或是了解整个城市的学校；其三，研究的层次和角度，是在经验层次描述具体现象，还是在抽象层次上说明现象的普遍意义；其四，概念的具体化与操作性；其五，观察、调查对象的选取，是对研究范围内的所有人都进行，还是只选取其中一部分人或几个典型人物做观察、调查。

2. 解释性研究

解释性研究的主要目的是说明教育现象的原因，预测事物的发展趋势或结果，探寻现象之间的因果联系，从而解释现象为什么会产生、为什么会变化。解释性研究主要运用假设检验逻辑，它在研究之前需要建立理论框架（理论假设）并提出一些明确的研究假设，然后将这些假设联系起来，构成一个因果模型。

（二）横剖研究与纵贯研究

以研究的时间尺度为依据,教育科学研究可以分为横剖研究与纵贯研究。

1. 横剖研究

横剖研究是在某一时间对研究对象进行横断面的研究。如不同年龄、职业、地区的人在某一时间对教育体制改革的意见和态度。人口普查和民意测验多采用横剖研究的方式。

横剖研究的优点是调查面广,大多采用统计调查的方式;资料的格式比较统一且来源于同一时间;易于对各种类型的研究对象进行描述和比较。但采用横剖研究,资料的深度和广度较差。

2. 纵贯研究

纵贯研究是在不同时点或较长的时间内观察和研究教育现象。如,我们可以对研究对象随时间推移而发生的变化进行研究——趋势研究,也可以对同一时期同一类型的研究对象随时间推移而发生的变化进行研究——同期群研究;还可以对同一批研究对象随时间推移而发生的变化进行研究——追踪研究。

纵贯研究的特点在于,它能了解现象的发展过程,能比较不同时期的变化;由于各种变量的时间顺序很清楚,因此容易做出逻辑上的因果判断。但纵贯研究的调查范围较小,难以进行不同类型的比较。

（三）普查、抽样调查和个案调查

以调查对象的范围为依据,可以将教育科学研究划分为普查、抽样调查和个案调查。

1. 普查

普查是对较大范围的地区或部门中的每一个对象都进行调查。它的作用是能够对现状做出全面、准确的描述,从而有利于把握整体的一般状况,得出具有普遍性的概括。

2. 抽样调查

抽样调查是从研究对象的总体中抽取一些个体作为样本,并通过样本的状况来推论总体的状况。在教育科学研究中,由于客观条件的限制或由于研究目的的要求,往往无法或没有必要对每一个研究对象都进行调查。如,要了解全国大学生的思想状况,是不可能也没有必要调查全国每一个大学生的,研究者只需从全国几千万大学生中随机抽取几千人或主观选取有代表性的一些人进行调查就可以了。

抽样调查研究的特点是,它比普查节省时间、人力和经费,资料的标准化程度较高;通过统计分析可以了解总体的一般状况和特征;调查结果具有一定的客观性和普遍性,应用范围广泛。但抽样调查不如个案调查那样深入、全面,结果的可靠性和真实性有赖于所抽取样本的代表性。

3. 个案调查

个案调查是从研究对象中选取一个或几个个体进行深入、细致的调查。它的主要作用是详细描述某一具体对象的全貌,了解事物发展变化的全过程。

二、选择研究方法

研究方法表明研究的实施过程和操作方式的主要特征,是开展教育科学研究的关键环节之一,研究方法选择的正确、科学与否将直接决定接下来的研究实践是否能够顺利展开。教育科学研究方法有三类,如图2-1所示。

实验的、统计的方法　　　历史的、哲学的方法　　　感悟的、默会的方法

图 2-1　教育科学研究方法的类别

由图2-1可知,教育科学研究方法分为三类:实验的和统计的方法,历史的和哲学的方法,感悟的和默会的方法。

实验的和统计的方法即定量研究方法,如结构式观察、结构式访谈、问卷调查、测量法和实验法等,主要通过对研究内容的测验或测量,用数量来呈现研究对象的特性,用统计分析结果得出研究结论。

感悟的和默会的方法即定性研究方法,如参与式观察、无结构式访谈、案例研究和叙事研究等,主要通过对研究对象发生的过程和结果的描述,用定性分析(因果分析)方法探寻研究结论。

历史的和哲学的方法,主要采用文献和逻辑推理分析法去探讨研究对象的本质等。

选择何种研究方法在很大程度上取决于研究者的理论和方法论倾向。在研究过程中,研究者要依据研究目的和研究内容选择合适的研究方法,不能一味追求所谓"方法"的科学,而不去深入钻研研究的指导思想,把握研究的方向。研究方法选对了,就可以沿着正确的方向,达到研究的目的,取得较佳的研究成果。反之,如果研究方法不当,就会使研究工作徒劳无功,达不到预期的目的。每一种具体的研究方法适宜的研究问题、研究条件和优点如表2-1所示。

表 2-1　教育科学研究方法的特点

研究方法	研究问题	研究条件	优点
观察法	是什么/怎么样	自然情境	真实
问卷法	谁/如何/多少	被试	概率
访谈法	事实/理解与态度	进入/洞察	细节
个案法	个体的事实与条件	信任	发现
实验法	特定条件下怎样/如何	控制	复现
叙事法	个体经验与知识	体验	提升意识
行动研究法	行动中的问题	过程	改善行动

需要注意的是,研究方法没有高低优劣之分,只有选择适当与否的区别。相关研究方法的详细介绍放在以后章节,这里不再赘述。

三、 确定分析单位与研究内容

在教育科学研究设计中,研究者还应当明确研究的分析单位和研究内容。分析单位是研究者所要调查和描述的对象,它是研究的基本单位,研究的最终目的是将这些单位的特征汇集起来以描述由它们组成的较大集合体或解释某种教育现象。研究内容是指分析单位的属性和特征,它们是研究者所要调查和描述的具体项目或指标。

(一) 分析单位

一般来说,分析单位等同于抽样单位。如,要描述学生的价值观念状况,可抽取一个个学生;要了解学校的教学质量,可抽取一个个学校。但有时,分析单位与抽样单位可能不一致。如要分析家长对子女的教育态度和方式,这时,分析单位是家长,而抽样单位可能是"户"。教育科学研究中的分析单位主要有以下几类。

1. 个人

个人是教育科学研究中最常用的分析单位,大部分教育科学研究都要通过分析个人特征来解释和说明各种复杂的教育现象和教育问题。但它一般不停留在个人层次,因为它的主要目的是描述或解释个人或个人行为组合而成的群体或组织的教育社会现象。

2. 群体

群体主要指具有某些共同特征的一群人,如教师、学生、家长等,它们可以作为教育科学研究的独立的分析单位。群体特征不同于个人特征,如家庭的特征包括家庭规模、形式、高档消费品的拥有量等,但有些群体特征可由个人特征汇集或抽取而来,如家庭的经济状况是由每个家庭成员的收入决定的,班级的学习成绩是由每个学生的成绩决定的。用群体作为分析单位,主要是用于描述和解释不同群体的教育社会现象。如教师和学生对"双减"认识的异同研究,教师和学生家长对"双减"认识的异同研究等。

3. 组织

组织是指由具有共同目标和正式分工的一群人所组成的单位,如企业、公司、学校、政党等。组织的特征包括组织的规模、组织方式、管理方式、组织行为、组织规范、上下级关系、任用、晋升、解雇等。社会组织是社会的基本构成单位,它是社会研究的重要对象。教育科学研究一般是分析某一组织在教育系统中的位置与功能,它与其他部门的联系以及组织内部的结构等。例如,探讨少先队、共青团在道德教育中的作用,就应以组织为单位进行研究。

4. 社区

社区是按地理区域划分的社会单位,如乡、村、小城镇、城市等。将社区作为分析单位通常是描述社区居民的生活状况、交往活动、文化活动、行为规范以及社区的历史发展过程。在教育科学研究中,比较城乡学校、教师、学生在教学理念、学习理念上的联系与区别,常采用社区为分析单位。

分析单位是研究者所要了解的一些个案,它在很大程度上决定了抽样方案和调查方案的制定。在选择分析单位时应注意:① 一项研究课题可以采用多种分析单位,研究者应根据教育现象的复杂程度和研究目标来选择分析单位;② 在研究中,如果以某一分析单位进行调查所收集的资料不能完满地解答研究课题的话,就应当增加或改变分析单位。

(二) 研究内容

研究内容是分析单位的属性和特征。研究者一般是根据研究课题和研究假设的要求,确定出主要想了解的项目或指标。分析单位的属性特征可以划分为以下几类:

1. 状态

状态是一些客观指标,通过它们可以描述分析单位的基本状况。如个人的状态包括年龄、性别、身高、体重、职业、收入、文化程度、婚姻状况等。研究者可根据研究假设选择其中某些指标。例如,要研究人的生活态度受哪些因素影响,可选择个人的年龄、职业、文化程度、经济收入等状态变量作为主要影响因素。状态变量一般可作为自变量,它对人的态度、行为及其他社会现象都可能有重要影响。

2. 意向性

意向性是分析单位的内在属性,它是一种主观变量。意向性包括态度、观念、信仰、个性、动机、偏好、倾向性等。意向性具有内隐性,很难直接观测,研究者通常是设计一组题目来描述态度、观念和行为倾向的不同类别或不同程度。对意向性的分析是要以分析单位的行为目的、手段、策略等来解释它的行为。在研究过程中,意向性可以用状态变量来解释,也可以用意向性解释行为变量。

3. 行为

行为是一种外显变量,是研究者可直接观察到的各种社会行为和社会活动。一般说来,行为通常是研究所要解释的因变量,它受状态变量和意向性的影响。

(三) 确定分析单位和研究内容应注意的问题

由于分析单位不明确、分析层次混乱或研究内容狭窄等原因,可能会出现层次谬误与简化论等错误。

1. 层次谬误

层次谬误是指用一种高层次的分析单位做研究,却用另一种低层次的分析单位做结论。例如,以城市为分析单位研究犯罪问题时发现:"移民人口多的城市比移民人口少的城市犯罪率高。""知识分子多的城市比知识分子少的城市犯罪率高。"由此得出结论:"移民的犯罪率高于非移民。""知识分子的犯罪率高于非知识分子。"这显然是错误的。因为调查资料是以城市为单位收集的,对它必须用城市特征,而不能用群体(或个人)特征来解释。

2. 简化论

简化论是指在教育科学研究中局限于用某类特征来分析和解释各种复杂的教育现象。例如,在解释人的行为时,心理学家只考虑心理特征(动机、性格),经济学家只考虑经济特征(经济地位、经济利益),教育学家只考虑教育特征(人为性、层次性)。任何分析单位都具有各种属性和特征,简化论只偏重于其中某一特征,这样就会忽略其他特征,犯简化论的错误。

实际上,并没有一种普遍适用的分析单位,一项研究应考虑到各种分析单位和各种特征,然后依据理论假设和初步的考察来确定比较适当的分析单位和研究内容。

四、 选择研究对象

教育科学研究是有目的、有计划地认识教育现象、探索教育规律的活动,具有很强的探索性。为了揭示教育现象与过程发展规律,选取的研究对象必须有代表意义,才能保证研究结果的可靠性。如何选择有代表性的研究对象,是我们制订研究计划的很重要的工作。

在教育科学研究中,研究对象的选择一般采用抽样的方式,主要包括以下几种:

1. 简单随机抽样

简单随机抽样又叫作纯随机抽样,就是遵循随机原则(抽样过程中每一个个体被抽中的机会相等),不对研究总体进行分组,直接从总体中抽取样本个体的方法。

简单随机抽样有抽签法和随机数字表法两种。

抽签法比较适合抽取样本较少且总体内部异质性不高的情况。抽签法的具体操作程序是:① 把总体中的每个个体按顺序编上序号并做成签;② 把所有的签放入一个容器内,摇动混合均匀后,随机从中抽取一个签并记下号码;③ 再次摇动混合均匀后随机抽取一个签,以此类推,直到抽取到所需样本数量的号码为止。

随机数字表法是用随机数字表进行抽样的方法。随机数字表是通过随机的方法形成的表格,可以采用数学用表中提供的现成的表格,见图 2-2,也可以由计算机生成。

```
00000  00097  32533  76520  13586  34673  54876  80859  09117  39292  74945
00001  37542  04805  64894  74296  24805  24037  20636  10402  00822  91665
00002  08422  68953  19645  09303  23209  02560  15953  34764  35080  33606
00003  99019  02529  09376  70715  38311  31165  88676  74397  04436  27659
00004  12807  99970  80157  36147  64032  36653  98951  16877  12171  76833

00005  66065  74717  34072  76850  36698  36170  65813  29885  11193  29170
00006  31060  10805  45571  82406  35303  42614  86799  07439  23403  09732
00007  85269  77602  02051  65692  68665  74818  73053  85247  18623  88579
00008  63573  32135  05325  47048  90553  57548  28468  28700  83491  25524
00009  73796  45753  03529  64778  25808  34282  60933  20344  36273  88435

00010  98520  17767  14905  68607  22109  40558  60970  93433  50500  73998
00011  11805  05431  39808  27732  50725  68248  29405  24201  52775  67851
00012  83452  90834  06288  98083  13746  70078  18475  40610  68711  77817
00013  88685  40200  86507  58401  36766  67951  90364  76493  29609  11062
00014  99594  67348  87517  64969  91826  08928  93785  61368  23478  34113

00015  65481  17674  17468  50950  58047  76974  73039  57186  40218  16544
00016  80124  35635  17727  08015  45318  22374  21115  78253  14385  53763
00017  74350  99817  77402  77214  43236  00210  45521  64237  96286  02655
00018  63816  26803  66252  29148  36936  87203  76621  13990  94400  56418
00019  09893  20505  14225  68514  46427  56788  96297  78822  54382  14598

00020  91499  14523  68479  27686  46162  83554  94750  89923  37089  20048
00021  80336  93498  26940  36858  70297  34135  53140  33340  42050  82341
00022  44104  81949  85157  47954  32979  26575  57600  40881  22222  06413
00023  12550  73742  11100  02040  12860  74697  96844  89439  28707  25815
00024  63606  49329  16505  34484  40219  52563  43651  77082  07207  31790

00025  61196  90446  26457  47774  51924  33729  66394  59593  42582  60527
00026  15474  54266  95270  79953  59367  83848  82396  10118  33211  59466
00027  94557  28573  67897  54387  54622  44431  91190  42592  92927  45975
00028  42481  16213  97344  08721  16869  48767  03071  12059  25701  46670
00029  23523  78317  73208  89837  68935  91416  26252  29663  05522  82562
```

图 2-2　随机数字表

利用随机数字表法抽样的步骤为：

（1）将总体中的每个个体按顺序编上序号。如从 800 名学生中抽取 200 名学生进行问卷调查,需要从 001 开始给每一个学生编号至 800。

（2）根据抽样总体的数量选择合适的随机数字表或由计算机生成合适的随机数字表。抽样总体 800 人,需要 3 位的随机数字表。

（3）由研究者随机地从随机数字表上确定任意一个数作为起点,按照一定的顺序或者方向（如从左往右或从右往左,从上往下或从下往上）依次抽样。凡是出现了抽样总体编号范围内的号码均为有效号码,如果遇到了大于抽样总体编号的号码或者重复的号码,可以舍弃并继续抽取,直到抽到所需的 200 个样本为止。

2. 系统抽样

系统抽样又称机械抽样,即将 N 个个体按一定顺序排列,然后先随机抽取一个个体作为起始样本,再按某种确定的规则抽取其他 $N-1$ 个样本。

系统抽样的步骤为：

（1）将总体中的每个个体按照顺序依次编号。

（2）计算出抽样的间距,抽样间距的计算公式是: $k = \dfrac{N}{n}$ （ k :抽样间距; N :总体中的个体数; n :样本数）。

（3）运用简单随机抽样法从前 k 个个体中随机抽取一个个体作为抽样的起点。

（4）从这个抽样起点开始按照抽样间距抽取所需的个体。

例如,某研究者想从 1 000 名学生中抽取 200 名作为样本,运用系统抽样法进行抽样的步骤是:① 将这 1 000 名学生按照顺序依次编号为 1—1000;② 确定抽样间距,即 $k = 1\ 000/200 = 5$;③ 运用简单随机抽样法从 1 到 5 这 5 个号码中随机抽取一个号码作为抽样的起点,假如抽到的号码是 2,则 2 为抽取的第一个样本的号码;④ 按照抽样间距 5 依次抽取样本,则第二个样本的号码为 2+5 = 7,第三个样本的号码为 7+5 = 12,第四个样本的号码为 12+5 = 17,以此类推,直至抽到第 200 个号码为止。

系统抽样与简单随机抽样相比,最大的优点是操作更加简单,且当样本同质性较强时,抽取的样本代表性更强,误差更小。但是当总体内部个体的排列和抽样间距正好存在对应的周期性规律时,可能会导致系统误差的出现。

3. 分层抽样

分层抽样也称类型抽样或分类抽样,就是先将总体的所有单位按照一种或几种特征分为若干个子总体,每一个子总体即为一类,然后从每一类中按简单随机抽样的办法抽取样本。

分层抽样的步骤为：

（1）了解并分析总体内部个体的具体特征,按照特征上的差异进行分组或分层,并计算不同类别或层次占总体的比例。

（2）根据不同类别或层次占总体的比例,确定每种类别或层次需要抽取的样本数量。

（3）运用随机抽样的方式从每类或者每层中抽取对应数量的样本个体。

如某研究者欲以"外来务工人员子女家庭教育现状的调查研究"为题在某地区初中开展研究,旨在了解该地区外来务工人员子女家庭教育存在的问题,并进行成因分析,寻求相应的对策。该地区有 3 所外来务工人员子女的定点初中,共有 960 名外来务工人员子女。其中 A 校 256 名,B 校 360 名,C 校 344 名。现拟从中抽取 120 名学生作为样本进行问卷调查。为了使样本与总体在结构上保持一致,以保证样本的代表性,就可以采用分层抽样的方法:① 确定每所学校的人数在 3 所学校总人数中的比例,其中 A 校人数占总人数的比例为 $\frac{256}{960}$,B 校人数占总人数的比例为 $\frac{360}{960}$,C 校人数占总人数的比例为 $\frac{344}{960}$;② 根据每所学校所占比例确定每所学校的样本数量,即 A 校的样本数量为 $120 \times \frac{256}{960} = 32$,B 校的样本数量为 $120 \times \frac{360}{960} = 45$,C 校的样本数量为 $120 \times \frac{344}{960} = 43$;③ 从每所学校中抽取所需的样本数量。

分层随机抽样与其他几种抽样方法相比最大的优点在于,当总体内部存在显著性差异时,使用分层随机抽样能够考虑到样本内部的差异,可以最大限度地降低抽样误差,使抽取的样本能更好地代表总体。局限性在于需要研究者事先对总体内部的特征有较为深入和充分的了解,只有这样才能够较为精准地对总体进行分层,如果分层出现了误差,就会导致后续抽取的样本不能反映总体的实际情况。

4. 整群随机抽样

整群随机抽样又称为整体随机抽样,是指在了解总体内部已有特征的情况下,将总体划分成不同的类型或群体,并采用随机抽样的方法从总体中直接抽取群体的方法。整群随机抽样与其他几种抽样方法的不同之处在于,其他几种抽样方法都是从总体中抽取个体作为样本,而整群随机抽样是从总体中抽取子群体作为样本。采用整群随机抽样方法进行抽样的步骤是:① 将总体划分成不同的类型或群体;② 对每个子群体按照顺序进行编号;③ 运用简单随机抽样的方法从各个子群体中抽取样本。

比如,某研究者想探明教学方式与学生思维品质形成的关系,准备采用整群随机抽样的方式从一所小学现有的学生中随机抽取学生组成两个组开展实验研究,则抽样的步骤如下:① 将总体进行分群,学校中学生们已经被分到了固定的班级,因此可以将已经分好的班级作为子群体,假设该小学共有 15 个班级,则子群体为 15 个;② 将15 个班级(子群体)按照顺序进行编号;③ 运用简单随机抽样的方法从 15 个班级(子群体)中抽取 2 个班级(子群体)作为样本。

整群随机抽样比较适合样本容量较大且总体中个体数量较多的情况,尤其是在实验研究中,比较适合对实验效度要求不是特别高的教育实验进行抽样。整群随机抽样最大的优点在于操作方便,在真实的学校教育情境中,可以按照学校原有的班级划分子群体,在抽样时直接将一个班作为整体进行抽取,不会打乱原有班级的教学秩序,比较切实可行。但是相对于个体抽样来说,整群随机抽样的误差较大,因此样本的代表性不够高。

以上四种抽样方法都属于概率抽样中的随机抽样,不同的抽样方法适用的抽样情境是不一样的。总的来说,整群随机抽样的误差要大于个体随机抽样,4 种抽样方法中,分层抽样的误差最小。根据使用情境的不同,如果样本内部特征差异不显著,同质性较高,样本容量较大且要求抽样方法简便易行时,可以选择使用系统抽样;如果已证明样本内部差异大或有某一特征明显影响结果,就可以选择使用分层抽样;如果在研究中已知内部存在着差异,且不适合打乱正常的教学秩序,则可以考虑使用整群随机抽样。

五、 确定资料收集的方法

在教育科学研究中,一般需要收集研究对象的状态、意向性和行为等方面的资料。

对于研究对象的状态资料,一般采用问卷调查和访谈调查的方法获得;对于研究对象的意向性资料,一般采用问卷、量表和测验试卷的测量工具获得;对于研究对象的行为资料一般采用观察、访谈和问卷的方式获得。

六、 选择资料的分析处理方法

在教育科学研究过程中,研究者收集到的资料主要有定性资料和定量(数据)资料。定性资料大多是文字描述性的,而定量(数据)资料则大多是数字化的,有时两者之间也存在一定的交叉和重叠。研究中无论是定性资料还是定量资料,通常都需要进行分析以便回答待答问题或检验假设。

定量资料大多是数字的,一般通过做统计分析,以便描述研究样本并将结果推广至研究总体。统计分析分为描述统计和推断统计:描述统计包括分析数据的集中趋势、离散性、相对位置和相关性;推断统计包括测量标准误、检验显著性。统计本身并不证明任何事,但有助于促进研究者的逻辑思维过程。一旦分析了数据以后,结果就根据待答问题和假设以研究结果的形式呈现,而且呈现必须清楚明了,以便他人理解。

定性资料大多是文字的,一般采用定性分析的方法。对资料的分析很容易受到研究者个人偏见的影响,为了避免偏见和预设对资料的感知与解释的影响,研究者需要详细地描述研究的背景情况——地点、主导性的态度、情感、动机以及目前物理的、社会的、心理的现实状况。在做解释时,研究者除了第一手的记录外,还应寻找其他的证据。如果有多种解释似乎都同样可信,这时就要仔细对待答问题、资料、解释重新进行评估。

有关资料的分析处理方法将在第九章详细介绍,这里不再赘述。

本章小结

教育科学研究是一个发现、选择和解决研究问题的过程。问题可以从教育实践和教育理论中寻找,或采用观察、怀疑的方法去发现,或利用各类教育科学规划课题指南,并从问题的价值、科学性、创造性和可行性等进行筛选和论证。为了取得良好的研究成果,必须对研究课题的范围与变量进行界定,明确研究中的自变量和因变量及其之间的关系,形成一个规范的研究假设。为了避免研究的盲目性,研究者应该从研究类型、研究方法、分析单位和研究内容、研究对象、研究时间和地点、资料的收集方法、资料的分析方法等方面着手制订一份具体翔实的研究计划。

一、选择题

1. 下列选项中正确的是( )。

A. 一般情况下,研究计划的形式分为七个部分,对于特定的研究项目不可能提出其他一些研究计划的形式

B. 研究计划的准备是研究过程的重要一步,许多研究在开始进行之后都要求提交研究计划

C. 具体到不同的研究内容和研究方法,尽管存在着性质和层次上的差异,但研究工作的程序是一成不变的

D. 研究计划应包括以下内容:研究目标和理论框架,以往研究的考察,研究的设计与方法

2. "总数为 $N=500$,样本容量是 $n=50$,求出间隔,于是每隔 10 个抽取一个样本,连续抽样 50 次。"这是采用( )。

A. 简单随机抽样法   B. 分层随机抽样法

C. 系统随机抽样法   D. 多段随机抽样法

3. 对于"要求以班为单位进行教学实验研究,不能打乱原有的教学单位"的情况,在教育科学研究中(特别是教育实验中)一般采用的抽样法是( )。

A. 整群随机抽样法   B. 分层随机抽样法

C. 系统随机抽样法   D. 多段随机抽样法

4. 下列研究假设中,不符合研究假设表述规范的选项是( )。

A. 灌输不利于学生创造力的发展

B. 人均受教育年限越长,人口出生率越低

C. 集中识字与分散识字的教学效果存在明显差异

D. 教师职业倦怠与教师工龄和工作压力呈正相关

5. "你曾经在考试中作过弊吗?"这是某研究者在"关于大学生学习现状的调查问卷"中设计的一个题目,这一题目存在的主要问题是( )。

A. 过于书面化   B. 词义含糊

C. 带有暗示性   D. 涉及敏感性问题

6. 教育科学研究假设的表述应当避免使用( )。

A. 陈述句   B. 疑问句   C. 全称肯定判断   D. 全称否定判断

二、思考题

1. 教育科学研究课题从何而来?

2. 研究课题从哪些方面进行论证?

3. 什么是研究假设?一个好的教育科学研究假设具有什么特点?

4. 教育科学研究设计由哪些部分组成?

三、拓展题

1. 如果你想弄清楚在教育科学研究中怎样发现问题、怎样确立课题、怎样拟定和论证研究方案,不妨在你的专业领域中,设想从若干问题中筛选出一个你认为有价值的问题,然后在想象中将其转换为一个课题,界定这一课题的研究假设和主要变量,并

拟定一份研究方案。

2. 比较一下同一研究假设的两种表述,哪一种更符合研究要求?为什么?

——聪明的孩子对学习的态度好

——智力量表测试所得智商在 140 分以上的在校就读学生能提早到校、推迟离校

第三章　教育文献检索与综述

学习目标

1. 理解教育文献的含义及其在教育科学研究中的作用。
2. 理解教育文献的等级与分布,能根据研究需要确定检索文献的种类。
3. 掌握文献检索的过程与方法,能根据研究需要确定合理的文献检索方法。
4. 了解文献综述的含义、特征和结构,能写出一篇完整的文献综述报告。

建议学时

4 学时。

教师导读

本章内容实践性较强,学习时要结合相关案例或实践经验加深理解。最好选择一个课题,切实进行文献检索,一边学习一边完整地经历文献检索的整个过程,这样有利于对内容的进一步把握。在文献检索完成之后,可以试着写一篇完整的文献综述。

**重要概念
和术语**

教育文献　教育文献的等级　顺查法　递查法　引文查找法　计算机检索　文献综述

发现一个有价值且具有可行性的科研问题并初步确定研究课题,就为开展课题研究奠定了一个良好的基础。不过,在正式确立课题之前,与发现问题、聚焦问题同步进行的一项工作就是文献检索。

文献检索是科学研究工作中一个重要的步骤,它贯穿科学研究的全过程。从选择课题,初步论证课题,制订研究计划,收集、整理和分析研究资料,到最终形成研究报告,都离不开有关课题文献的检索和利用。文献检索不仅可以为教育科学研究提供选题的依据,为研究设计提供可以借鉴的方法与思路,还可以为研究结论寻找有力的论证材料。每个教育科研工作者都应该清楚地认识到文献检索在研究工作中的重要意义,掌握检索文献的基本方法和步骤。

第一节　教育文献的等级与分布

一、 文献与教育文献

文献,指记录知识的一切载体。文献是以载体形式传递知识,而口耳相传、实物传递都属于非载体形式。文献是记载人类知识最重要的手段,是传递、交流研究成果的重要渠道和形式。文献作为一种主要情报源和信息源,是进行科学研究的重要基础。

"文献"一词,最早见于《论语·八佾》。朱熹注:"文,典籍也;献,贤也。"也即是说,文献应包括历史上的图书、档案等典籍以及当时贤者的学识。在当代社会,知识载体的形式快速发展,文字、图形、符号、音像等手段都成为记录文献的普遍形式,随之文献的种类也越来越丰富多样,不仅包括各种手稿、书籍、报刊、学位论文、科学报告等常见的纸质印刷品,还包括文物、影片、录音、录像、磁带、幻灯片及缩微胶片等包括实物形态在内的各种材料。

教育文献,从广义上可以理解为一切用各种载体形式保存下来的对教育科学研究有一定历史价值和资料价值的事实材料[①],是记载有关教育科学的情报信息和知识技能的各种载体的总称。教育学科领域拥有的文献的数量和质量,是判断教育学科发展水平高低的一个重要标志。

二、 教育文献的等级

从文献生成的角度来说,文献都是对科学研究活动信息的反映。在各种文献中,对活动信息的加工程度存在着差别。对原始信息的加工程度,直接决定了这些文献内容的不同价值和功用。因此,明白文献的加工等级,有利于研究者根据具体的研究需要对文献做出明智的选择。

根据对原始信息加工程度的不同,文献可分为四个等级。

(一) 零次文献

零次文献,也可视为第一手文献,指曾经历过或目睹过特别事件或行为的人撰写的事件描述或使用其他方式保存下来的实况记录,是未经发表和有意识处理的最原始的资料。这类教育文献包括未公开发表的教育活动当事人的个人日记、信函、手稿、作业、试卷,以及教育机构或单位团体的会议记录、活动实录、财务记录、备忘录、材料卷宗、人事档案等,一般保存在各种档案馆或博物馆里。由于这类文献的编制者是事件或行为的亲历者、直接目击者或见证人,因此这类文献非常真实,具有较高的文献参考价值。

(二) 一次文献

一次文献,也称原始文献,是直接记录研究成果、新知识、新技术的文献。相对于零次文献而言,一次文献属于第二手文献,通常是研究者在访问事件亲历者或目击者、阅读第一手材料的基础上,获取研究素材,再通过对素材的综合分析、深度挖掘而形成的研究成果的直接呈现,其主要形式包括专著、期刊论文、学位论文、会议论文、研究报告以及各种文学作品等。这种文献是以作者本人的研究实践为依据而创作的,具有原创性、丰富性等特点,有很高的直接参考和借鉴的使用价值。但它贮存分散,不够系统,查找起来很不方便。

(三) 二次文献

为了快速准确地查找所需要的一次文献,人们在对一次文献进行加工整理的基础上形成了二次文献。二次文献,又称检索性文献,是对大量一次文献进行加工整理,著录其文献特征、摘录其内容摘要,使之系统化、条理化,从而形成的能够为科学研究提供文献线索的工具性文献。二次文献一般包括题录、书目、索引、提要和文摘等。二次文献具有报告性、汇编性和简明性的特点,是检索工具的主要组成部分。

(四) 三次文献

三次文献,又称综述性文献,是利用二次文献提供的文献线索,对某一范围内的一次文献进行广泛的、深入的分析研究之后综合浓缩而成的参考性文献,包括动态综述、专题述评、进展报告、专题研究报告以及数据手册、年鉴、百科全书等。这类文献全面系统,覆盖面宽,信息量大,而且不同于一次文献的原始性,也不同于二次文献的客观

---

① 杨小微.教育研究的理论与方法[M].北京:北京师范大学出版社,2008:346.

报道性,而是作者对大量一次文献的主观整合,具有综合性、浓缩性和主观性的特点。

根据上述四种不同加工程度的文献的特点,人们进行文献检索的通常思路是:先按照研究问题查找二次文献,获取相关文献分布的线索;再从文献线索中寻找三次文献进行仔细研读,快速把握相关研究的概貌;再根据研究需要和文献线索,有选择地查看一次文献,以保证研究的具体性和深刻性;若需要,还可进一步查证相关的零次文献,以保证研究素材的真实性和可靠性。

三、 教育文献的分布

由于创造、记录与传播的方式不同,教育文献资料的分布极为广泛且形式多样,主要有书籍、报刊、网络媒体、教育档案、专家询问记录及非文字资料等。

(一)书籍

书籍包括名著要籍、教育专著、教科书、论文集、资料性工具书(如教育辞书和百科全书)及科普通俗读物。它是教育科学文献中品种较多、数量较大、历史较长的一种情报源。

名著要籍指一个时代、一个学科、一个流派最有影响的权威著作,如马克思主义经典著作中的教育论说,中外古今著名教育家、哲学家的教育名著等。它们是人类文化的瑰宝,是治学和研究的基石,因而大都作为必读书、必备书收入各种导读书目。

教育专著包括教育学术专著和教育随笔两种。教育学术专著是就教育领域某一学科、某一专门问题进行系统、全面、深入的论述,内容专深,大多是作者多年研究成果的结晶。其特点是见解独到,材料新颖,突出原创性;结构完整,逻辑性强,层次分明,论述较系统,强调规范性。教育随笔则是作者就教育领域某些问题发表的观点或评述的汇集。这类著作,或讲解教育知识,或讲述教育体验,或发表学术观点,或评析教育世态,启人心智,引人深思。在写法上,它们往往不刻意求结构严谨,体系完整,概念准确,不做理论性太强的阐释,而是不限体裁,灵活多样,旁征博引,灵感频现,富有"理趣"和灵性。随笔也不受字数的限制,短的几十字,长的几百字,篇幅长短皆由内容而定。

教科书是对一门学科的逻辑结构、知识体系进行全面陈述的专业性书籍,具有严格的科学性、系统性和逻辑性,是学习该门学科的入门捷径。其内容一般包括这一学科的基本理论、基础知识、学科领域内的科研成果以及需要讨论的相关问题,而且都应该是该学科领域内形成共识的、具有相对稳定性的内容。教科书的编写要求较高,必须名词术语规范,结构系统严谨,文字通俗易懂。但与教育专著相比,它可能时效性不强,原创性不高,深刻性略差。

论文集也是一种重要的教育书籍。它往往是围绕某一问题,从相关论文中精选最具代表性的篇目,汇集起来编辑而成。论文集中的论文往往问题集中,论点鲜明,情报容量大,学术价值高,并附有大量的参考文献和书目,对相关问题的研究具有重要的参考价值。瞿葆奎先生主编的 26 卷本《教育学文集》即属于此种类型教育书籍的典型代表。

教育辞书和教育百科全书都属于资料性工具书。教育辞书主要是提供教育科学名词术语的资料,规范准确,简明扼要,以条目形式出现。每个条目都有一定格式,第一句是破题,后面是基本论点。我国目前影响最广泛的教育辞书是顾明远主编、上海教育出版社 1998 年出版的《教育大辞典》（增订合卷本）。教育百科全书也是以条目形式介绍教育相关知识的资料性工具书。相对于辞书，百科全书是对人类一切门类或某一门类知识的完备概述，不仅提供定义，而且有原理、方法、历史和现状、统计和书目等多方面的资料，着重反映当代学术研究的最新成就。其内容注重全、精、新，文字规范、严密简洁，由众多专家学者共同撰稿，具有较强的权威性。是否拥有一部优秀的教育百科全书，是衡量一个国家教育科学发展水平的重要尺度之一。《中国大百科全书·教育》于 1985 年出版，是我国第一部教育百科全书，收词目 800 多条，反映了当时我国教育科学的全貌及最新研究成果。目前在我国教育科学研究中广泛使用的教育百科全书还有瑞典著名教育家胡森等编著、张斌贤等翻译、海南出版社 2006 年出版的《教育大百科全书》（共 10 册）。

至于科普读物，则是面向广大群众的、以普及教育科学知识为宗旨的通俗读物，一般文字浅显，通俗易懂，但学术价值不高，理论性和深度均较低。

（二）报刊

报刊是报纸和期刊的全称，二者均属于连续性出版物，显著特点是时效性强，可以及时反映教育领域的最新研究动态，便于研究者了解最新的研究进展。

报纸是以刊登新闻和评论为主的定期连续出版物。国内主要的教育类报纸有《中国教育报》《中国教师报》《教育文摘周报》等，还有《光明日报》《人民日报》等大报的教育科学版。报纸发行广泛，传递信息迅速，但材料分散不系统，且不易保存。

期刊，是定期或不定期的连续出版物，有周刊、月刊、双月刊、季刊等多种类型。期刊拥有庞大的写作队伍和读者群，出版周期短，内容新颖，论述深入，发行量大，常反映有关学科领域研究的最新动态和最高水平，是教育科研工作者查阅文献最有效且简便的资料来源。期刊主要有三类：第一类是杂志。杂志刊载有关科学论文、研究报告、文摘、综述、评述与动态，兼容性较强。第二类是汇编、集刊、丛刊、汇刊以及高校学报等，其中高校学报一般刊登专业性、理论性、学术性较强的文章。第三类是文摘和复印资料，是一种资料性情报索引刊物，例如，中国人民大学编辑的报刊复印资料，是经过专门人员精心选编成册定期出版的，并附有一定时期内主要文章的篇目索引，可以帮助研究人员及时掌握某一特定课题的文献概况。

查阅教育期刊文献时，有两个社会科学学术期刊评价工具可以为我们选择期刊提供帮助，一是北大图书馆中文核心期刊目录，二是中文社会科学引文索引，即 CSSCI。

（三）网络媒体

随着计算机技术的普及，许多教育文献也在计算机网络上发布或存储。一般来说，有条件的教育行政部门、教育科研部门和大中小学校，都在网络上建立了自己的网站，及时发布有关文件、研究报告或学术动态。国内的主要教育网站有教育部网站（http://www.moe.edu.cn）、中国教育基础网（http://www.cbe21.com）、中国知网（http://www.cnki.net）万方数据知识服务平台（http://www.wanfangdata.com.cn）等。

（四）教育档案

档案资料是人类在各种社会实践活动中直接形成的，并且具有保存价值的原始文献材料。教育档案包括教育年鉴、教育法令集、教育统计资料、学术会议文献、学位论文、资料汇编、名录、表谱以及地方志（我国特有的地方百科全书）、墓志、碑刻等多种形式。

教育年鉴是对一个国家教育事业发展进程的真实记录,是系统汇集了这个国家一年内教育改革和发展情况的资料性工具书,包括这一年内发生的教育重要事件、学科进展情况及各项统计资料等。年鉴内容完备,项目齐全,记载翔实,查找方便。教育年鉴按年编辑出版,积累起来就是一部编年体的历史,具有重要的参考价值。

教育法令集是官方的有关教育政策法规的指令性文件汇集,通过立案归档,成为资料的一部分。如我国教育文献法令汇编,高等教育、职业教育、基础教育、政策法令法规文件选编,师范教育法令汇编,中国少先队工作文件选编等。这些文献集中反映了国家的教育方针政策、法令、规章制度、统计数据等情况,是全面了解我国教育状况和制度沿革及发展演变的有用资料。

学术会议文献,包括学术会议上呈现的专题报告、会议纪要、提交会议的学术论文(多数是未公开发表)等,往往反映了一个学科领域的研究动向和研究成果,代表了国内外教育发展的较高水平,是进行研究的一个重要资料来源。

学位论文,是研究生进行专题研究后为取得某种学位而撰写并提交的科学论文,是带有一定独创性的一次文献。它一般选题论证充分,文献综述较全面,探讨问题往往比较专深。学位论文少数在期刊和图书中刊载,多数不公开发表,一般由研究生培养单位保存。1979 年恢复实行学位制度后,国务院学位委员会已指定北京图书馆、中国科技情报研究所和社会科学研究所分别负责收藏各个级别的学位论文。

(五)专家询问记录

这是通过个人之间交往接触的非正式渠道而搜集到的资料。专家询问具有高度选择性和针对性,从专家询问渠道获得的情报信息具有极大的价值,从观点到方法上的启迪将有助于课题研究的深入。

(六)非文字资料

非文字资料包括校舍、遗迹、绘画、出土文物、歌谣等。在教育科学研究资料分布中,非文字资料主要指以声音、图像等方式记录知识的载体,如录音磁带、光盘等,它们通过视听觉刺激,可以更直接、生动、形象地传递信息。

第二节　文献检索的过程及方法

一、 文献检索在教育科学研究中的意义

文献检索,即是从文献中迅速准确地查找出所需情报资料的一种方法和程序。文献检索是研究工作不可或缺的步骤,也是研究人员从事研究工作必备的一项基本功。

文献检索在教育科学研究中的意义可表述如下:

(一)帮助研究人员全面准确地掌握所要研究问题的国内外研究状况,以确定研究方向,选定研究课题

科学研究首先必须继承前人成果,而研究者对所研究课题领域有关文献资料的掌握情况,在很大程度上直接影响着研究课题的选定。任何研究人员在进行某个问题的研究之前,都要先充分地占有和掌握与所要研究的问题有关的一切资料与事实,以此作为提出科学问题和确定研究课题的依据。

文献检索是获取文献资料的基本途径。通过查阅有关文献,可以收集别人在特定

研究领域已经取得的成果和发现的问题,便于对所要研究的问题做系统的评判性分析。只有了解了有关研究的最新动态,才能选定最有价值又最值得研究的前沿课题,才能发现前人研究问题所涉及的范围,从而进一步明确研究课题的科学价值,找准自己研究的突破点。在选题阶段通过文献检索需要了解的主要内容包括:所研究领域的发展历史与现状;该课题前人或他人的主要研究成果,达到的研究水平;研究的重点,研究的方法、经验和问题;哪些问题已基本解决,哪些问题有待于进一步修正和补充,在此问题上争论的焦点是什么;等等。

(二)帮助研究人员了解已有相关研究在研究方法上的得与失,为课题的研究设计提供参考

查阅文献资料是跟踪和吸收国内外研究的学术思想和最新成就,了解科研前沿动向并获得最新情报信息的有效途径。进行教育科学研究,必须了解国内外最新的理论、手段和研究方法。通过查阅文献资料,从过去和现在的有关研究成果中受到启发,不仅可以找到解答课题的线索,使研究范围内的概念、理论具体化,而且可以发现并尽可能地避免他人在研究中出现的问题,以进一步完善自己的研究设计。

(三)帮助研究人员掌握相关的理论与素材,为自己的研究结论提供科学的论证依据

任何高效的科学研究都不是从零开始的,而是建立在已有研究基础之上的。在形成研究结论或阐述研究观点时,研究者往往需要或多或少地引用已有的或他人的研究成果,来印证或支持自己的观点,增强观点的说服力。通过文献资料的检索与研读,研究者可以掌握大量相关的理论与素材,为自己的研究结论提供科学的论证依据。

(四)帮助研究人员避免重复劳动,提高科学研究的效益

文献资料可以提供科学研究的有关信息,使研究者充分占有材料,从而避免重做前人已经解决了的问题,重复前人已经提出的正确观点,甚至重犯前人已经犯过的错误。这是提高科学研究效益的基本前提。然而,长期以来,由于部分研究人员对本学科国内外图书资料、文献体系、检索工具等缺乏必要的认知,在研究设计和研究实施过程中重复劳动,不仅浪费了大量人力、物力,而且导致我们的科研处于低水平重复状态,不利于科学研究的良性发展。

随着现代社会、现代科学的发展,人们已越来越认识到文献情报检索的重要性,把文献检索工作看作是科学研究不可缺少的一部分,看作社会的科学能力的重要组成部分。著名科学家钱三强将图书情报和仪器装备比喻为科学研究的两只翅膀。据美国科学基金委员会、美国凯斯工学院研究基金会调查统计,一个科研人员在一个科研项目中用于研究图书情报资料的时间,占到全部科研时间的1/3至1/2,如表3-1所示。

表3-1　社会科学和理工科各项研究活动的时间比例①(数据单位:%)

	选定课题	情报收集与信息加工	科学思维、科学实验	学术观点的形成(论文)
社会科学	7.7	50.9	32.1	9.3
理工科	7.7	30.2	52.8	9.3

---

① 裴娣娜.教育研究方法导论[M].合肥:安徽教育出版社,2000:91.

教育科研属社会科学研究范畴,作为研究者,更应该清楚地看到文献检索在科研中的重要地位,树立情报意识,通过检索,接触各种类别的文献,取得各类文献的成书时代、编辑体例、内容特点等基本常识,不断提高自己获取情报信息和进行科研的能力。应该看到,无论定下什么目标,研究的实施与取得的成果是同研究人员占据了什么样的文献资料联系在一起的。忽视甚至厌恶收集资料就不能胜任教育科学研究。科学技术的发展,现代化的图书情报"信息库"的建立,为我们大规模、高效率地检索文献资料提供了有利条件。

二、 文献检索过程

从众多的文献中准确迅速地查找出符合特定需要的文献,不仅是一个资料查找收集过程,也是一个分析、研究过程。文献检索的过程,有高效与低效之分,若采用的方法不当,查询过程缺乏秩序,就有可能浪费了时间与精力,却收获寥寥,甚至毫无收获。

一般来说,查阅文献活动按照图 3-1 所示的流程进行。

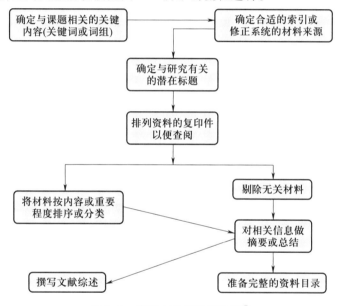

图 3-1 查阅文献活动流程图①

检索文献一般由以下三个主要阶段组成。

(一) 分析和准备阶段

首先分析研究课题,明确自己准备检索的课题要求与范围,确定课题检索标志——关键词、主题、题目、作者等。其次,选定检索工具,确定检索途径。

例如,要为初步选定的"如何在初中数学教学中运用建构主义教学思想"这一问题检索文献,就可以这样做:首先,确定"建构主义""数学教学"这两个关键词,如果觉得有必要,还可以继续选择其他相关关键词,如"教学""初中数学""教学过程"等。其中,随着文献查阅的进展,我们很可能发觉有的作者在这方面很有研究,那就可以将这位作者的名字作为检索标志,检索他发表过的论文或著作。其次,我们可以选择中

---

① 威廉·维尔斯曼.教育研究方法导论[M].6 版.袁振国,译.北京:教育科学出版社.1997:67..

国人民大学主办的《中学数学教学》（复印报刊资料）作为检索工具，利用上面的文章目录直接检索相关文章。当然还可以选择其他检索工具，如上海图书馆编辑的《全国报刊索引》、中国期刊网、地方图书馆的检索系统、大学图书馆的网上查询系统等。然后按照检索标志，在检索工具上查找到相关文献。

（二）搜索阶段

搜索与所研究问题有关的文献，然后从中选择重要的和确实可用的资料，按照适当顺序阅读，并以文章摘录、资料卡片、读书笔记等方式记录。

（三）加工阶段

要从收集到的大量文献中摄取有用的情报资料，就必须对文献做一番去粗取精、去伪存真、由表及里的加工工作。主要包括：剔除假材料，去掉相互重复、较陈旧的过时的资料；根据研究需要评价资料的适用性，保留那些全面、完整、深刻和正确地阐明所要研究问题的一切有关资料，以及含有新观点、新材料的资料，对孤证材料要特别慎重。在资料数量和类型很多的情况下，应对这些资料进行分类编排，并编制题录索引或目录索引。对准备利用的文献资料，必须对其可靠性进行鉴别和评价，对那些不完全可靠的或有待进一步明确的资料，则不予采用。

三、 文献检索方法

人类历史源远流长，各种教育资料浩如烟海。如何从大量的文献资料中全面迅速准确地查获自己科研课题所需的文献呢？这便是文献检索方法试图回答的问题。

关于文献检索的方法，有两方面的知识非常重要：一是文献检索的基本思路；二是计算机检索的基本方法，即借助于计算机网络资源来查找和获取所需文献的检索方法。

（一）文献检索的基本思路

文献检索的思路通常包括以下三种：

1. 顺查法

按时间范围，以所检索课题研究的发生时间为检索起点，按事件发生、发展时序，由远及近、由旧到新地顺序查找。按照这种思路，一般可以把相关资料全部查到，并反映事物发展的全貌和历史脉络。但这种检索方法需要投入的人力、物力较大，因此多用于范围较广泛、项目较复杂、所需文献较系统全面的大型课题研究，以及学术文献的普查，至于个人主持的研究课题则少有使用这种文献检索思路。

2. 逆查法

与顺查法正好相反，逆查法（倒查法）是按照事物由近及远、由新到旧的顺序查找资料。查找的时限依课题研究需要而定，可以是前五年，也可以是前十年，甚至更长。这种检索思路最大的优点在于能够在较短时间内快速把握课题相关研究的最新动态，故多用于新文献的收集、新课题的研究。但是这种检索缺点在于易漏检一些重要文献，也不能全面反映研究对象的历史渊源和发展脉络。

3. 引文查找法

引文查找法又称跟踪法。这是以已掌握的文献中所列的引用文献、附录的参考文献作为线索，查找有关主题的文献。这种检索思路的优点在于查找到的文献涉及的主题比较集中，质量较高，获取文献资料方便迅速，并可不断扩大线索。缺点在于查得的文献资料受原作者引用资料的局限性及主观随意性影响,往往比较杂乱,难以保证文献资料的全面性。

（二）计算机检索

随着计算机网络技术的迅速发展,计算机检索已经逐渐取代传统的纸质文献检索,成为当前教育科学研究工作者开展教育文献检索的主要方法。计算机检索具有速度快、信息量大、准确性高、代价低廉等特点。一般大型的综合性图书馆都逐步建立起计算机文献检索系统,研究者只要在计算机上输入检索要求,计算机立刻就会列出有关的书目、篇名及其出处。

计算机检索的途径主要有两种:

1. 在线检索

在线检索是指利用公共互联网进行在线文献检索。主要包括以下两种方式:一是利用百度或谷歌等搜索引擎进行检索,优点是方便免费,缺点是费时间,搜索到的垃圾文献太多,真正的学术文献很少,查到的东西往往意义不大。二是通过教育专业网站,如人教网、新思考、中国教育在线、中国教师教育网、山东教师教育网等进行检索,这些网站上收录的都是专业文献,学术价值比较高。但是,缺点也是很明显的,查到的资料是不全的,容易受到网站管理者本身的兴趣和视野的局限。

2. 数据库检索

数据库检索是指由一些专业机构把相关文献收集起来,做成可供检索的专业文献资料数据库,如中国知网(CNKI),研究人员在付费后通过远程访问数据库进行检索。这种数据库具有学术性和全面性两个突出优点。目前在国内各大教育专业机构的局域网上,最常用的教育类文献资源数据库主要有:

（1）人大报刊资料全文数据库

（2）清华同方中国期刊全文数据库

（3）清华同方博硕士学位论文全文数据库

（4）ERIC(Educational Resource Information Center,美国教育资源信息中心)

（5）ASE(Academic Search Elite,学术期刊全文数据库)

要在检索文献基础上充分利用文献,不仅要掌握基本的加工文献方法,更重要的是要有较高的文献分析与综合能力,有判断识别文献的能力。只有这样,研究人员才能从收集到的大量资料中挑选出高质量的文献。这就要求我们有较高的鉴别力,找出进行科研所需要的必要情报,剔除错误情报以及不必要的冗余情报,包括相互重复和陈旧过时的文献资料,以保证研究的深刻性和高效性。

四、 文献检索的基本要求

一般而言,检索文献要遵循以下基本要求。

（一）全面性

文献检索的目的是要把握相关问题研究的状况,故文献检索的全面性便格外重要。通过检索,不仅要查阅自己课题所涉及的特定范围内的有关研究成果,而且要把视野放宽,广泛浏览特定范围以外的有关研究成果;不仅要收集与自己观点一致的材料,也要收集那些与自己观点不一致,或与自己构思相矛盾的资料;不仅要广泛查阅中文资料,同时也应查阅外文资料,以便及时掌握最新的研究资料和动向;不仅要查阅综述性的资料,而且要细读综述性资料中提到的重要文献,特别是要着力收集第一手资料,以保证研究的客观全面。

（二）准确性

文献检索是从海量文献中快速查找所需资料的活动。在这里,查准率特别重要,因为只有准,才能快;也只有准,才能满足需要。要保证检索的准确性,一定要充分重视检索性文献,利用检索性文献提供的线索,按图索骥,准确追踪相关研究。

（三）精细性

要想通过文献检索全面深入把握相关领域的研究状况,对文献进行认真细致的研读是基本前提。通过细读,我们可以把握所研究的领域内讨论过哪些问题,有哪些分歧意见,有哪些代表人物、主要著作和主要倾向,从而为自己的研究奠定必要的基础。当然,文献检索的目的是多样的,在研究的不同阶段,文献可能发挥着不一样的作用,因而其阅读的方式也会有所不同。在选题阶段,把握研究概况是目的,全面检索,快速浏览,再加上细读综述性文献,可能是比较适合的文献研究方式;在研究设计阶段,文献研究的目的是开阔视野,打开思路,有所借鉴,因此比较适合的文献研究方式便是有重点地、批判性地仔细研读,确定前人研究的经验与教训,为我所用;而在研究总结阶段,文献研究最重要的意义在于为我们的观点和结论提供论证依据,因而这个阶段的文献研究就一定是手脑并用,不仅要读,还要善于做摘要、札记、卡片,建立个人资料库。

（四）批判性

由于文献是在一定的历史条件下产生的,带有时代性和个人局限性,因此,在研读文献时,需要对文献做进一步的分析综合,做到在批判中继承,在扬弃中创新,将"死"书读"活"。这就不仅需要有与研究问题有关的知识准备,而且需要较强的理论思维,在阅读中进行比较、分析、评判、取舍、联想和构思,从而在充分借鉴的基础上创生解决问题的新思路、新观点。

关于这一点,英国哲学家培根有一段精辟的论述:狭隘的经验主义者好像蚂蚁,只会收集材料而不会加工使用;经院哲学家就像蜘蛛那样,只会从肚子里吐丝结网;真正的哲学家应当像蜜蜂,既能收集材料,又能消化加工。教育科学研究工作者应该像蜜蜂,对文献资料经过去粗取精,去伪存真,由表及里地改造制作,要舍弃成见,在理论联系实际的基础上锻炼和提高对资料真伪和价值的判断力和敏感性,进行创造性的理性思维。唯有这样,才能有所创新。

第三节　教育文献综述

在科学研究工作中,常常需要对相关文献进行综述。无论是选定课题、研究设计还是撰写报告,都对文献综述有比较严格的要求。

一、 文献综述的含义、分类与特点

（一）文献综述的含义

文献综述是文献综合与评述的简称,指在全面搜索、阅读大量有关研究文献的基础上,经过归纳整理、分析鉴别,对所研究的问题在一定时期内已取得的研究成果、存在的

问题以及新的发展趋势等进行系统、全面的叙述与评论。"综"是收集百家之言,综合分析整理;"述"是结合作者的观点和实践经验,对文献的观点、结论进行叙述和评论。

文献综述是对一次文献的再创造。从逻辑上讲,文献综述首先要体现综述者的分析能力。它要求将各类一次文献按照主题、观点或阶段等特征进行分类,大类中再分出小类,从而为每篇代表性的文献找到其独特的存在空间。其次要体现综述者的综合能力。它要求综述者不仅能将观点、主题等相近的文献提炼出其相同点,还能归纳出不同观点和主题文献的某些共同特征。因为展示了相同,读者能很快把握该领域的共同特征;因为展示了不同,读者又能区分对待不同文献的学术价值。于是,整个学术谱系就为读者呈现出来了。

(二)文献综述的分类

按照文献综述信息含量的不同,可将文献综述分为叙述性综述、评论性综述和专题研究报告三类。

叙述性综述是围绕某一问题或专题,广泛收集相关的文献资料,对其内容进行分析、整理和综合,并以精炼、概括的语言对有关的理论、观点、数据、方法、发展概况等做综合、客观的描述的信息分析产品。叙述性综述最主要的特点是客观,即客观地介绍和描述原始文献中的各种观点和方法,一般不提出撰写者的评论、褒贬,只是系统地罗列。叙述性综述的优点是可以使读者在短时间内,花费较少的精力了解到本学科、专业或课题中的各种观点、方法、理论、数据,把握全局,获取资料。

评论性综述是在对某一问题或专题进行综合描述的基础上,从纵向或横向上做对比、分析和评论,提出作者自己的观点和见解。它是一种明确取舍的信息分析报告。评论性综述的主要特点是分析和评价,因此有人也将其称为分析性综述。评论性综述在综述各种观点、理论或方法的同时,还要对每种意见、每类数据、每种技术做出分析和评价,表明撰写者自己的看法,提出最终的评论结果。这种综述可以启发思路,引导读者寻找新的研究方向。

专题研究报告是就某一专题,一般是涉及国家经济、科研发展方向的重大课题,进行反映与评价,并提出发展对策、趋势预测。专题研究报告是一种现实性、政策性和针对性很强的情报分析研究成果。其最显著的特点是预测性,它在对各类事实、数据、理论分别介绍描述后,进行论证、预测的推演,最后提出对今后发展目标和方向的预测及规划。专题研究报告对于科研部门确定研究重点和学科发展方向,领导部门制定各项决策、有效实施管理起着参考和依据的作用。这类综述主要表现为预测报告、可行性研究报告、专题调研报告、建议、对策与构想报告等。

(三)文献综述的特点

从综述的内容来说,文献综述具有如下特点。

1. 内容的综合性

这是文献综述最基本的特点,包含两方面的含义。一方面,文献综述是对大量文献的综合描述。各种类型的综述,其基础都是综合描述。另一方面,它综述广泛时空范围内的发展和状况,既有纵向描述,又有横向覆盖。

2. 语言的概括性

文献综述是将文献中有用的理论、观点和方法用最精练的语言加以概括的描述,提炼出数据,同时舍弃原始文献中的论证、计算、推导过程等细节。文献综述不同于文摘,不是将原文献的中心内容摘录出来,也不同于节录,不必完全按照原文节选下来,而是用综述者的语言对文献进行概括总结。

3. 信息的浓缩性

文献综述是对一定时期内一批文献内容的集中反映,虽文字精练概括,但信息量大,是海量信息的高度浓缩。一篇综述既可以反映几十篇文献的信息内容,也可以浓缩上百篇甚至更多的原始文献内容。

4. 评述的客观性

文献综述的客观性表现在两方面:一方面叙述和列举各种理论、观点、方法、技术及数据时,要客观,必须如实反映原文献的内容,不得随意歪曲或是断章取义,同时还要避免因理解不同而出现的误解;另一方面,在分析、比较、评论各种理论、观点、方法时要有一种客观的态度,应基于客观进行分析、评价,不能出于个人的喜好、倾向进行评论,更不能出于个人的感情有意偏袒或攻击。另外,在做出预测时,要以事实、数据为依据,以科学的推导方法为手段,力求客观,而不是凭空想象,出于主观愿望盲目臆造。

二、 教育文献综述的形式与结构

文献检索的主要目的是通过文献检索把握要研究问题的国内外研究现状,因此在文献检索之后,应该将文献检索和研读的结果写成文献综述报告。

一般来说,文献综述报告分为两种,一种是独立的文献综述报告,另一种是作为研究课题或学位论文开题报告或最终研究报告中的文献综述。这两种文献综述的结构大同小异,总体来说都应该包括以下五个部分。只是在第二种文献综述中,因第一、第五两部分内容会在报告的其他部分单独呈现,故在文献综述中不再重复出现。

一般来说,一篇独立的文献综述报告的基本结构应该包括:

第一,阐明问题的缘起。主要阐明文献检索的目的和动机、应用价值和实践意义,即为什么进行文献检索,有什么意义和价值。

第二,说明文献检索的方法。主要包括检索主题词、检索的时间范围、检索使用的主要数据库及检索结果等。

第三,分阶段分类列举若干最具代表性的相关研究并一一做点评。如果用顺查法进行检索,可以分阶段对文献进行列举并点评;如果用逆查法进行检索,可以对文献进行分类列举并点评。每一阶段、每一分类都应至少有两三篇具有代表性的文献呈现出来。

第四,对已有相关研究进行概括。主要包括两部分内容:一是阐明已有研究的特点,包括已取得的研究成果、已达成的共识,现有研究有哪些优点和可借鉴之处等;二是已有研究存在的问题,以展现自身研究的价值。

第五,列出主要参考文献。参考文献应包括查阅的所有文献书目,并不仅仅包括文献综述中提到的文献。

阅读材料:
文献检索与综述示例

本章小结 教育文献,广义上可以理解为一切用各种载体形式保存下来的对教育科学研究有一定历史价值和资料价值的事实材料,是记载有关教育科学的情报信息和知识技能的

各种载体的总称。通常将其分为零次文献、一次文献、二次文献、三次文献四个等级。教育文献的分布包括书籍、报刊、网络媒体、教育档案、专家询问记录以及非文字资料等。文献检索在教育科学研究中具有重要意义,它一般由分析和准备阶段、搜索阶段、加工阶段三个阶段组成。检索时按照顺查法、逆查法、引文查找法的思路进行,此外,常借助计算机进行检索,计算机检索的途径包括在线检索和数据库检索两种。在检索的过程必须做到全面性、准确性、精细性和批判性。

思考与练习
参考答案

一、名词解释

1. 教育文献

2. 零次文献、一次文献、二次文献、三次文献

3. 顺查法、逆查法、引文查找法

4. 在线检索、数据库检索

二、选择与填空题

1. 某研究者想快速了解国内教育界对"差异教学"问题的研究动向,最好的办法是查阅( )。

A. 零次文献   B. 一次文献   C. 二次文献   D. 三次文献

2. 就某一教育问题做系统深入阐述、论述较为系统、形式较为规范的书籍是( )。

A. 教育手册   B. 年鉴   C. 教科书   D. 教育专著

3. 调查报告属于( )次文献,而论文索引属于( )次文献。

4. 在教育文献检索方法中,计算机检索有两种,即( )和( )。

三、思考题

1. 文献分为哪几个等级? 各有什么特点?

2. 从分布角度看,教育文献有哪些类型? 各有什么特点?

3. 文献检索在教育科学研究中有何作用?

4. 文献检索的步骤有哪些? 主要采用哪些方法?

5. 文献综述的基本结构包括哪些内容?

拓展练习及
参考答案

第四章　教育观察法

学习目标

1. 了解教育观察法的基本类型和特征。
2. 理解教育观察法的优点与局限性,能根据不同教育情境选择对应的观察方法。
3. 熟练运用教育观察法的记录方法,掌握教育观察的主要实施步骤。
4. 在具体观察情境中培养对教育观察法的认识,体会教育观察法在教育科学研究中的作用。

建议学时

5 学时。

教师导读

教育观察法是教育科学研究中最常用的一种研究方法。学习者在学习本章内容时,首先要辨析教育观察法的优势和不足,对教育观察法有整体的认知和理解,在此基础上,通过对具体的人或活动的观察,达到掌握教育观察法的目的。

重要概念和术语

教育观察法　教育观察的类型　描述记录法　取样记录法　行为检核法

第一节　教育观察法概述

观察,是人们对周围事物的现象和过程的一种有目的、有意识的感性认识活动。"观"即看,"察"就是分析研究。所谓观察法,是指人们有目的、有计划地运用感官或辅助仪器,对自然状态下的客观事物进行系统考察,从而获取对事物的认识和理解的一种研究方法。任何科学研究活动都必须首先获得第一手原始资料,然后才能进一步认识事物的本质和规律。

观察法分为两种。一种是一般日常观察,即研究者在日常活动中,通过感官的直接感受,获得有关研究对象的感性材料。它具有一定的自发性、偶然性,是科学观察的基础和初级形式。另一种是科学观察,即研究者按照预定的计划,对于观察对象的范围、条件和方法做明确选择,有目的地直接观察处于自然条件下的研究对象,收集有关的事实材料并予以分析研究,从而获得对问题的深入认识。教育观察研究属于科学观察。

一、 教育观察法的概念与特征[1][2]

教育观察法是教育科学研究者通过感官或借助一定的设备,有目的、有计划地考察学生或教育现象,从而收集有关资料,探索教育问题的一种教育科学研究方法。教育观察法有如下基本特征:

（一）目的性

教育观察是根据研究课题的需要,为解决某一教育问题或现象而进行的。因此,在进行教育观察前,必须有明确的观察目的,同时确定观察的范围、形式和方法,因此,

---

① 参见杨小微.教育研究的原理与方法[M].上海:华东师范大学出版社,2010:92.
② 裴娣娜.教育研究方法导论[M].合肥:安徽教育出版社,1995:184.

教育观察具有目的性。

（二）直接性

教育观察法的直接性是指教育科学研究者与观察对象的直接联系。由于观察的直接性，研究者所获得的资料真实可信，准确有效，之所以说"百闻不如一见"，就是因为观察法具有直接性这一基本特征。

（三）客观性

教育观察以自然状态为前提，不改变对象的自然条件和发展过程，直接观察某教育现象发生和发展的过程，在此过程中，综合运用各种途径和方式，对观察结果做明确、详细、周密的记录。由于进行教育观察的研究人员不干预研究对象的活动，从而能够比较客观真实地收集第一手资料，因此，教育观察具有客观性。

（四）情感性

教育观察的对象是人，教育科学研究者与观察对象之间的关系，是一种人与人之间的关系。特别是当教师具有双重角色时，即教师既是教育工作者，又是教育科学研究者时，教育科学研究者与观察对象之间的关系，实际上是师生之间的互动关系。师生之间的互动，除了认知上的互动之外，还有情感上的互动，这时，作为教育科学研究者的教师，在观察学生的行为表现时，往往带有个人主观上的情感色彩。这种情感色彩既能避免教师把学生当作纯客观的事物进行研究，从而违背教育科学研究的人文性，也可能因主观喜好而降低观察研究的客观性。

（五）重复性

教育科学研究者有可能也有必要对学生或教育教学现象进行反复多次的详细观察。重复观察可避免观察的表面化和片面化。

二、 教育观察法在教育科学研究中的优点与局限性

（一）教育观察法的优点

教育观察法在教育科学研究中有着广泛的应用价值。20世纪之初，教育观察法就经常作为一种教育科学研究的方法加以运用，大约在30年代达到高峰。教育观察法的优点在于：

1. 资料真实可靠

教育观察法所观察的行为发生在自然环境中，所获得的资料是被观察对象的现实生活、学习活动中正在发生的、典型的、真实的和一般的行为表现，其资料可靠性高。

2. 操作简便易行

教育观察法通常情况下不必使用特殊设计的复杂仪器，也不需要特殊条件，花费少，适用于广大的研究范围。

3. 不受语言限制

教育观察是研究日常非言语行为的理想方法。观察者可以在不懂某种语言的情况下，观察出讲这种语言的人的行为，如手势、姿势、表情等。

4. 机动性强

教育观察法比较灵活、机动，不受时间和地点的限制，观察者可以在较长时间里、在不同地点观察同一个人或同一种情境。

（二）教育观察法的局限性

教育观察法有不同于其他教育科学研究方法的优点,同时也具有明显的局限性。

1. 缺乏控制

既然教育观察的行为是在自然环境中发生的,观察者往往对可能会影响资料的外部因素难以控制,从而影响观察结果。尤其是进行析因研究时,难以使用观察法。

2. 只适用于研究外在行为,无法直接了解人的内心活动

教育的对象是人的身心发展,研究教育就要研究人的心理活动,而观察者不可能直接观察研究对象的内心世界。因此,最终的观察结果只能说明"有什么"和"是什么"的问题,很难回答"为什么"的问题。

3. 短期的观察可能会有疏漏

观察者总要确定观察时间,在一个确定的时间范围内进行观察。但是,如果在观察期间观察者想要了解的现象并没有表现出来,或观察期内观察者观察到的信息意义不明,就难以进行判断。这时,观察者就面临两难处境:延长观察时间或许会有新的观察结果出现,也许会白白浪费时间;不延长观察时间或许会错过观察的机会。观察者永远无法确定对一种教育现象究竟需要多长的观察期才是合适的。

4. 观察本身可能会影响观察结果

由于观察者的介入,观察对象可能不愿意暴露自己的动机或行为,特别是当观察对象的动机或行为不被社会主流意识所接受时。这样,当观察对象知道自己被观察者观察时,被观察者有意或无意中就会发生言行变形,此时,观察者观察到的只能是扭曲的信息。

5. 难于用数量表示

观察研究中的测量一般采取非数量表示的知觉形式,而不采用调查研究和实验法中常用的定量测量法。当研究结束时,观察者会有表明观察对象行为的记录,比如说,课堂上关于教师与学生互动的记录,而非编制一个量表测量观察对象所得的分数。观察性资料虽可在一定程度上以数量表示,但一般限于百分比。

6. 不适合大规模的宏观调查,具有偶然性和片面性

教育观察研究往往取样小,资料琐碎,不易系统化,普遍化程度不高。因此,由观察得来的只是表面性和感性的材料,容易使观察结果带有片面性、偶然性。

阅读材料

据《吕氏春秋》记载,孔子周游列国,潦倒在半路上,七天没吃饭。他的学生颜回出去弄了一点米来煮给他吃,等到饭刚要煮熟时,孔子看见颜回从锅里抓起一把饭吃了,孔子假装没看见。过了一会儿,饭煮熟了,颜回端着饭给孔子吃,孔子站起来说:"今天我梦见祖先,饭是干净的话,我就来祭奠他。"颜回说:"不行,我刚才见有烟灰掉进锅里,觉得扔掉可惜,就把它抓起来吃了,这饭不干净了。"孔子听了感叹地说:"我所相信的是眼睛呀,可是眼睛也不是完全可以信赖的,我所依靠的是心呀,可是心也还不足以完全可以依靠。弟子们要记住:认识、了解一个人真是不容易呀!"[1]

---

① 杨小微.教育研究的原理与方法[M].上海:华东师范大学出版社,2010:93.

这段材料说明,观察法虽然有直接性和可靠性,但有时却往往具有表面性、片面性和偶然性,在德育研究中尤其应当注意这一点。

三、 教育观察法的类型

教育观察法的方式多种多样,可以从不同维度加以分类,掌握这些类型的特点可以帮助研究者在研究中根据实际情况加以运用。

(一)自然观察法与实验观察法

这是按观察的情境设置是否有人为因素进行划分的。

自然观察法,也称为实地观察法,是指在自然条件下,对观察对象或活动不施加任何影响或控制便进行观察的一种方法。这种方法的特点是能收集到客观的材料,真实性强,但材料往往是观察对象的外部行为表现,偶然性较大,结果的系统性较弱。教育观察大多数情形是自然观察法。

实验观察法是由观察者创设一定的教育条件和环境,采用标准化的程序和手段,考察观察对象在一定控制条件下的表现的一种方法。这种观察法往往有严密计划,对观察对象的行为表现做精确的观测,对影响被观察者行为的一个或多个因素进行控制,并观察这种控制对行为表现的影响,从而发现这些影响因素与被观察者行为表现之间的关系,探讨事物内在因果联系。实验观察法可以在实验室中进行,也可以在自然条件下加入人为控制变量的过程中实施。由于观察程序标准化,观察问题结构化,因此具有严密性和精确性的特点。

(二)直接观察法与间接观察法

这是按照观察是否借助仪器进行划分的。

直接观察法是指观察者不借助仪器,凭借自身感觉器官直接去感知和描述客观事物的方法。其优点在于观察者身临其境,感受真切,不仅能得到具体、生动的印象,而且会形成对事物的有机整体性的认识。这种认识能触动观察者的灵感。直接观察法的缺点则是,观察结果往往受到观察者各自的气质、价值观及素质等的影响。此外,直接观察法受人体器官的自然限制,被观察的现象不能被完整地保存下来,因此,观察所得到的资料可能较粗糙却又无法做重复观察。

间接观察法是观察者利用一定的科学仪器或其他技术手段对观察对象进行考察的方法。它具有两个方面的含义:一方面指观察者在现场并借助于录音、录像等工具、仪器实施观察的方法;另一方面指研究对象或行为、事件发生时,观察者不在现场,通过对特定现象观察所获取的相关资料或是以仪器记录来逆向推断的方法。由于借助于科学仪器,使间接观察法具有准确、迅速、观察范围广、信息量大、可重复性强等优点,克服了直接观察中的不足,避免了直接观察中对被观察者的情绪影响,获得的信息也更加真实、客观。

在科学研究中,两种方法都是不可缺少的,直接观察是间接观察的基础,间接观察是直接观察的发展。间接观察借助科学仪器扩展和延伸了人的感官,而科学仪器观察记录到的客观事实最终还必须通过人的感官进入人的头脑,经过思维分析做出客观的认识或判断。

（三）结构性观察法与非结构性观察法

这是按照观察内容是否有统一设计、有一定结构的观察项目和要求进行划分的。

结构性观察法是指具有详细的观察计划、明确的观察指标体系等内容的一种可控制的观察方法。结构性观察一般是为了消除观察者的偏见和主观性而采用的方法。这种观察多用于描述性研究和实验研究中的材料收集。结构性观察法又分为实地观察法和实验室观察法。实地观察法是指观察对象所处的地点、情境是处在自然状况下的,观察者前往观察实地所进行的一种观察研究。在实地观察研究中,观察者明确观察对象在运动过程中的各种因素,并由其注意和记录对研究有意义的因素,取得有明确目的性的观察资料。实验室观察法的根本特点是,它不仅要有明确的实验目的和严密的实施计划,而且观察者要对某些变量进行控制,观察者观察这种控制对另外变量的影响,从而发现观察对象内部的因果关系和相互关系。

非结构性观察法则事先没有严格的设计,比较灵活、机动,能够抓住观察过程中发现的现象而不必受设计中条条框框的限制。非结构性观察法常用在研究初期,以此了解情况,以便发现研究的现象,帮助研究者确定主题和观察方法与项目。非结构性观察法又可分为现场观察法和实地观察法。现场观察法是指限于观察对象时间上的突发性和地点环境上的不确定性,观察的目的仅限于在较短时间内得到最基本的资料的一种观察研究。它适用于对集体行为以及一些偶发事件的观察研究。非结构性的实地观察法一般是在观察地点比较确定、时间比较稳定,并有一定目的性的且在自然状态下所进行的观察研究。它适用于教育行政部门检查工作、领导干部体察民情、有计划的社会调查、科学研究探索性的资料收集和补充调查中的资料收集等。这种方法简便易行,但资料的获取主要是凭印象而得,观察的成功与否取决于观察者的世界观、综合知识结构、个人气质和专业技能等各种因素。教育工作上大多使用非结构性观察法,而教育科学研究上大多使用结构性观察法。

（四）参与性观察法与非参与性观察法

这是按照观察者是否直接参与观察对象所从事的活动来进行划分的。

参与性观察法是指研究者通过参与观察对象的活动而达到观察目的的方法。参与方式主要有两种,一种是观察者向观察对象说明自己的研究者身份,要求参加他们的活动。当被观察对象接纳后,在与观察对象一起活动的过程中进行观察。例如,要观察学生在兴趣小组的活动,研究者可以和学生一起活动、交谈,在活动时并不隐瞒自己的身份。另一种参与方式是观察者不暴露自己的身份,以一个普通活动者的角色,或者作为观察对象活动环境中的一个刺激物的方式参与到观察对象的活动中去。如当学生放学时,研究者在学生队伍里扮演一个昏倒者,观察路过的学生用什么态度来对待这位"病人",以此来分析学生的人道主义观念的发展水平。参与观察法的优点是对观察对象的活动有比较深入的体验和理解,能深入了解被观察者的真实资料。同时由于参与进去,有助于理解观察对象背后的心理活动和动机,但观察结果又容易掺入主观成分。

非参与性观察法是不介入观察对象的正常活动并开展观察的方法。它既可在自然情境下进行,也可在实验情境下进行。最常见的形式是自然主义的观察、情境模拟、个案研究。自然主义的观察是观察者只是观察和记录自然而然发生的事情。情境模拟是研究者为了研究特定的变量,有意识地创设一种情境并要求研究对象表演或模仿特定的角色。在情境模拟中,研究者事实上会告诉研究对象该做什么(而不是怎么去做)。个案研究可以是研究某个人、某间教室、某所学校或是某个学区。在此类观察中,观察者可以不出现在活动现场,也可以出现在现场。如果观察者必须在现场进行观察,在正式观察前双方就应该开始接触,直到观察对象已习惯观察者在场情况下并正常进行活动后,再开始做正式观察,这样有助于提高观察结论的可靠性。非参与性观察法的优点是比较冷静客观,但不易深入。

(五)定性观察法与定量观察法

这是按照观察记录的方式是否有数据支持进行划分的。

定量观察法是通过结构化的方式收集资料,最终以数据的方式呈现资料的一种观察方法。它更关注数据,强调用数据反映事实,有助于进行"量"的分析。定性观察法是指以质化的方式收集资料,并且资料以非数据化的形式(比如文字等)呈现的一种观察方法。它着重用描述的方式记录事实,有助于进行"质"的分析。下面以定性观察研究中记录的某片段为例(见表4-1)。

表4-1　定性观察研究记录①

整理后的课堂观察记录	观察者的关注点
教师提问:"有谁知道,海水为什么看上去是蓝色的?看看哪个小朋友肯动脑筋,积极举手发言?"话音刚落,将近三分之二的学生举起了手,并且都看着教师,所有中队干部和小队干部都举了手。	这些"干部"学生真的都知道吗?若真的知道,似乎可以说明这些"干部"学生比其他"群众"学生知道得多;若并非都知道,说明"干部"学生比"群众"学生更注意"积极响应"教师的提问?
靠着观察者的这位戴着眼镜的学生此前五次提问都举了手,但均未被指名发言。这次将手举得更高,几乎站了起来。	教师为何不叫这个举手最积极的学生发言?这是一个怎样的学生?是他平时不太讨教师喜欢,还是经常答错问题?
没有举手的同学大多目不正视教师,表情较为紧张。	为什么他们都目不正视教师?是一般的难为情,还是慑于教师的权威?
……	……

定性和定量两类观察之间无所谓好坏高低,只要符合观察目的,同时又能适合观察对象,就是正确有用的方法。

不论采用何种观察方式都需要注意,观察研究法之间是相互联系和相互渗透的,一般都以交错的方式使用。了解各观察法的特征和关系,有助于我们在制订调查计划、确定观察对象和具体实施观察时有一个系统的理论概念。

第二节　教育观察法的记录方法

教育观察研究的核心是观察,观察需要用不同的方法进行记录。教育观察过程中的记录至关重要,它既是对观察内容的体现,又是对观察内容的整理和提升,还是对观

---

① 杨小微.教育研究的原理与方法[M].上海:华东师范大学出版社,2010:96.

察现象进行分析探讨、形成观点和对策的依据。观察与记录密不可分,观察什么,怎样观察,决定了记录什么,怎样记录。因此,记录的方式方法也就表明了观察的方式方法。

一、描述记录法

描述记录法是对观察对象的整体做全面的或者某一方面的观察记录的方法。

(一)日记描述法

国外最早使用日记描述法的是瑞士教育家裴斯泰洛齐。我国最早使用日记描述法的是幼儿教育家陈鹤琴,他从第一个孩子出生开始,对其身心变化进行跟踪观察,并写了详细的观察日记,拍了几百幅照片,通过积累的大量研究材料,写成了《儿童心理之研究》一书。在1890—1920年间,这种记录有关儿童成长和发展的儿童传记形式的日记描述法,成为研究儿童的一种主要方法。在教育教学中,这种记录方式常常用于对某学生个体的各方面或某些方面长期地进行记录,以观察了解学生行为态度的变化过程及原因;或者由教师或参与观察者对自己整个工作过程及工作过程中的经验和体会做记录。[①]

日记描述法方便易行,能记录详细的、长期的资料。通过长期的日记描述,能了解儿童发展的次序和行为的连续性。同时,由于日记描述是在日常生活环境中进行的,所获得的资料一般都比较真实可靠,并可反复利用。

日记描述法的局限性在于,这种观察记录法往往用于对个别对象的日常观察和记录,只能说明少数观察对象的特性和日常情况,难以做出有意义的概括。而且,由于其记录范围宽泛,要耗费大量的时间和精力,要求观察者长期进行,这一点很难做到。

(二)轶事记录法

轶事记录法指观察者在观察过程中,以记事为主,对观察对象在自然状态下发生的一些典型行为或事件进行客观记录的一种方法。轶事记录法所记录的内容可以是有主题的,也可以是没有主题的,随时记录感兴趣的问题,不受任何时间和条件的限制,事先也不需要做特别的编码分类。如对一个三岁幼儿推理思维发展情况的观察所做的轶事记录:当她听爷爷说不吃糖时,她对爷爷说:"爷爷不吃糖,等爷爷长小了才吃。"通过记录的文字可以发现,这名幼儿一是用了归纳推理:家里大人都不吃糖,只有小孩吃糖;二是用了演绎推理:大人不吃糖,爷爷是大人,所以不吃糖;三是用了类比推理,"长大"也可以"长小"。错在类比推理上,对"长"的概念错了。类似这种事例常常能为我们的研究提供宝贵的资料。

轶事记录法具有日记法的某些优点,即可以对观察对象进行长期跟踪观察,记录资料具体、详细、真实,能够反映观察对象的发展过程。同时,以记事为主,不受时间限制,不需要特殊的情境,对观察的步骤和要求没那么严格。

(三)连续记录法

连续记录法是对观察对象的行为做更详细、更完善的记录,要求在较长时间内持续不断地记录。如苏联教育家苏霍姆林斯基在30余年工作中善于观察,不断进行研究和积累,写了40多本教育专著、600多篇论文和1 000多篇供学生阅读的文艺作品。

---

① 陈瑶.课堂观察指导[M].北京:教育科学出版社,2002:91.

他追踪研究了 1 000 多名学生,著作中大量生动活泼的事例均来自观察,被誉为"活的教育学""学校生活的百科全书"。

二、 取样记录法

取样记录法于 20 世纪 20 年代后兴起,这是一种以行为为样本的记录方法,较之描述记录法,具有更好的客观性、可控性和有效性,既可获得可靠的观察资料,又可节省人力、物力,减少记录所需的时间。取样记录法可分为时间取样法、活动取样法和事件取样法。

(一)时间取样法

时间取样法是以时间作为选择标准,专门观察和记录在特定时间内所发生的行为,主要记录行为呈现与否、呈现频率及其持续时间。

这种方法的具体做法是:

(1)确定观察的总时间。例如,持续观察 2 周。

(2)确定若干观察时段。例如,每天上午 8：00—10：00,对每位学生观察 10 分钟。

(3)制定观察表格(如表 4-2),做出所要观察的行为或现象的操作性定义(如表 4-3),并熟记表格项目内容。

(4)实施观察,并做好记录。

(5)整理观察资料,并做出研究结论。

表 4-2　儿童社会参与性活动观察记录表①

时间	儿童代号	活动类型					
		无所事事	旁观	单独游戏	平行游戏	联合游戏	合作游戏

表 4-3　社会参与性活动类型操作定义②

(1)无所事事:幼儿未参与任何游戏活动或社会交往,只是随意观望任何可能引起兴趣的情景。如没有可观望的,便玩弄自己的身体,走来走去,跟从老师,或站在一边四处张望。

(2)旁观:幼儿基本上是在观看别的孩子玩游戏。可能与那些孩子说几句话、问几个问题,或提供一些建议,但不参与游戏。始终站在离那些孩子较近的地方,故可听见他们说话,了解他们玩的情况。与无所事事的幼儿的区别是,旁观的幼儿对某一组(或几组)同伴的活动有固定的兴趣,不像前者对所有的组均无特别兴趣,一直处于游离状态。

(3)单独游戏:幼儿独自游戏,在近处虽有其他幼儿在用不同玩具玩游戏,但幼儿没有做任何努力去邀请他人和自己一起玩,也不与别人说话,只专注于自己的活动,不受别人的影响。

①　帕顿.学前儿童的社会性参与活动[J].异常与社会心理学,1932:243-269.
②　帕顿.学前儿童的社会性参与活动[J].异常与社会心理学,1932:243-269.

（4）平行游戏：尽管有别的幼儿在旁边用同样的玩具玩游戏，但幼儿仍独自玩，不影响别人，也不受别人影响。因而，他们只是在各自玩而不是一起玩。

（5）联合游戏：幼儿与其他孩子一起分享玩具与设备，相互追随，虽有控制别人的企图，但并不强烈。这些幼儿从事相似的活动，但无组织、无分工，每个人都在做自己想做的事，并没有把兴趣首先放在小组活动上。

（6）合作游戏：幼儿在为某种目的而组织起来的小组里玩游戏，如用某种材料编制东西、竞赛、玩正式的游戏等。他们具有"我们"的概念，知道谁属于哪个组。有1~2个领头者左右着小组活动的方向，故要求角色分工并相互帮助，支持这种分工角色的执行。

时间取样法省时、简便、科学性强。其优点在于：第一，方便易行，能使研究者在较短时间内获得大量的信息；第二，可以使研究者进行大样本的研究，克服了传统观察法只适用于小样本或个别样本被试的局限性；第三，能够提供量化数据，可以简化观察过程和资料分析过程，有利于验证假设。

时间取样法也有其不可避免的局限性。首先，只适用于经常发生或出现且时间比较短的事情和外显行为；其次，不能准确估计行为的持续时间，取样的间隔长度和行为的总的持续时间都能对时间取样数据的准确性造成影响；最后，所得资料只能说明行为的某种特性（如频率），但难以得到关于环境、背景的资料以及行为的相互关系和连续性，很难揭示因果关系。

（二）活动取样法

活动取样法以活动作为选择标准。例如社会心理学中研究儿童的社会参与行为的发展，把儿童参与社会集体活动的行为分为六类：不参与行为，袖手旁观，个人玩耍，平行地活动，协助性地有联系地玩，合作或有组织相互补充地玩。研究者观察记录42个孩子的活动，记录一定时间内每个孩子的表现，得出结论：年龄小的幼儿喜欢一个人玩，稍大时喜欢平行玩，到接近上学前，更多的孩子喜欢有联系地玩或合作地玩。

（三）事件取样法

事件取样法以个人或群体为单位。如对某个班级或某个群体结构分析的观察，对课外活动小组、数学奥林匹克班学生学习活动的观察。事件取样法不受时间间隔和时段规定的限制，只要观察对象一出现需要研究的行为或事件，就要仔细地、持续地观察，随事件的发展持续记录。事件取样法的优点在于既可以做预先的计划安排和准备，获取有代表性的行为样本，又可以在一定程度上保留行为的连续性和完整性，了解行为的发生、变化及终结，同时还可以得到关于事件的环境和背景资料。但是，由于缺乏测量的稳定性，事件取样法也有明显的局限性，即观察到的现象有可能在不同背景下具有异质性。因此，需要观察者对所记录的行为做十分明确的定义和分类，如果行为的定义和分类比较模糊，就会影响效度。进行观察时，根据预先分好的类别行为，将它发生的次数、时间记录在纸上。记录的形式有两种：一种只记录行为的出现与不出现；另一种记录次数，是指在限定记录的一段时间内行为出现的次数。

事件取样法的运用要注意两点：

第一，观察前，确定所要研究的行为或事件，确定记录哪些事件的发生发展过程，并确定所需记录的资料种类与记录形式，制作出相应的记录表格（如表4-4，表4-5）。

第二,观察时,只要预定的行为或事件一出现,就要立即记录,并可随事件的发展持续记录。

表 4-4　学生争执事件记录表①

学生	年龄	性别	争执持续时间	发生背景	行为性质	做什么、说什么	结果	影响

表 4-5　专断事件记录表②

事件第＿＿＿号　　场景＿＿＿　　　日期＿＿＿＿＿＿　　　时间＿＿＿＿＿＿　　　观察者＿＿＿＿＿＿

专断儿童(姓名)＿＿＿＿＿　　　年龄＿＿＿＿＿＿　　　性别＿＿＿＿＿＿

专断对象(姓名)＿＿＿＿＿　　　年龄＿＿＿＿＿＿　　　性别＿＿＿＿＿＿

情境(描述):

专断行为表现(描述):

专断行为:

C＿＿＿＿＿＿

PL＿＿＿＿＿＿

ID＿＿＿＿＿＿

行为结果:

COMP＿＿＿＿＿＿

REF＿＿＿＿＿＿

+C/N＿＿＿＿＿＿

-C/N＿＿＿＿＿＿

IG＿＿＿＿＿＿

注:表中 C、PL 等编码符号的含义:

C——命令;PL——身体指导;ID——暗示指令;COMP——服从;REF——拒绝;+C/N——协调而达积极结果;-C/N——协调而达消极结果;IG——不予理睬。

三、 行为检核法

行为检核法也称查核清单法,它是指观察者将要观察的行为项目排列成清单式的表格,在每一行为项目旁边提供是否出现的选项,进入现场观察时,对表格中的行为是否出现进行记录。这种观察方法主要是用来核对重要行为的呈现与否。例如,观察者将规定观察的项目预先列出表格,当出现此行为时,就在该项上画"√"。此法只判断行为出现与否,不提供行为性质的材料。

行为检核法的实施,关键在于对行为检核表的编制。要注意的是,行为检核表所列的行为项目必须符合观察目的,所列的行为要尽可能地穷尽该类行为,同时,行为项目的排列也要有一定的逻辑性。另外,必须在表格上列出一些具体要求,按确定的观

---

① 陶保平.学前教育科研方法[M].上海:华东师范大学出版社,1999:100.

② 张燕,邢利娅.学前教育科学研究方法[M].北京:北京师范大学出版社,1999:94.

察项目,依难易程度排列。

例如,要对 5 岁儿童的认知水平进行观察研究,就可编制表 4-6 所示的行为检核表。

表 4-6　5 岁儿童数概念知识和技能检核表①

内容	次数和时间(日期)
能从 1 数到 10	— —— —
能按名称拣出下列图形	
圆形	— —— —
正方形	— —— —
三角形	— —— —
长方形	— —— —
能举例表示下列相对概念	
大些	— —— —
小些	— —— —
长些	— —— —
短些	— —— —
能一一对应地数物件	
2 个	— —— —
3 个	— —— —
5 个	— —— —
10 个	— —— —
多于 10 个	— —— —
表示理解	
多于	— —— —
少于	— —— —

这类行为检核表可按以上基本要求自行设计。比如要研究学生在上课时的主体能动性行为表现,则可列表(见表 4-7)做观察记录。

表 4-7　学生课堂主体能动性行为表现记录表②

行为表现	行为次序
	1 2 3 4 5 6
1. 老师提问,学生没有举手	
2. 老师提问,学生举手	
3. 学生举手,并被老师提问,回答一般	
4. 学生举手,并被老师提问,回答很好	
5. 学生没有举手,但被老师提问,回答错误	
6. 学生没有举手,但被老师提问,回答一般	
7. 学生没有举手,但被老师提问,回答很好	
8. 学生主动积极举手,向老师提出问题	

无论哪一种记录方法,记录时都要力求真实,对记录的事实材料要做比较,便于核

---

① 裴娣娜.教育研究方法导论[M].合肥:安徽教育出版社,1995:192.
② 裴娣娜.教育研究方法导论[M].合肥:安徽教育出版社,1995:193.

对事实、交流情况和意见,有利于统一认识。对同一现象应从不同的方面和角度进行观察,防止观察的片面性。通过观察方法获得的资料,应通过其他途径,如访问、查阅有关文献资料等进行对比分析和检验。

第三节 教育观察法的实施

一、教育观察法的实施

教育观察法的实施,一般按照观察的准备工作—实际观察—观察资料的整理与分析—归纳、推论和说明研究结果四个步骤进行。

(一)观察的准备工作

观察前的准备,主要做好如下三项工作。

1. 制订计划与提纲

(1)观察计划

为确保观察的顺利进行,在观察前必须制订观察计划。因此,必须从实际出发,深入思考,拟订出切实可行的观察计划。在制订观察计划时,要注意以下几点:

其一,要确定研究目的和研究问题,这是任何教育科学研究的核心部分。

其二,要根据研究问题确定好观察对象和要观察的问题,这是观察研究能否成功的根本保证。研究问题可以是抽象的,但观察的问题要具体明确,具有可操作性。如"从中国的高等教育看中国的社会变迁"是一个研究问题,但不是一个可观察的问题;"一个中学生一天吃什么零食,穿什么衣服,看多久电视,做多少作业"就是可观察的问题。

其三,要选择观察方法。根据确定的观察目标就可确定可行的观察方法。选择了正确的观察方法,能使得观察工作事半功倍,这就要求研究者必须对每种观察方法的适用条件、优缺点等熟记于心。

观察计划的结构根据实际情况而定,并没有固定不变的模式。例如表4-8就是一种可做参考的格式。

表4-8 观察计划的参考格式①

教育观察计划

一、研究课题

二、观察目的、任务

三、观察对象、范围(观察谁)

四、观察内容(要收集哪些资料)

五、观察地点(在什么地方观察)

六、观察的方法、手段(选用哪一种具体的观察方法,采用什么仪器设备;如何保持观察对象和情景的常态等)

七、观察步骤与时间安排(观察如何进行,包括观察的次数、程序、间隔时间,每次观察要持续的时间,等等)

八、其他(包括组织、分工和有关要求)

拟定计划人:

年　　月　　日

---

① 杨小微.教育研究的原理与方法[M].上海:华东师范大学出版社,2010:103.

观察计划的制订要符合实际情况,考虑周密,条理清楚,明确具体,有指导性和可行性。观察计划的执行要灵活变通,有时在实际观察中会发现新情况、新问题,或原定的观察计划与实际有出入,观察者可以根据观察需要对原计划做适当的补充与调整。

（2）观察提纲

为了有效地收集资料,必须草拟观察提纲。观察提纲是由观察的目的和有关理论假设来确定的,它以纲要的形式使观察的项目内容具体化。观察提纲既可放在观察计划中,作为其中一部分,也可从观察计划中分离出来,作为一个相对独立的文本。制订观察提纲时,可以先确定观察的具体内容,然后将这些内容进行分类,分别列入观察提纲。观察提纲一般要注意六个方面的内容(6w)[1]:

① 谁(who):行为者与行为对象。（有谁在场？ 他们是什么人？）

② 什么(what):具体行为或事件。（发生了什么事情？ 在场的人有什么行为表现？）

③ 何时(when):日期和具体时间。（是什么时候发生的？ 持续了多久？）

④ 何地(where):行为或事件发生的场景、地点。（在哪里发生的？ 这个地点有什么特色？）

⑤ 如何(how):行为或事件的具体表现及过程。（这件事是如何发生的？ 事情诸方面关系如何？）

⑥ 为什么(why):判断、思考行为、事件发生的原因。（为什么这些事情会发生？促使这些事情发生的原因是什么？）

前五个方面是对客观事实的记录,第六项是主观推断,应当在记录时加以区分。

2. 准备观察所用的辅助工具

（1）记录表格

为了便于迅速、有条理地记录所观察到的情况,以便日后整理和运用,在准备工作阶段就要编制有关的观察记录表格。编制记录表格应根据研究目的、内容和特点,全面考虑。优良的观察记录表格,不仅可使观察记录简约化、精确化、条理化和便利化,减少做记录的时间,确保观察者把注意力始终集中在规定的观察内容和范围,同时还能使观察资料具有数量化特征,便于量化,或使观察结果清晰明确,一目了然,便于整理和比较分析。

（2）记录方法

目前,观察记录的方法多种多样,所使用的记录符号也五花八门,较常用的有五种:

① 等级式。即观察者对所观察的对象评定等级。观察者可以在预先印好的表格上按等级画圈。

② 频率式。观察者将规定好要观察的研究对象的项目预先印在纸上,凡出现某种现象,就在这个现象的框上画一个"√"(如表4-9),或在表格相应的项目中记录观察到的某种行为出现的次数。

---

① 陈向明.质的研究方法与社会科学研究[M].北京:教育科学出版社,2000:238.

③ 实录式。可用笔记的方法,在现场做连续记录,也可以运用录音机、录像机、摄影机将观察到的情况摄录下来。

④ 是非式。在表格相应的项目中,画上"√"表示"是",画上"×"表示"非"。

⑤ 符号式。即用某些符号代表某些行为表现。

表 4-9　对一名学生每分钟具体活动的观察[①]

时间(分钟)	1	2	3	4	5	6	7	8	9	10	11	12	13	14	15
管理	√														
等待注意															
无关活动											√	√			
听	√		√	√	√	√	√	√	√	√					
观察					√	√	√								
动手实践															
讨论	√														
思考		√	√						√						
阅读															
写	√	√	√		√	√									

注:管理=取出书、笔等文具,拿资料,做学习的准备工作

无关活动=闲聊、捣乱、打瞌睡等

动手实践=画画、剪纸、做练习等

（3）仪器设备

观察活动开始前,务必将所用的观察仪器设备准备好,并要预先进行细心的安装、试用和检查,熟悉各种设备的功能和使用方法。

3. 确定观察途径

教育观察的途径很多,通常有如下基本途径。

（1）访谈

与观察对象访谈,可以直接观察和了解对象的个性心理特征、思想倾向、仪表情态以及身体状况等。访谈包括个别访谈和小组访谈。访谈时,研究者要善于察言观色。

（2）听课

听课的目的是观察课堂上教师的教与学生的学的情况,可以直接收集到教师课堂教学的资料,了解教师的教学思想和技能;还可以考察学生的学习活动以及心理特征。此外,通过听课,也可以在一定程度上间接了解教师的备课情况。

（3）实地参观考察

如开展办学评价时,务必亲自到现场参观校舍、学生活动场地、设备、校内外环境等,还要巡视校园管理、课外活动。

（4）参与有关活动

如参加学校的各种集体活动,"身临其境",考察师生在活动中的表现,了解校风、

---

① 陈瑶.课堂观察指导[M].北京:教育科学出版社,2002:49.

学风的情况。

（二）实际观察

在做好前期的准备工作之后,观察者要设法进入观察现场。需要提醒的是,由于观察容易干扰机构或学校的正常作息,观察者必须要提前征得观察对象的同意。在顺利进入现场后,要按照观察计划,有步骤地进行系统观察。尽量不要脱离计划,更不要轻易更换观察的重点,超出原定的范围就可能脱离原定的观察目的。

在实际观察中要注意几点要求:

（1）灵活地执行观察计划。

（2）抓住观察的重点。

（3）注意做到观看、倾听、询问、查看、思考五个方面相互配合。

（4）做好观察记录。

其中,如何做好观察记录,主要是现场实况记录,是实际观察中较困难的一个环节。沙兹曼和斯特劳斯提出了一个系统的现场观察记录格式。他们将观察记录分为四个部分:①"实地笔记",主要记录在现场看到和听到的事实性内容;②"个人笔记",主要记录观察者观察时的感受和想法;③"方法笔记",主要记录观察者所使用的具体方法及其作用;④"理论笔记",主要记录观察者对观察资料进行的初步理论分析。表 4-10 是沙兹曼和斯特劳斯现场观察记录表的格式。

表 4-10　现场观察记录表①

实地笔记	个人笔记	方法笔记	理论笔记
12:00——食堂里大约有 300 人,10 个窗口前队伍平均有 4 米长	我感觉很拥挤	这个数字是我的估计,不一定准确	中午 12 点似乎是学生就餐的高峰
12:05——在卖馅饼的窗口排了一个足有两米长的队,而且排队的大部分(大约四分之三)是男生	我想是不是今天的馅饼特别好吃?是不是男生特别喜欢吃馅饼?	我站在距离卖馅饼的窗口有 5 米远的地方,看不清楚馅饼的质量,不知道这些人买馅饼是否因为馅饼好吃	也许买某一样食物的人数与该事物的质量之间有正相关关系
12:10——食堂里有 5 对成双的男女坐在一起吃饭,两个人坐得很靠近,都是男的坐在女的左手边	也许他们是恋人	我只是根据他们坐在一起的亲密样子判断他们是恋人,这个猜想需要进一步检验	也许在食堂里就餐时,男生习惯坐在女生的左手边
12:20——一个女生将一勺菜送到旁边男生的嘴边,望着对方的眼睛说:"想不想吃这个菜?"	为什么这些"恋人们"在公共食堂里如此"放肆"?!我对此有反感	我现在与他们坐在同一张桌子上,可以听到他们的对话	似乎女生喜欢主动向男生"献殷勤",这一点与我平时的印象不一样,需要进一步观察和检验

---

① 陈向明.质的研究方法与社会科学研究[M].北京:教育科学出版社,2000:248.内容有改动.

（三）观察资料的整理与分析

在结束观察后，要对观察资料进行初步整理，如对笔录资料分门别类地归类存放，对录音、录像和照片逐个登记，根据镜头做出卡片，以免事后因记忆模糊而造成资料混乱。

通过研究者亲自观察得来的资料一般比较真实可靠，但有时也有人为的虚假成分。因此，在这一阶段要做以下主要工作：删去一切错误材料，补充遗漏材料，及时纠正和修补资料。对于当时概括的记录进行细节补充，对于当时未记录的资料及时进行补记，对反映特殊情况的材料另做处理。

（四）归纳、推论和说明研究结果

根据对观察资料的分析和研究，观察者要有自己的认识和思考，并结合理论对其进行论证和升华，最终撰写成教育观察的研究报告。没有一种研究方法能够克服自身所有的局限性，观察法也不例外。在这种情况下，研究者要把通过观察所收集到的资料与其他研究方法所获得的资料有机结合，综合分析后提炼出最终的观点并加以论述。

二、 教育观察法的基本要求与误差的防止

（一）教育观察法的基本要求

在实施过程中，为提高观察结果的客观性和可靠性，教育观察法有以下基本的要求：

1. 紧扣观察目的，拟定可行的计划

观察时要紧扣研究目的进行，围绕研究目的和研究问题，制订一套切实可行的观察计划和方案。清晰的观察计划能保证观察有目的、有计划和有程序地进行，达到预期的研究目的。

2. 坚持观察的客观性和全面性

客观性是观察的最基本要求。坚持观察的客观性，就是要按照客观事物的本来面目去反映事实，秉持客观中立的态度，避免择己所好和有先入之见导致的主观臆断和片面性。

全面性是观察客观性的内在要求。要做到全面性就是要对事物或现象的全貌和发展变化的全过程有一个充分详尽的观察，把握研究对象的各种属性、特征，不要被其局部现象或偶然性所迷惑。因此，一定要事先制订详细的观察计划，这样才能保证观察所获得的经验事实的真实与可靠。

3. 选取的观察对象要有典型性和代表性

在观察中，为了提高观察的效果和效率，应注意抓住典型，选取有代表性的观察对象，掌握恰当的观察时机，选择方便的观察地点。在观察过程中，要对事物和现象的变化、差异进行细致、敏锐的观察，尽可能提高观察的精确度和准确性。

4. 与观察对象建立良好的关系

观察活动本身往往会对观察对象产生一定影响，使他们自觉或不自觉地产生某些反应性心理或行为。特别是在被观察的人数较少而又比较稳定的情况下，观察对象的行为会失去常态。因此，要减少观察活动对观察对象的影响，进入观察现场后，要设法消除观察对象的陌生感、恐惧感或不自然感，和谐的关系有助于观察结果的自然性。

如果通过努力还不能保证观察的自然进行,那么,应在观察对象不能感觉出来的前提下,使用暗藏的技术设备进行观察。

5. 观察要与分析相结合

观察之所以要与分析相结合,是因为观察不仅仅是收集事实,更重要的是对事实进行分析研究,找出各种教育现象间的相互联系。因此,在观察中,一定要与分析研究相结合,即要求一边观察一边思考,把观察与思考、观察与比较结合起来:在观察中思考,在思考中观察;在观察中比较,在比较中观察。只有这样,才能捕捉到有价值的观察材料。

(二)观察误差及防止措施

观察法主要凭感觉和印象获得资料。因此,较之调查法、实验法等研究方法,观察法更容易出现表面性、片面化的问题。在采用观察法进行研究时,经常会出现一些观察的偏差。

1. 来自被观察者的偏差及防止措施

观察者所观察的是被观察者正发生的行为。当被观察者身心异常,如生病、饥饿、困倦、闹情绪等状态时,其表现与平时不同。这时,一般应换一个时间再进行观察。由于观察者的介入,特别是被观察者知道他们在被观察时,被观察的行为会有所改变,或者变得更好,或者变得更坏。

比如,研究者在观察社会课教师是否会在争议性话题的讨论中提出高水平的问题时,如果该教师明白了研究者的目标,他就很可能会提出比平常更多的问题。

因此,观察者要自觉控制观察活动,尽可能消除观察活动对被观察者的影响。其一,与被观察者友好相处,获得他们的信任;其二,持续地观察较长时间;其三,观察者选择一个不显眼、不易让被观察者看到的地方进行观察,有条件的可在实验室装上单向玻璃或采用摄像机记录,这种方法可消除被观察者的反应性,但它要求有较高的观察技术和昂贵的设备。

2. 来自观察者的偏差及防止措施

首先是观察者的一般技术问题。观察者对所要观察的行为不明确,对观察方法、技术不熟练,对记录方式不熟悉等,都可能会使观察所获得的资料不完全反映实际情况。其次是观察者的"期望"。观察者对要观察的问题有主观倾向性,有的观察者愿意自己的观察结果符合研究者或观察者自己的意愿,从而带着这种倾向去观察和记录。三是观察者偏见。观察者的某种特征或观念可能会左右他们所看到的东西。

解决办法:一是正确选择观察人员;二是加强科研道德培养,树立高度认真负责的态度;三是做好充分的知识准备,了解和掌握一些与观察课题有关的各专门学科的理论知识及观察的技术技能;四是进行观察能力训练,提高对要观察的事件的敏感程度以及判断能力;五是合理安排观察任务。

3. 来自设计缺点的误差及防止措施

观察是一项复杂的活动,观察者要在较长的时间内,既要观察又要记录,合理分配自己的注意力是比较困难的。同时,人的观察能力有限,只能注意观察对象的某几个方面。因此,设计观察方案时,如果观察指标太多、代码繁杂、记录表格设计不当等,都会造成观察误差。

解决办法:首先要采用适当的观察项目、代码,合理分配观察任务,并用预备观察检验观察方案的可行性;其次,充分利用科学仪器,发挥仪器和工具的放大、延伸、计量、记录等功能。若观察结果误差较大,则应修改观察方案。同时,要加强对观察者的培训。

教育观察法是教育科学研究者通过感官或借助一定的设备,有目的、有计划地考察学生或教育现象,从而收集有关资料,探索教育问题的一种教育科学研究方法。教育观察法具有目的性、直接性、客观性、情感性、重复性等特征。教育观察法从不同维度可分为自然观察法和实验观察法、直接观察法和间接观察法、结构性观察法和非结构性观察法、参与性观察法和非参与性观察法、定性观察法和定量观察法。在做观察记录时,用到的记录方法包括描述记录法、取样记录法和行为检核法。在实际实施过程中,一般按照观察的准备工作—实际观察—观察资料的整理与分析—归纳、推论和说明研究结果四个步骤进行,其中在准备工作这一步,又包括三部分,分别为制订计划与提纲、准备观察所用的辅助工具和确定观察途径。最后,在使用教育观察法时要注意紧扣观察目的,拟定可行的计划;坚持观察的客观性和全面性;选取的观察对象要有典型性和代表性,与观察对象建立良好的关系,还要与分析相结合。同时,要预防来自被观察者、观察者和设计本身的偏差。

思考与练习
参考答案

一、名词解释题

1. 教育观察法

2. 自然观察法与实验观察法

3. 参与性观察法与非参与性观察法

4. 描述记录法

5. 取样记录法

6. 行为检核法

二、选择题

1. 我国有一位著名儿童心理学家,他对其第一个孩子从出生之日起,连续追踪观察达 800 天,并做出详细记录,为其儿童心理理论研究提供了有力的佐证。这位心理学家是(   )。

A. 陶行知　　　　　　B. 陈鹤琴　　　　　　C. 朱智贤　　　　　　D. 梁漱溟

2. 教育观察法解决的主要问题是(   )。

A. "是什么?""怎么样?"　　　　　　B. "应该是什么?""应该怎么样?"

C. "为什么是这样?"　　　　　　　　D. "可以如何改进?"

3. 根据观察内容是否统一设计、有一定结构的观察项目和要求,教育观察法可以分为(   )。

A. 直接观察法和间接观察法

B. 自然观察法和实验观察法

C. 参与性观察法和非参与性观察法

D. 结构性观察法和非结构性观察法

4. 根据观察的情境设置是否有人为因素,教育观察法可以分为(　　)。

A. 直接观察法和间接观察法

B. 自然观察法和实验观察法

C. 参与性观察法和非参与性观察法

D. 结构性观察法和非结构性观察法

5. 某研究者试图获得教师在自然教学状态下课堂提问频率、方式、座位分布等的第一手资料。在下列选项中,最适用于这一研究的方法是(　　)。

A. 经验总结法　　　　　　　　　　B. 观察法

C. 实验法　　　　　　　　　　　　D. 问卷调查法

6. 具有详细的观察计划、明确的观察指标体系等内容的一种可控的观察方法,称为(　　)。

A. 参与性观察法　　　　　　　　　　B. 非参与性观察法

C. 结构性观察法　　　　　　　　　　D. 非结构性观察法

7. 某研究者以教师身份亲自参加某一班级的课外活动,在活动中隐蔽地观察研究偶发事件。他的研究属于(　　)。

A. 参与性、结构性观察　　　　　　　B. 参与性、非结构性观察

C. 非参与性、结构性观察　　　　　　D. 非参与性、非结构性观察

8. 下列观察研究属于哪种观察研究?

(1) 研究者以公开的见习教师的身份,旁观某班课堂教学。(　　)

A. 参与性观察　　　　　　　　　　B. 非参与性观察

C. 结构性观察　　　　　　　　　　D. 非结构性观察

(2) 幼儿园日常教学活动中,教师对某一偶发事件的观察。(　　)

A. 参与性观察　　　　　　　　　　B. 非参与性观察

C. 结构性观察　　　　　　　　　　D. 非结构性观察

9. 一名早期社会学家为获得犯人生活的第一手资料,不惜被当作一名犯人关进监狱,观察犯人生活,了解监狱内幕,最后写出调查报告。这种观察方式属于(　　)。

A. 实验室观察　　　　　　　　　　B. 间接观察

C. 自然情境观察　　　　　　　　　D. 参与性观察

三、思考题

1. 简述教育观察法的优点和缺点。

2. 试比较描述记录法与取样记录法的异同。

3. 试述教育观察法实施的基本步骤。

四、拓展题

从自己身边选定一个研究对象(人或活动)开展观察研究,并把自己的研究过程写下来,与教材上的规定的步骤相比,指出自己的研究中有何创新和不足。

拓展练习及

参考答案

第五章　教育调查法

学习目标

1. 领会教育调查法的含义、特点以及教育调查研究的类型。
2. 了解教育调查研究的实施过程。
3. 掌握问卷调查法、访谈调查法、测量调查法、调查表法的基本原理、相关技术和实施规范。

建议学时

6 学时。

教师导读

本章有较强的实践性,学习本章的内容不能仅是对一些内容的记忆,重要的是根据各类调查方法的要求进行实践操作。学习者可以根据过去学习的内容,选择一个小课题,设计一些调查问卷或访谈提纲或调查表,开展一次实际的研究,在研究过程中总结经验,发现问题,逐步提高自己运用调查研究方法的能力。

重要概念和术语

教育调查法　问卷调查法　访谈调查法　测量调查法　调查表法

第一节　教育调查法概述

一、 教育调查法的含义和特点

（一）教育调查法的含义

教育调查法是在科学方法论和教育理论指导下,围绕一定的教育问题,运用问卷、访谈、测量等方式,有目的、有计划地收集有关事实材料的系列方法的组合。

教育调查法起源于社会调查中的调查研究法。调查研究作为一种经典的研究活动,最早是在西方国家的社会研究中采用的。18 世纪末,资本主义国家的社会矛盾日益尖锐,一些关心社会问题和社会发展的学者开始利用问卷、访谈等方法,围绕一系列社会问题,如人口、资源、移民、工人贫困等展开调查。而此时的教育调查只是作为社会调查的组成部分隐含在社会调查之中的。如恩格斯在 1845 年出版的《英国工人阶级状况》中就包含了当时英国教会学校和英国工人阶级子女受教育情况的调查结果。到 19 世纪下半期,由于教育测量活动的萌芽和产生,使教育调查研究逐渐“浮出水面”。1864 年,英国的费希尔编制出世界上第一个成绩测验量表。而历史上最早的专门的教育调查则是美国学者赖斯于 1897 年所做的关于学校拼写练习的调查,他的调查结果表明,学生的拼写成绩与拼写练习时间的多少并无必然联系,这一结论为改革学校拼写课程的可能性提供了事实依据。1910 年由美国的肯德尔主持了为期一周的关于波士地区的学校制度的调查。在此之后,教育调查研究在美国发展很快,不仅有个人主持的调查,而且有由各州、县、局团体主持的较大型调查;不仅有对学校有关情况的调查,而且有对教育经费情况的调查。1925 年斯坦福大学编辑出版了《学校调查》一书,至 1933 年,美国的学校调查报告总数达四百多份,这些为教育调查法的形成和不断发展提供了重要的实践基础。

教育调查作为一种研究活动,它与一般的社会调查相比,范围较小,主要是以当前的教育问题为研究对象进行的一系列研究活动,也可以认为是社会调查的一个组成部分。教育调查法作为教育科学研究中的一类研究方法,它也有别于教育实验法、教育观察法等。教育调查法是一种描述研究,是以现实存在的教育问题及其表现形式为研究对象,经过对收集到的事实材料进行分析,在研究过程中对研究对象不加任何干涉,所得出的结论常常揭示的是事物的相关关系,在这点上,它不同于教育实验法;由于教育调查法是通过问卷、访谈、测量等方法,间接地收集反映研究对象的材料,它与以实地观察为主要方式的教育观察法也不同。

(二) 教育调查法的特点

教育调查法与其他研究方法相比有以下几个特点:

1. 调查对象的广泛性

与教育观察法和教育实验法不同,在进行教育调查研究时,调查对象的选择可以不受样本容量大小和地理空间的限制,可以是某个人、某个班级或某个学校,也可以是某个市、某个省或某个国家教育情况的调查,甚至是跨国的大型调查。另一方面,调查对象的广泛性还表现在,教育调查法是以活动形态或现实存在形态的教育问题、教育现状为研究内容的,它们广泛存在于教育的各个领域之中,因此从理论上说一切教育现象都可以作为教育调查法的对象来研究。

2. 调查手段的多样性

在运用教育调查法进行研究时,可以采用多种多样的调查手段和方法,如问卷、访谈、测量等方法,其中每一种方法在不同的情况下可以表现出不同的方式。在具体研究过程中,研究者可以根据课题的大小和性质以及研究者自身的情况选择适当的方法。如研究样本较小,可以采用座谈或个别访谈的方式进行;对于规模较大的样本,研究者可以采用邮寄问卷或委托问卷调查的方式进行;如果想调查某单位的各方面情况,可以采用调查表和深入访谈相结合的方式进行。

3. 调查方法的可操作性和实用性

在运用教育调查法进行研究时,要设计出详细、具体的调查方案。在调查方案中,有各种研究变量的操作指标,有根据各种调查方法设计出的调查工具,如问卷、访谈提纲、测验量表及试卷,也有供分析资料用的整理信息和统计的方法,等等。这样,在开展调查研究时,调查者就可以依据调查方案进行具体操作,且具有较强的可操作性。另外,教育调查研究在设备条件和环境控制上没有太多的要求,特别是对于数据资料的收集,可以在较大的范围内使用,在较短的时间内就能收集到大量的数据资料,因此有较强的实用性。

4. 调查结果的延时性

利用教育调查手段和方法获得的结果资料一般是通过书面和口头语言等形式表达出来的关于事实的报告,具有延时性的特点,相对来说,其信度、效度不如观察研究所得的资料高。

二、 教育调查研究的类型

教育调查研究有多种不同的类型,依据不同的标准可有不同的分类。

（一）普遍调查、抽样调查、个案调查

这是按照调查对象的选择范围来划分的。

普遍调查是对某一范围内所有的研究对象进行调查,也称为全面调查或普查。它主要是通过了解特定范围内的研究对象的全面情况,为制定教育方针、政策和做出规划提供必要的依据。如要了解某地区基础教育的发展状况,就可以对该地区的基础教育各级机构包括幼儿园、小学、中学的校舍、设备、师资、学生入学率、毕业率等各方面情况做全面调查,从而全面准确地得出该地区基础教育发展状况的结论。普遍调查有利于全面、准确地了解研究对象的实际状况,可以有效地克服以偏概全的弊病。但是,采用普遍调查,当调查课题太大时,由于调查范围的增大,调查对象的增加,在调查中就会耗费大量的人力、物力和财力,调查过程就难以实施和组织。但在现代信息技术支持下,越来越多的大数据积累,使普遍调查成为可能,并受到越来越多的研究者的青睐。

抽样调查是指从研究对象的总体中按照一定的抽样方法抽取一部分样本进行调查,也称抽查。在教育调查研究中,研究者没有时间和精力对全部研究对象进行一一调查时,常常利用抽样方法,从总体中抽出具有代表性的样本,通过对样本的调查,得出样本的特性,再根据一定的规则把样本特性推断到总体。这种调查既避免了过多地耗费人力、物力和财力,又可以把对样本的研究所得出的结论推论到总体,借以了解总体特性,因此这是教育调查研究最常用的一种类型。

个案调查是在对调查对象进行具体分析的基础上有意识地从中选择某个调查对象进行深入调查和描述。个案调查的意义在于:通过深入实际,对某一调查对象进行具体细致的调查研究,可以详细了解事物的发展过程,具体了解某一特定现象产生、发展的原因和过程,并可以全方位地掌握调查对象的特点。这种类型主要用于对调查对象进行的深入访谈。

（二）现状调查、相关调查、发展调查、预测调查

这是按照调查目的来划分的。

现状调查是指对调查对象的当前状况和基本特征的调查,其目的是对教育现象的真实情况做出具体的描述,以便了解情况,发现问题,改进工作。如对当前义务教育质量的调查,就是对当前义务教育的质量状况做全面系统的了解,为制定义务教育政策提供现实的依据。

相关调查是指调查两种或两种以上教育现象之间是否存在相关关系,目的是寻找相关因素以便探讨解决问题的办法。如对教师的教学方式与学生的学习成绩之间关系的调查,学生的学习兴趣与教师的教学态度之间关系的调查等。

发展调查是对某一调查对象在一个较长的时间内的特征变化进行调查,目的是了解研究对象前后的变化和差异情况。如要了解儿童学习行为的年龄特征,就可以利用发展调查,了解不同年龄阶段儿童学习行为的变化情况。

预测调查是指调查未来某一时期的教育发展趋势和动向,目的是为研究对象的发展趋势和未来状况进行预测。如对我国办学体制的发展前景调查,就可以通过对当前社会力量办学等有关问题的调查,结合经济发展情况,做出预测调查。

（三）问卷调查、访谈调查、测量调查、调查表法

这是按照调查手段来划分的。

问卷调查是指研究者用事先设计好的问卷让调查对象作答,以了解调查对象对某一教育问题和教育现象的看法的调查。

访谈调查是指研究者通过口头交谈的方式,向调查对象提出问题,让调查对象作答,以收集调查对象对教育问题或教育现象的态度和看法的调查。

测量调查是指研究者利用测验量表,了解研究对象知识水平和个性心理特征的调查。

调查表法则是研究者利用正式的调查的表格,让调查对象填写,以了解有关情况的调查。

三、 使用教育调查法的一般步骤

教育调查法包括问卷、访谈、测量、调查表等方法,每一种方法虽各有侧重,但一般都应遵循以下几个步骤。

（一）确定调查课题

一般地,在调查前,必须有明确界定的调查课题,调查课题一般是根据教育科学研究或教育实践的需要提出来的。课题提出来后,要对调查课题做准确的界定,明确课题的性质、目的和任务。同时还应对调查课题的核心概念做出准确的界定,对课题中的有关变量要下操作性的定义,确定操作指标。如要调查学生的智力水平,就可以用韦氏智力测验分数作为操作指标。如果有些变量比较复杂,还应把变量先做出科学的分类,把复杂的项目分解成一些较小的项目,并可逐级分解,最后对每一个小的项目做出明确的操作定义,提出操作指标。如对少年儿童主体性的调查,就可以先把主体性分解为自主性、主动性、创造性,然后还可以再把自主性、主动性、创造性分解为更小的项目,在此基础上,就可以展开调查。

（二）选择调查对象

调查对象的选择首先受制于调查课题的性质、目的和任务,同时还受到调查类型的制约,不同的调查类型,在选择调查对象方面有很大的差别。另外,由于调查对象的广泛性,在选择调查对象时,一定要根据课题做严格限定,保证所调查的对象不超过所要调查的对象总体及其属性的范围。如对教师教学态度的调查,在选择调查对象时,既不能把它扩大到非教学人员范围,也不能包括教师的其他工作态度和个人的人生态度。如果所做的调查是抽样调查,还要考虑所选样本的代表性问题。

（三）确定调查方法和手段,编制和选用调查工具

教育调查研究包括多种调查方法和手段,如问卷、访谈、测量等,各种方法和手段具有不同的特点。在确定调查方法和手段时,可以根据研究课题的不同情况,针对各种方法和手段的长处和不足,恰当地选用,并且在运用时注意扬长避短,发挥优势。

在确定了调查方法和手段后,应设计或编制出相应的调查工具,如调查问卷、访谈提纲、测验试题、调查表格等。有条件的情况下,可以根据课题情况,选用或修订已有的调查工具,以节省人力和时间,但前提是,这些工具必须严格按照课题的要求选用或修订,不能勉强凑合。

（四）制订调查计划

调查计划是调查工作及其过程的程序安排。调查计划主要包括以下内容:调查的目的和任务;调查对象及其所在地区、单位、范围和规模;调查中所使用的方法和手段;调查的步骤和日程安排;调查的组织、领导、人员分工以及调查人员的培训;调查资料的汇总方式;调查报告及其完成时间等。

（五）调查的实施

调查的实施是整个调查工作的中心环节,它是调查者依据调查计划,运用各种调查方式,借助各种调查工具收集资料的过程,这是调查的主体工作。调查工作实施的质量决定了整个调查工作的质量。有关实施的具体问题将在后文中详细介绍。

（六）调查资料的整理、分析,撰写调查报告

利用各种方式收集到的资料和数据可能是杂乱无章的,因此要对各种资料进行归类整理,在此基础上,分别对定性资料和定量资料做定性分析和定量处理,从而得出调查结论。

最后,根据调查结论,写出课题的调查报告。

第二节 常用的教育调查方法

一、 问卷调查法

（一）问卷调查法的含义和特点

问卷调查法是教育调查研究中最基本的研究方法,也是使用最广泛的一种方法。

问卷调查法是研究者把研究问题设计成若干具体问题,按一定的规则排列,编制成书面的问题表格,交给被调查者填写作答,然后收回整理、分析,从而得出结论的一种研究方法。

问卷调查法使用的基本工具是书面的问题表格,调查过程是由调查者向被调查者发放问卷,或通过邮寄方式征集被调查者的书面意见、态度和看法来完成的。问卷调查法与其他调查方法相比有明显的特点。

1. 调查过程的标准化

问卷调查法所依据的主要是事先编制好的问卷。一般来说,同一份问卷对不同性别、地区、文化水平的被调查者提出的问题都是相同的;调查者与被调查者之间无须通过正面的言语交流,被调查者就可以按照统一的要求作答,一般情况下,被调查者不会受调查者的主观意志所左右;问卷所得结果可以用事先确定的统计分析方法做标准化的处理。

2. 调查形式的匿名性

在问卷调查中,一般不要求被调查者署名,这能够有效地消除被调查者回答具有敏感性的问题时的疑虑,从而客观真实地回答问题,表明自己的真实想法,提高调查的信度和效度。

3. 调查的范围广、效率高

问卷调查法在实施过程中,调查者可以同时对大量的被调查者进行调查,使调查者在短时间内收集到大量的信息资料,特别是通过邮寄的方式使调查的范围大为拓

展,更加快捷、高效。从获得教育事实的角度看,它的确是一种省时、省力、效率高的调查方法。

(二)问卷的结构

一份完整的问卷一般由指导语、问题和结束语三部分组成。其中,问题是问卷的主要组成部分。

1. 指导语

指导语一般安排在问卷的开始,它起着沟通调查者与被调查者的作用,从而使被调查者在作答问卷时能够按照调查者的要求去填写,以获得真实、准确、可靠的资料。

指导语的编写一般包括以下三个部分:

(1)简单介绍调查研究者的身份和研究的目的与意义,以利于被调查者的合作。

(2)写明回答问题的要求和回答问题的方法,避免被调查者由于回答问题的方式带来的不必要的误差。

(3)应写清楚研究的用途,以消除被调查者的疑虑,提高问卷结果的可靠性。如可以说明问卷仅为科研所用,答卷者不必署名,调查者对调查结果负责保密,等等。

指导语在文字表述上应尽可能简明扼要,如果是以邮寄的方式进行调查,最后还要写上最迟寄回问卷的日期等。下面是一个问卷调查指导语的例子。

您好!这份问卷是由综合素质评价课题组组织实施的,我们希望您能如实地回答我们提出的问题,这种信息对制定政策是很有价值的,您的积极参与对这次调查也是非常重要的。请您仔细阅读每一个问题,并根据您对所述问题的同意程度在每题左侧的数字上画圈,左侧的数字1、2、3、4、5分别代表非常不同意、不同意、中立、同意、非常同意。本问卷的答案无对错、好坏之分,问卷也不需要署名,而且您所告诉我们的一切都会严格地予以保密。谢谢您的合作。

---

2. 问题

问题是问卷的主要构成部分,问题设计得是否科学、合理决定着一份问卷质量的高低。具体设计问题的要求、形式等将在后面予以详细介绍。

3. 结束语

结束语在问卷的最后,一般内容是对被调查者表示感谢,或者让被调查者对问卷做出一些简短的评价。

(三)问题的设计

1. 问题设计的基本要求

(1)语义清楚。设计的问题应使被调查者能够正确理解,不会产生歧义,对题意的理解应是唯一的,不能把两个或两个以上的问题合并成一个问题来提问。如"你是否喜欢语文和数学?"这样的问题很难做肯定或否定的回答。另外,问题的含义也不能过于抽象,如"您认为您的心理品质如何?"在这一问题中,由于"心理品质"一词过于笼统,会使被调查者难以回答。

(2)语句简洁。问题的语句形式要简单,通俗易懂。因此问题的表述形式一般采用以下两种形式:不完整的简单陈述句,或者是简单疑问句。其中所使用的不完整陈述句加上所给出的答案部分,应能构成一个完整的陈述句。在简单疑问句中,尽量不用否定词,特别应避免用多重否定词,如"您是否认为教师并非不应该惩罚学生?"像这样的问题使人难以判断问题的实质,也容易出现错误的答案。

（3）面向对象。问题的语句和措辞要适合被调查者的文化水平和职业特点,特别是当被调查者是小学生和幼儿时,就更应考虑被调查者的理解能力,尽量把复杂问题简化处理。另外,在问题中应避免使用生僻词语和新名词、新概念。

（4）价值中立。在设计问题时,应避免引证权威论断,也不应把个人的认识、观点和价值判断包含在问题之中,以免对被调查者产生暗示作用,导致特定的有倾向性的回答。如"大多数教育工作者认为体罚有碍于儿童身心发展,你同意吗?"这样的问题就容易增加肯定回答的比例。再如"您认为这起严重事故的原因是什么?"其中的"严重"一词就包含了问题设计者的价值判断,这种价值判断就可能影响被调查者对问题的认知。

（5）避免社会认可效应。社会认可效应是指被调查者按照社会规范、社会期望进行反应,而不是反映自己真实的观点、看法和态度。这种现象一般出现在回答有关思想、政治和道德等方面的问题时,人们往往按照社会公认的标准来回答问题。为避免这种社会认可效应,在设计这类问题时,应少用是否式回答,可以用情境式问题或用两难问题代替。

2. 问题的形式

根据不同的调查需要,问题可以设计成三种不同的形式:开放式、封闭式和半封闭式。

（1）开放式。问题设计者只提出问题,事先对回答不做具体、明确的规定,不事先列出选项,由被调查者自己根据问题任意作答的形式。如"你认为导致学生厌学的原因是什么?""你认为影响学生课堂参与的因素有哪些?"等问题。开放式问题常常在下列情况下采用:一是较深层次的问题设计,这时被调查者可以不受题目答案选择范围的限制,按各自对问题的理解回答,它能如实反映出被调查者对复杂问题的态度、观点和看法。二是在研究初期,对所研究的问题还不十分清楚的情况下采用。但是由于开放式问题得到的资料不是标准化的,不易进行统计分析,当数量较大时,资料的分析较为困难。同时由于回答问题费时较多,容易导致问卷的回收率降低。

（2）封闭式。问题设计者事先确定了可供选择的选项,由调查对象从问题的选项中选出一项作为回答的问题形式。如:

你最喜欢的课程是(　　　)。

A. 数学　　　　B. 语文　　　　C. 英语　　　　D. 物理　　　　E. 历史

封闭式问题具备问卷调查中的一切优点,是设计问卷时经常采用的一种问题形式。但是,在设计封闭式问题时,应注意两点要求:一是所提供的问题各选项应互不包含和交叉;二是问题选项的意义应明确。

（3）半封闭式。在设计问题时,有时设计者对问题的选项没有全部想到,或者如果问题选项全部列出太多,也没有必要全部列出,常常在可供选择的选项中列出"其他"一栏,并让被调查者做具体说明。如:

在义务教育阶段,培养学生的数学核心素养涉及的内容应包括(　　　)。

A. 学习基础知识　　　　　　　　B. 训练基本技能

C. 培养基本思想　　　　　　　　D. 积累基本活动经验

E. 其他_____(请自己填写)

半封闭式问题是一种折中的问题形式,兼有开放式和封闭式的特点。

3. 问题答案的格式

开放式问题的答案是由被调查者自由回答,一般是在问题的后面留一些空白的区域,没有专门的格式。

封闭式问题的答案格式比较复杂,主要包括以下几种格式。

(1) 是否式,把问题答案格式列出两个极端形式,"是"与"否","同意"与"不同意","喜欢"与"不喜欢"等,让被调查者从中择一。如:

我自己决定的事,别人很难让我改变主意。

A. 是　　　　　　　　　　　　　B. 否

我的行为不受班里舆论的影响。

A. 是　　　　　　　　　　　　　B. 否

你上课记笔记吗?

A. 是　　　　　　　　　　　　　B. 否

教师应由师范院校培养。

A. 同意　　　　　　　　　　　　B. 不同意

(2) 选择式,从多种选项中,选择一个或几个作答。如:

你认为国家应重点投资哪种教育?

A. 学前教育　　　　　　　　　　B. 义务教育

C. 普通高中教育　　　　　　　　D. 高等教育

E. 职业教育

你最喜欢下列哪一类体育活动?

A. 球类　　　B. 田径　　　C. 棋类　　　D. 体操　　　E. 武术

你喜欢的老师是:(可以选三项)

A. 讲课讲得好的　　　　　　　　B. 和气的

C. 关心同学的　　　　　　　　　D. 公正的

E. 多才多艺的　　　　　　　　　F. 积极参与学生活动的

G. 知识广博的　　　　　　　　　H. 善于与学生交朋友的

I. 其他

在学校组织的活动中,你喜欢去哪些地方?

A. 博物馆　　　B. 美术馆　　　C. 烈士陵园　　　D. 文物古迹　　　E. 其他

(3) 排序式。在每个问题后面列有许多答案,要求被调查者按照一定的标准排出等级或顺序。

请将下列行为依其对科学素质的重要程度排序,并把排序结果写在左边的括号内。

(　　)坚持观察活动。

(　　)能将所学的科学知识用于生活实际。

（　　）能动手进行科技制作。

（　　）能识别迷信与伪科学的谬误。

（　　）能合理安排和科学利用时间，学习讲求科学方法。

（　　）从自己身边做起，参与科学知识的普及活动。

（4）序列量表式。大多数意见或态度问题，答案常常是序列性的，常用的量表有：

a. 非常同意　　同意　　不同意　　坚决不同意

b. 非常符合　　比较符合　　符合　　不太符合　　不符合

c. 优　　良　　中　　差

d. 非常重要　　重要　　一般　　不太重要　　不重要

上述序列性的答案格式还可以用标尺来表示连续的回答类型，作为序列量表的替换形式。如：

非常同意　　　　　　　　　　　　　　　　坚决不同意

也可以用表格的形式来替代这种序列变量的答案形式。如在对学生公德意识的调查中，可用以下形式：

请你根据你的日常表现，在相应的表格内打"✓"：

	做不到	偶尔做到	做得一般	做得好
不乱扔废弃物				
不随地吐痰				
随手关灯				
礼貌待人				
遵守公共秩序				
不破坏花草树木				

这种答案格式较容易进行数学处理，同时在较多的题目列出时，还可以方便地插入一些检查可靠性的成对问题（测谎题）。如：

① 我愿意和同学们一起学习。

A. 非常符合　　B. 比较符合　　C. 符合　　D. 不太符合　　E. 不符合

② 无论干什么，我总担心出错。

A. 非常符合　　B. 比较符合　　C. 符合　　D. 不太符合　　E. 不符合

③ 见到老师，我总是惊慌失措。

A. 非常符合　　B. 比较符合　　C. 符合　　D. 不太符合　　E. 不符合

④ 我觉得我在班里很重要。

A. 非常符合　　B. 比较符合　　C. 符合　　D. 不太符合　　E. 不符合

⑤ 我喜欢独自学习。

A. 非常符合　　B. 比较符合　　C. 符合　　D. 不太符合　　E. 不符合

⑥ 我更愿意与年龄小的同学在一起。

A. 非常符合　　B. 比较符合　　C. 符合　　D. 不太符合　　E. 不符合

在上面六个问题中,第①题和第⑤题是一对含义相同但提法不同的题目,把它们放在同一套问卷中,可以直接辨别被调查者是否认真作答的情况,为分析问卷提供依据。

（四）问卷的编制

1. 问卷的编制程序

问卷的编制是研究者依据调查研究的目的和需要,编写问题形成问卷的过程,大致有以下步骤。

（1）根据研究目的,把研究课题分解成一系列研究问题。

（2）根据对研究问题的分析,确定所要收集的信息类型,并确定所要编制的问题形式。

（3）以研究课题为中心,对研究问题进一步分解,草拟出问卷问题和选项。

（4）把草拟的问卷问题按照一定的标准进行排列,并草拟出问卷指导语。

（5）征求有关人士、专家的意见,做初步修订。

（6）试测。根据预定调查规模的大小,从总体样本中抽出一小部分作为试测样本进行试测,以检查问题表述的方式、内容是否可以被调查对象理解,并求出初步的信度和效度。

（7）修订。根据试测结果,对指导语、问题内容、提问方式、选项和问题的排列方式全面加以修改和补充。

2. 编制问卷时应考虑的几个问题

在编制问卷时,应考虑以下几个问题。

（1）问题的内容。一般来说,问卷问题的设计是以研究课题为基础的,但由于在设计问题时,常常采用发散性的头脑风暴法,最终所得到的问题和选项的内容,并不一定和研究课题完全相符,这就需要研究者在编制问卷之前,先要对设计好的问题进行分析、鉴别,保证研究问题与研究课题的实质性关联。另外,在分析问题的内容时,还要对问题与问题之间、问题的各个选项之间进行分析,防止可能出现的交叉和重叠现象。

（2）问题的数量。在问卷的编制中,研究者还要考虑问卷中问题的数量是否适度。所谓适度是指通过控制时间来保持被调查者对回答问卷的兴趣和认真态度。一份问卷的回答时间一般以 30 分钟以内答完,题目以 50 道以内为宜。问题太多,回答者容易产生厌倦情绪,导致敷衍了事或不予回答;问题太少,研究者又不能得到有关研究的基本事实材料,以致影响研究结论。为控制问题的数量和问卷的长度,在编制问卷时,对于被调查者的基本情况可以安排在指导语后、正式问题以前,对于无关紧要、可问可不问的问题尽量删除,而一些较复杂的可能超出被调查者知识和能力所及范围、需要查阅资料才能回答的问题应尽量避免。

（3）问题的排列。问卷中的问题不是随意排列构成的。问题的排列应遵守一定的规则,使问题之间具有一定的逻辑联系,并保证问题的自然过渡。一般来说,问题的排列应遵循以下原则:① 同类组合。要按内容或性质,把同一内容或内容相近的问题编排在一起,使问题相对集中且有内在的逻辑联系,也可以把同类回答方式的问题编排在一起,这既便于被调查者回答问题,也便于对问卷的统计处理。② 先易后难。把容易回答的问题放在前面,把较难回答的问题放在后面。③ 先一般后特殊。先把不容易引起被调查者情绪反应的一般性问题放在前面,把容易引起被调查者情绪反应的特殊问题放在后面。④ 先大后小。把概括性、背景性的问题放在前面,把涉及具体细节的问题放在后面。⑤ 先封闭后开放。把封闭式问题放在前面,把开放式问题放在后面。另外,有些问题之间的意义关联较大,应把那些有启发意义的问题放在后面。有时候,在问卷中要加进从正反两方面加以陈述的成对问题来检查问卷回答的可靠性,在问卷的编排时,应把这些问题分开,以免造成不良后果。

（五）问卷调查过程中应注意的事项

问卷编制完成后,就可以展开正式调查,在调查过程中还要注意两方面的问题。

1. 问卷的发放

一般来说,问卷发放有三种方式,且各有利弊。

（1）当面分发。由调查者亲自分发给被调查者,请被调查者当面作答并收回。这种方式由于有情感交流,容易取得被试合作,有不明白的问题也可当面提问。这种分发方式的回收率较高,但取样范围和数量有限。

（2）邮寄。邮寄分发方式简便易行,省时省力,但由于被调查者对所研究的问题不关心或不感兴趣,或问卷的问题设计不太合理不便于回答,或其他技术问题影响被调查者回答,这些都可能影响问卷的回收。

（3）有组织地分发。这种方式是前两种方式的结合形式,可以迅速发放,且回收率较高。但这种方式要花费较大的人力,在人力不足的情况下,这种方式要受到局限。

无论哪一种分发方式,都要做好问卷分发的组织工作。如果向学校邮寄问卷,应尽可能避开假期、学期开始和结束等时间,邮寄的问卷数量应多于所需的问卷数量,最后要附上写好的回寄信封并贴足邮票。

2. 问卷的回收率

对回收的问卷,在剔除废卷的同时,要统计有效问卷的回收率。一般来说,如果回收率仅为30%,所得资料只能用作参考;回收率在50%,所得资料可以作为提出建议的依据;只有当回收率在70%以上,所得资料方可做出研究结论。因此问卷的回收率一般不可低于70%。如果有效问卷确实低于70%,可再发一封信和一份问卷,进行补测,也可对回收率非常低的地区做小范围的跟踪调查,以了解其中的原因,在可能的情况下,可以进行二次补救调查。

二、 访谈调查法

（一）访谈调查法的含义和特点

访谈调查法是调查者通过与被调查者面对面的交谈,以口头问答的形式来了解某人、某事、某种行为和某种态度的调查方法。访谈调查法的一般程序就是调查者探访被调查者,把要调查了解的问题逐一向被调查者提问,由被调查者根据要求一一回答,同时,调查者及时将被调查者的观点、意见和看法记录下来,然后对所做记录进行汇总、分析,从而得出调查结论。

访谈调查法的优点主要表现在以下几个方面。

1. 灵活性强

访谈调查中,调查者可以根据访谈过程的具体情况,采取灵活措施。如调查者可以根据被调查者的不同情况提供不同的问题,并以不同的方式问同样的问题;也可以对被调查者理解不清楚的问题做详细的解释,使被调查者理解问题的真正含义;如果调查者认为需要对某些问题做较深入的了解,可以就某一问题做进一步的补充提问或就被调查者所谈的情况进行追问。这就使访谈调查较其他调查方法具有更强的灵活性。

2. 能够使用比较复杂的访谈提纲

在访谈调查中,由于有调查者作为访谈对象的指导者,利用面对面交谈增强情感交流,可以有效消除被调查者对复杂问题的厌烦情绪;特别是受过良好训练并富有访谈经验的调查者,可以在被调查者面前灵活处理比较复杂的问题,从中得到有价值的信息,这是问卷调查往往难以办到的。

3. 能够获得直接、可靠的信息和资料

访谈调查可以通过多种途径来确定被调查者回答的真实性和有效性。调查者在与被调查者单独交谈时,可以直接观察被调查者的非言语行为和回答问题的态度,从而判断被调查者的回答是否可信。另外调查者还可以通过巧问问题来相互印证被调查者回答的真实可靠程度。

4. 不受书面语言文字的限制

访谈调查以口头交流为基本手段,它可以不受书面语言文字的限制,适用于对文化程度较低的人甚至文盲展开调查,也可对特殊群体如幼儿进行调查。

5. 容易进行深入调查

访谈调查由于受条件的限制,一般样本较小,选取的调查对象往往是对问题有较深了解的人,因此常常能收集到较深层次的观点和意见,从而使调查更加深入。

访谈调查具有以上优点的同时,还具有以下局限性。

1. 调查效率较低

访谈调查在单位时间内所能调查的样本较小,特别是被调查者居住比较分散的情况下,调查过程需要较多的人力、物力和财力,调查时间也较长,使访谈调查的应用范围受到局限。

2. 对所得资料分析处理的难度大

由于访谈调查有较大的灵活性,为使所提问题与每个被调查者更贴切,同一问题对于不同的访谈对象可以从不同的角度提问。即使在事先设计好访谈提纲的情况下,也应该根据具体访谈情境的变化,对访谈提纲做一定程度的调整和修改。另外访谈记录的方式也可能因被调查者的情况不同而不完全相同,有文字资料,也可能是录音资料,这样访谈调查所得资料就显得比较散乱,为以后的资料分析和整理带来较大的困难。

3. 调查过程容易产生偏差

访谈调查是调查者与被调查者的言语交往和互动的过程,从访谈双方来说,都可能产生偏差。双方的个人特征,如性别、年龄、文化水平、社会地位以及服装、外貌、谈话中的表情和语调等都可能会对访谈对方产生影响;有时被调查者有意掩盖一些问题,或有意误答,都会影响调查结果的可靠性;有时调查者的速记能力、访谈经验也会对调查结果产生影响,导致访谈结果的偏差。

另外,访谈调查还有诸如没有足够的时间让被调查者深思熟虑,不能保证被调查者匿名,以及易受环境的干扰等缺点。

正由于访谈调查具有上述缺点,访谈调查在教育调查研究中不占主体地位,它常常用于在大规模调查之前,对研究课题的详细了解,或用于调查之后对需要进一步了解的问题做深入研究。

(二)访谈调查的类型

依据不同的标准,可以把访谈调查分为不同的类型。

1. 结构性访谈调查和非结构性访谈调查

根据访谈过程是否有严格设计的访谈提纲,可以把访谈调查分为结构性访谈调查和非结构性访谈调查。

结构性访谈调查是由调查者按照事先设计好的访谈提纲依次向被调查者提问,并要求被调查者按规定标准进行回答的一种调查方法。这种方法最显著的特点是访谈过程的标准化,即向所有被调查者问完全相同的问题,无论被调查者提供了何种答案,都给以详细记录。有的研究者也称之为标准化访谈调查,这种访谈调查可以把随意性降到最低,便于对结果进行统计处理,但比较呆板,也失去访谈调查许多固有的优点。

非结构性访谈调查是指事先只有一个粗略的访谈提纲,在访谈过程中也不规定严格的访谈程序,只是围绕一个主题,通过调查者与被调查者自由交谈以收集资料的一种调查方法。在调查中,被调查者可以不管调查者想得到一种什么样的答案,比较随便地提出自己的观点和看法,访谈气氛比较宽松。这种方法便于全面深入地收集资料,灵活性较强,访谈双方可发挥的创造性较大。

2. 一次性访谈调查和重复性访谈调查

根据对同一访谈对象进行访谈的次数,可以把访谈调查分为一次性访谈调查和重复性访谈调查。

一次性访谈调查是指对人们在某一生活时刻或某段时期内的思想、态度及行为等方面进行的一次性完成的调查。这种类型通常用于对某个特殊问题进行的调查研究,或者在某一事件发生后人们对该事件的态度和该事件对人们产生的影响所做的调查研究,其最大特点是一次性完成,因此它所得到的结果多为静态信息。

重复性访谈调查是指在一个较长的时间内,经过多次访谈才能完成的调查。这种类型主要用于随着时间的推移和环境条件的变化,人们在思想、态度和行为等方面所发生的变化的调查研究。重复性访谈调查是一种较有深度的访谈调查,它具有较强的科学研究性质,而且得到的结果较深入并具有动态性特征。但是这种调查一般耗时较长、花费也较高,对研究者的素质也有较高的要求,因此多用于小范围的调查研究。

3. 个别访谈调查和集体访谈调查

根据调查者一次访谈对象的多少,可以把访谈调查分为个别访谈调查和集体访谈调查。

个别访谈调查是由调查者对每一个被调查者逐个进行单独访谈。在个别访谈调查中,调查者一次与一个被调查者进行访谈,有利于调查者与被调查者之间的心理沟通,对某些敏感性的问题可以进行一定深度的交流和探讨,所得资料相对真实、细致、全面,对问题研究比较深入。但由于访谈效率较低,它常常用于个案调查中。

集体访谈调查是指由调查者召集一定数量的被调查者就调查主题征求意见的一种调查类型。也有人称这种类型为"座谈"或"开调查会"。集体访谈调查如果运用得当,可以节省调查研究的时间,使调查者开阔视野,使研究更加深入;但如果运用不当,就可能听不到不同意见,导致形式主义和走过场。

除了上述分类之外,还有两种特殊的访谈调查类型,即儿童访谈调查和电话访谈调查。

(三)访谈调查的过程

1. 选择访谈对象

由于访谈调查的调查对象较少,所选择的访谈对象的情况会直接影响访谈的质量,因此必须慎重选择访谈对象。一般地,如果是个别访谈调查,在选择访谈对象时,应尽可能选择典型对象,或对研究课题有较多了解的对象,以便通过访谈获得较多的信息。如果是集体访谈调查,就要考虑所选择的访谈对象既要有代表性,又要熟悉相关情况,在此基础上,还要考虑访谈对象之间的关系,应使参加者在学历、经验等方面尽可能相似,让他们相互之间感到地位平等,防止其中有个别权威出现,以免影响他们畅所欲言。此外,还要注意他们之间是否有矛盾,以免他们担心对自己的切身利益造成影响而保留意见和态度。另外,集体访谈调查时被调查者的人数也应适当控制,一般以 6~12 人为宜。

2. 准备访谈提纲和访谈计划

无论什么类型的访谈调查,作为调查者事先都应准备访谈提纲和访谈计划,这些提纲和计划起着规范访谈过程的作用,即使是非结构性访谈调查,这种访谈提纲和访谈计划也是必要的,否则就可能使访谈过程成为不着边际的空谈。其中访谈提纲是最重要的,访谈计划也是围绕访谈提纲做的大致规划。

访谈提纲就是调查者依据研究课题确定的准备交谈的问题。在拟定访谈提纲时应注意以下两个方面:一是措辞应谨慎,所提问题的用词应用访谈对象能听懂的词语,避免使用生僻词语或新概念,同时在措辞时要尽量避免带有调查者本人的偏向;二是要妥善安排问题的顺序,以便访谈时能自然地从一个问题转到另一个问题。如在调查学校教学质量问题时,可以设计出以下几个问题作为访谈提纲:

(1)您认为教学质量的含义是什么?教学的高质量有哪些表现?

(2)您认为影响教学质量的因素有哪些?

(3)您所在的学校如何来保证教学质量?为提高教学质量,学校采取的经常性措施有哪些?为提高教学质量,学校采取的临时性措施有哪些?

(4)您认为国家和地区应采取什么措施来提高学校教学质量?

(5)您认为有必要在学校内部建立一个保障教学质量的专门机构吗?如果没有必要,您认为这个职能应由哪个部门来完成?

3. 正式访谈

在访谈各项工作准备妥当后,就可以进行正式访谈。在正式访谈中,调查者应尽可能主动、友好、健谈,努力营造一个融洽和谐的氛围,让访谈对象感到无拘无束,然后可以很自然地按照预定计划进行访谈。

（四）访谈调查常用的技巧

访谈技巧是指调查者在访谈调查中,为使调查顺利进行,应该掌握的有关访谈技术和方法。由于访谈调查是调查者与被调查者之间的互动过程,被调查者能否接受访谈,被调查者的态度等都直接影响访谈调查的结果的全面和可靠程度。因此,访谈调查者除了要做好科学严密的准备工作之外,还要具备一些访谈的技巧。下面就针对访谈调查过程中可能遇到的一些共同的问题,提出一般的处理方法和技巧。

1. 接近访谈对象

访谈调查者进行访谈的第一步就是接近访谈对象。一般来说,调查者在见到访谈对象时,首先应做自我介绍,说明来意,同时还要说明调查目的,为什么把他们选作调查对象,他们在调查中的重要性以及本调查的科学价值和社会意义等,目的是调动访谈对象的积极性,增强他们与访谈调查者的合作意识。

2. 正确看待拒绝

在访谈调查中,访谈者应用肯定的语气征求访谈对象的意见。如要上门进行访谈调查,调查者可以用诚恳的语气说:"我有几个问题向您请教,希望您不会拒绝。"而不要用"您有空吗?""您可以接受我的访谈吗?"等容易被访谈对象拒绝的话。即使如此,在访谈调查中因种种原因也会经常遭到拒绝。在这种情况下,访谈调查者不必气馁,而应及时地分析被拒绝的主观和客观原因,根据具体原因采取不同的处理方法。如果调查者认为访谈对象不理解访谈调查的性质和目的,认为访谈是做无用功,调查者就应该做进一步的解释。如果访谈对象愿意接受访谈,但由于各种原因不能马上接受访谈,访谈者应有礼貌地告辞,再约访谈对象认为方便的时间。

3. 追问技巧

在访谈调查过程中,有时访谈对象答非所问,或做一些模糊的或空洞的回答,这时追问就显得很有必要。追问的作用就是引导访谈对象回答得更全面、更准确。在追问时要注意的是,追问必须是中性的,不可带有调查者的主观倾向,如"这是什么意思?""请再说下去。""为什么你这样认为呢?""你认为还有什么另外的理由吗?"等。如果调查者在设计问题时,对某问题需要追问,则应在问题的后面设计出追问短语,将有利于准确、迅速地追问。

4. 记录技巧

访谈调查的结果是以调查的记录为主要表现形式,最终结果分析也是以记录作为主要依据。记录分为当场记录和事后追记两种形式,无论哪种形式都应从两个方面做记录,一方面要迅速、准确地记下访谈对象所陈述的内容,另一方面,还要随时观察访谈对象的面部表情和形体动作,并不失时机地记录下来。在记录的同时,如果能够征得访谈对象的允许,还可以对访谈过程录音,但这可能产生一定的负面影响,使访谈对象感到紧张,影响调查结果的真实性。

三、 测量调查法

（一）测量调查法的含义与特点

1. 测量调查法的含义

测量调查就是用一组测试题(测验)去测定某种教育现象或实际情境,从而收集数据资料进行研究的一种方法。从某种程度上说,测量调查可以说是问卷调查的一种特殊形式,但两者也有所不同,这种区别应从测量的定义及实质中看出。

根据通行的定义,测量就是根据一定的规则把所考察对象的某些属性用数字表示出来的过程,其实质是"按照法则给事物指派数字"。这一定义表明测量包含了三个要素:① 测量对象——事物及其属性;② 测量工具——法则或规则;③ 测量结果——数字(其实也是一种符号)。由此可见,要正确地实施一种测量,首先应明确要测量的事物及其属性是什么,即明确测量目的和测量内容。其次,要确定测量工具,即确定一定的规则,以便明确如何将不同事物或事物属性用数字和符号表示出来。最后必须明确,数字和符号不是需要测量的事物或事物属性本身,而仅仅是用以代表事物或事物属性的一种标志,只有赋予它们以量的意义,它们才能被用于测量。

2. 测量调查法的特点

由上述内容可以看出,测量调查法极力强调对测量对象的数量化转化,这是测量调查法最明显的特征,也是区别于其他调查类型的一个标志。但测量调查法作为教育调查研究的重要类型,它与一般的教育过程中的测量,如传统的考试方法相比,又有以下一些特点。

(1)取材范围广。考试一般限于所教的某一学科,涉及的范围不确定。用于调查研究的测量取材范围较广,可涉及各个学科、各种可进行量的分析的材料或教材。

(2)有较严密的工具编制过程。考试题一般由教师个人编制,在所教学的班级使用。用于测量调查的测验题也可以由教师编制,但是多数情况下是由有关专家主持审慎地选题,并对试题的信度、效度进行测试分析,经过试测修改后定稿,编制过程较严密。

(3)有严格的施测过程。考试相对来说不太规范严格,而用于调查研究的测量却是严格控制的,且有指导语和施行规则。

(4)一般使用常模对结果进行解释。考试一般无常模,加上评分者的主观因素影响,易使对测量所得分数的解释标准不客观。用于测量调查的测验一般都有一个常模参照系,用于在测量后对分数做出解释。

(5)应用范围更广。测量调查法不仅可以用于对学生学业成就的测量,而且可以用于对学生智力、能力、人格的测量。

(二)测量调查的分类

根据不同的分类标准,测量调查可以分为不同的类型。

1. 依据测量层次分类

测量层次由斯蒂文斯在1951年创立并被广泛采用,其基本思想是把教育测量划分为定名测量、定序测量、定距测量、比率测量四个层次。

(1)定名测量。定名测量是测量的最简单的数值化形式,它是给事物指派某一类别或特征的符号或称呼,而无数量大小的含义。比如,区分性别只需用男性和女性两种符号,也可以用"1"和"2"分别代表男性和女性,这里的"男"和"女"与"1"和"2"并不表示序列关系和倍数关系,只是一种符号。定名测量在定名时,必须注意相斥性和周延性。所谓相斥性,反映的是每一种情况只适用于一种类型;所谓周延性,是指每一种情况都有一个合适的类型。比如,就性别来说,当把性别分成"男"和"女"两类时,对于任何一个人只能且必须属于其中的一个类型。定名测量不表示序列关系和倍数关系,不能进行加减乘除运算。在统计上适用于次数统计、百分比、列联相关、x^2检验等。

（2）定序测量。定序测量是按事物的大小、轻重等特征依次排列,进行分类和比较,这类测量的数值具有等级性和序列性的特点。它和定名测量一样,要遵循相斥性和周延性原则,但定序测量的结果有大小和等级的序列关系。比如,体育比赛结果按名次排列,对儿童阅读能力划分为优、中、差三个等级,这些都属于定序测量。尽管定序测量的结果可能是数量化的,比如,第 1 名、第 2 名、第 3 名……但这并不能表明各数值之间的差距是相等的,即第 1 名和第 2 名之间的差距与第 2 名和第 3 名之间的差距并不一定相等。因此,定序测量也不能做加减乘除运算。这种测量所适用的统计有:中位数、百分位数、等级相关系数等。

（3）定距测量。定距测量是用数值来表示事物之间差异的大小,它是在定序测量的基础上,进一步确定了相等的单位,即这种测量所得结果之间的差异单位是相等的。如日常生活中用温度计测出的温度:5℃、6℃、30℃、31℃……只要温度差相等,我们就认为它们的单位差异是相等的。在教育测量中,对学生智商测量的结果就是定距测量。我们一般认为,智商为 140 与智商为 130 的差异和智商为 80 与智商为 70 的差异是相等的。但是这种测量所得的结果没有绝对零点,而是人为规定的零点。正如温度为 0℃ 时,并不是没有温度一样,智商为零的儿童也并非完全没有智力。因此,定距测量的结果只能进行加减运算,不能进行乘除运算,如不能认为 10℃ 是 5℃ 的两倍,也不能认为智商是 160 的人的智商是智商为 80 的人的智商的两倍。定距测量的结果可以适用于许多不同的统计方法,如平均数、标准差、相关系数、t 检验和 F 检验。

（4）比率测量。比率测量是测量的最高层次,它包含了前三个层次的所有特点,而且有一个绝对的、固定的、非人为的零点,这是它与前三个层次的主要区别,也是它与定距测量相区别的唯一标准。因此,判断一个测量结果是否为比率测量,主要看它是否有一个绝对零点,即看这种测量的零点是否被看作所测量项目的性质意义。依据这一标准,我们可以判定人数、年龄、经费开支、体重、身高等都可以用于比率测量,这种测量既可以用于加减运算,也可以用于乘除运算。

上述四个层次的测量是密切联系在一起的。每一层次都是建立在位于其前的层次的基础之上,每一高的测量层次均具有比它低的测量层次的属性再加上它自己的几个附加属性。从这个角度看,这四个层次在表示事物及其属性方面的功能是逐步递进的,即后一种测量均具有前面测量层次的所有功能,但反过来就不然。因此在教育科学研究中,一定要注意区分事物各种不同的测量层次和方法,并选择相应的数据处理方法,不能为增加数据处理的科学性而随意搬用统计方法,否则其结果只能走向科学的反面。

2. 依据测量工具分类

测量工具主要是指测验。测验也有不同的类型,依据测试方法可分为标准化测验和非标准化测验;依据施测对象可以分为个别测验和团体测验;依据测验时间可以分为速度测验和难度测验;依据测验材料可以分为文字测验和非文字测验;依据测验内容可以分为成就测验、智力测验、能力倾向测验和人格测验。测量调查依据测量工具分类,主要是依据测验内容,相应地分为学业成就测量调查、智力测量调查、能力倾向测量调查和人格测量调查四种类型。

（1）学业成就测量调查。学业成就测量调查是指利用学业成就测验进行的测量调查,目的是测量被调查者某种学科或训练的学业成绩,了解其已达到的水平,即在一个规定范围内知识或技能方面目前所达到的熟练水平情况等。

（2）智力测量调查。智力测量调查是指利用智力测验进行的测量调查,目的是测量被调查者智力的高低。它用一组标准刺激物引起被试者的反应,然后根据这些反应来度量被试者的智力。智力测验的内容不受学习内容的限制。

（3）能力倾向测量调查。能力倾向测量调查是指利用能力倾向测验进行的测量调查,目的是测量被调查者潜在的某种能力,包括一般能力和特殊能力,了解其发展倾向。

（4）人格测量调查。人格测量调查是指利用人格测验进行的测量调查,目的是测量被调查者的气质、兴趣、态度、价值观、性格等人格特征。

（三）测量调查在教育科学研究中的作用

1. 诊断作用

通过测量调查可以进行量的分析,收集信息数据,以支持某一论点或得出新的结论,提高教育科学研究的科学性。

同时,对学生学业、智力能力水平以及行为倾向的诊断,包括教学过程中教师通过测验对学生实际情况的甄别,可以发现学术性向和特殊性向的优异学生,而且根据测验提供的信息,可以更好地对学生进行因材施教、个别指导。

2. 建立和检验科学假设

通过测量调查,可以帮助研究者建立假设,并同时用测量来检验这一假设。如某重点中学为了探索当前中学生知识与智力发展的相关情况和该中学学生知识与能力的发展特色,设计了思维能力、记忆能力测查题,通过测验获得的信息,分析出该中学学生的基本特点,建立起该中学"学生知识与能力发展水平基本是同步的,但是也存在发展不平衡的倾向"这一假设。

3. 评价作用

测量调查通过提供人的行为的描述,告诉研究者关于研究对象行为的某种量的程度,为科学评价提供可靠依据。

评价的范围:一是对学制、教学计划、教学大纲、教材与教法的评价;二是对教师、学生的评价;三是对教育科学研究成果的评价。

4. 预测、选拔功能

测量调查通过独有的预测、选拔功能为教育科学研究提供重要条件。如对超常儿童的研究,就需要事先利用智力测验、能力倾向测验和人格测验等工具对某一年龄段的儿童进行测量调查,预测、选拔出一些超常儿童,在此基础上进行对超常儿童的追踪研究和教育。

（四）测验工具的编制

由上可知,测量调查的工具包括学业成就测验、智力测验、能力倾向测验和人格测验,其中后三种测验都属于心理测验。这些测量工具大多已经由国内外权威制成现成的测验,并经多年试用有了比较稳定的常模,其中不少是国际通用的权威性测验,经过我国教育科学研究工作者对它们的修订,使之更适合中国的实际。如中国比内测验、韦克斯勒智力量表、瑞文标准推理能力测验、卡特尔 16 种人格因素量表等(见本章附录)。这些测验一般不需要调查者单独修订,而是根据研究的目的和需要恰当地选用。这里所谈的测量工具的编制主要是指学业成就测量调查中所用的学业成就测验的编制。

学业成就测验的编制要经过以下几个步骤:

1. 确定和表述测验目标

测验目标是编制测验的指南,也是对测验结果分析的依据。测验目标一般依据泰勒探索法进行编制,这种方法包括三个步骤:

(1) 以较为广义的术语来表述课程的一般目标。

(2) 把每个目标分解成为内容与行为成分。

(3) 制作双向细目表(也称规格明细表)。双向细目表可看作一个二维矩阵,它的一个维度是目标维,这里的目标维通常采用国际上通用的布卢姆的认知领域的分类来确定,即知识(包括特定事物的知识、处理特定事物的方式和手段的知识、某一范围内的普遍事由和抽象概念三个亚类),领会(包括转换、解释和外推三个亚类),应用,分析(包括要素分析、关系分析和组织原理分析三个亚类),综合(包括做出独特的信息交流、制订计划或成套操作、推导出一套抽象关系三大亚类),评价(包括按内部证据判断和按外部准则判断两个亚类)。这种分类在我国使用过程中,很多人对它加以改造,形成识记、理解、简单应用、综合应用、创见五个层次。双向细目表的另一个维度就是测量调查时需要调查的内容,也就是依据调查目的界定调查的内容范围。表 5-1 就是一个对初中学生综合理科的测量调查中使用的双向细目表。

表 5-1　初中学生综合理科双向细目表

内容	目标					合计
	识记	理解	简单应用	综合应用	创见	
生物世界	3	5	6	5	1	20
资源利用	2	3	3	2	0	10
物质与能量	7	9	8	7	2	33
气象	2	4	8	4	0	18
宇宙	2	5	3	1	0	11
地球	2	2	2	2	0	8
合计	18	28	30	21	3	100

2. 选择试题类型编制测验题目

测验的双向细目表确定后,就可以依据双向细目表选择不同的试题类型编制具体的测验题目。

试题类型总的来说有两类:备择式和自由反应式。

第一类的备择式试题有以下几种类型:

（1）选择题。一个问题后有三个、四个或五个备选答案,其中只有一个是正确的为单项选择题,有两个以上答案是正确的为多项选择题。选择题的基本形式是一个陈述句或疑问句作为题目主干(主干可以是一个问题,也可以是一个不完全的叙述,它要包含主要陈述的内容),后面几个选项供选择。

多项选择题应用范围较广,要注意出题的迷惑性,选项顺序要随机排列。

（2）判断题,也叫是非题、正误题。主要是让被试判断是与非,"是"——要求"再认"已学过的知识,"非"——要求从相似与相异之点进行辨认,从而检查被试对问题的辨认能力。

编制此类题目,要注意以下问题:叙述要简单明了,避免使用模糊的词语;每题只有一个问题,避免出现两个以上概念;论点陈述不照搬书本上的词语;真与假、对与错的叙述要同样长、同样多,题目数要大致相等,排列不必有序;另外,前后题目不要有暗示作用。

（3）匹配题(配对)。此类题主要用于测验被试对字词、文法、日期、事件、地名、人物、公式、原则等关系的了解与联结的能力。

编制此类题目,左列陈述的应与右列是同质形式,同一题目应放在同一张纸上。如果匹配题范畴在 2、3 对以上,10 对以下,还可用不完全配对。例如:

国名与首都:

＿＿＿＿＿＿法国	1 东京
＿＿＿＿＿＿挪威	2 仰光
＿＿＿＿＿＿埃及	3 奥斯陆
＿＿＿＿＿＿日本	4 巴黎
＿＿＿＿＿＿缅甸	5 开罗
	6 斯德哥尔摩

（4）改错题。用一句带有错误的陈述句,在句中若干处划上线,标上号码,要求被试指出相应号码的错误。如语文测验,可设计不同类型的错误,有字词错误、语法错误,或内容错误、逻辑错误。

备择式题目,答案固定,解答迅速,试题容易编制,学生容易作答,评阅省时,应用广泛。但被试常有猜测成分,受机遇影响大。

第二类的自由反应式试题有以下几种类型:

（1）填空题。有人认为填空题在提供答案时,受到较大的束缚,不宜列入自由反应式试题之中。但由于它也是留一定空白让被试"开放式"地回答,也可以列入自由反应式试题之中。但要注意,空出的地方应是关键性的,而且每句话中空白不要太长。评分时,答案如果是变式,也应适当给分。

（2）简答题。此类题目采用直接疑问句的形式提出问题,被试往往只用一两句话回答,用于考查被试对某些概念、原理或原则的回忆情况。

（3）论文题。此类题目主要用于考查被试对所学知识的组织、综合、表达、评价能力,属于再创造范畴。这种题能给予被试独立思考、发挥能力的机会,但评分不易客观,加上答题时间有限,不易测出构思能力。因此,要制定好评分标准、规则,同时要让被试了解答题的要求。

（4）应用题。主要用于检查被试应用所学知识解决实际问题的能力。题目中应包含解决问题时需要的信息，并适当多一些信息以检查被试的判断选择能力。题目陈述要清楚，能让被试看出答题的形式。

（5）操作题。让被试了解操作程序步骤及要求，并限定被试完成操作所需的时间，如画图、走迷津和拼图等。

自由反应式题目，由被试自己作答，答案灵活，能反映被试较深层的信息，但评分不易客观，也不易做题目分析。

3. 审查试题，编制试卷

试题拟好后，应进行审查，编辑成试卷。试题的审查包括：检查试题的题意是否完整明确；试题内容有无科学性的错误；试题是否为被试提供了正确的答案线索，尤其是前后题目是否有相互提示答案的问题。然后对照双向细目表中内容与目标的要求选出试题，编成试卷。

试卷的编制，一般按试题的类型来编，即将是非题、选择题、填空题等不同类型的试题集中在一起。在各类题型中，按从易到难的顺序进行编排。

在试卷编制时还必须编写出简明扼要的答题说明。答题说明一般包括下述内容：在卷首应写明测验的目的、测验的长度和时间的限制，以及应注意的事项；在每一类题目的题首，应写明答题的方法、记分的方法等，必要时，应举例说明。

教育科学研究常遇到需要进行多次测验，需要多次使用某个测验的情况，这就需要编制复本。复本的关键在于等值。试题的分法多种多样，如可以把编好的试题按性质和难度相近依次排列为 $1,2,3,4,\cdots$，依据这一顺序可以分别把它分成两份等值的测验 A，B 或三份等值的测验 A，B，C。分法为：

| A | 1 | 3 | 5 | 7 … |
| B | 2 | 4 | 6 | 8 … |

或

A	1	6	7	12 …
B	2	5	8	11 …
C	3	4	9	10 …

（五）对测量工具的要求

一份好的测量工具需要具备以下四个方面的测量要求。

1. 有较高的效度

效度是反映测量的结果与测量所要达到的目标二者之间相符合的程度，也就是一个测验能实际测出其所要测量的特性或功能的程度。它是衡量测量的正确性和有效性的指标。比如算术测验的目的是测量儿童的算术能力，而不是测量儿童的语文水平。效度高的算术测验，所测量的结果不应受被试者语文程度的影响。由此可见，一个测验效度的高低，是与这个测验的目的相联系的。如果这个测验测出了所要测量的东西，即达到了测量的目的，这就是一个效度高的测验，否则就是一个效度低的测验。同一个测验，有可能对于这个测验目的来说是一个效度高的测验，而对另一个测验目的来说就是一个效度低的测验。

对于任何一种测量来说，最重要的就是效度问题。特别是在教育领域中的测量，效度总是比在其他领域里的测量更为重要。这是因为在其他领域中,都是用一定的测量工具去测量客观事物一定的属性。比如,人们决不会用尺子去称物体的重量,也绝不会用秤去量物体的长度。而教育测量是一种间接测量,它只能通过可测的外部表现(如言语和动作等)去间接地测量某一属性,而这些外部表现与要测量的属性(如智力、知识等)一般仅具有相关关系,客观上容易影响测量的效度。因此,教育测量调查应特别重视测量的效度,尽可能地提高效度。

2. 有较高的信度

信度是指可靠性或一致性。在教育测量中,信度是反映测验所得结果的可靠性和稳定性。即若对同一被试者施以同一测验,每次测验的结果越接近、越一致,则这个测验的信度就越高;反之,信度就越低。从理论上说,只有用同一工具多次测量同一对象而获得相同的结果时,才能认为这个测量结果是可靠的,信度是高的。

信度对于教育测量有着比对其他测量更为重要的意义。因为教育测量的对象主要是精神现象,所测量的特性(如智力、品德等)不易把握,容易变化。为了能真实地反映测验对象的某种特性,必须更加注意测量的信度,确保测量结果的可靠性。一般对于学业成就测验来说,信度系数应在 0.9 以上,智力测验的信度系数应在 0.85 以上,人格测验的信度系数应达到 0.7~0.8。

3. 有合适的难度

难度是指测验的难易程度。一般来说,题目难度是以答对该题人数与参加测验总人数之比作为衡量题目难度的指标,测验难度则是以测验中各题目难度的平均值求出。一般测验的题目难度应控制在 0.2~0.8,测验平均难度应接近 0.5 为好。

4. 有理想的区分度

区分度是指测验对被试者实际水平的区分程度,也就是测验对应试者的辨别能力。区分度高的测验,对被试的学业、智力、能力等特性具有较高的鉴别力。实际水平高的被试就得高分,水平低的被试就得低分。而区分度低的测验,实际水平高与实际水平低的被试的得分无规律或差不多,不能辨别出水平的高低。因此,好的测验应具有较高的区分度。区分度系数在 -1 到 1 之间,一般要求对一个测验的区分度应达到 0.4 以上。

四、 调查表法

(一)调查表法的含义与特点

1. 调查表法的含义

调查表是调查者依据研究课题设计出调查统计表格,分发给被调查的单位或个人,请他们填写,以便了解某一地区或某一单位的工作现状和发展趋势。

调查表的基本过程是研究者在确定研究课题的基础上,把研究课题分解为若干调查表格,设计出各类调查表,分发给被调查者填写,最后进行统计分析以获得所需的数据资料。

2. 调查表法的特点

(1)调查范围较广。调查对象多是某一教育群体或某一地区教育的整体情况,通过调查表格可以一次性了解大量信息。

(2)规范、简明,便于填写和统计。调查表格的各种要求在表格中一目了然,一般不需要多加说明,被调查者就可以按要求填写。调查表收上来后,调查者也可以方便地依据表格的各项要求进行统计分析。

但是由于调查表一般是由对该地区整体状况有全面了解的人填写,这就常常需要借助于一定的组织关系或行政关系才能得到数据资料,可能对资料的可靠性带来影响。同时由于调查表法较偏重于对事实资料的收集,如某教育群体的概况、发展现状等基本数据资料等,这种资料的收集方式只能限于对一般情况的了解,很难深入了解事物的本质。

(二)调查表的种类与基本要素

1. 调查表的种类

调查表依调查项目的多少可分为单一表和复合表两类。

(1)单一表是指按一个分类标准设计的调查表。如表 5-2 所示。

表 5-2　我国 2018—2022 年小学教师数

年份	2018 年	2019 年	2020 年	2021 年	2022 年
教师数					

填表说明:

(2)复合表是指按两个或两个以上分类标准设计的调查表。如表 5-3 所示。

表 5-3　义务教育年度经费

年份	财政支出		教育支出		义务教育支出		义务教育经费占的比例
	绝对值	增长率	绝对值	增长率	绝对值	增长率	

填表说明:

2. 调查表的基本要素

调查表一般由以下要素组成:

(1)标题:对本表基本内容所做的简要概括说明。

(2)序号:在有多个表格的同时,应在标题前加序号以示区分,如表 1、表 2。

(3)标目:作为表格的分类标志分为横标目和纵标目,分别写在表的上方和左方,说明调查表所要研究的问题各具体组成部分的内容。

(4)数字:是被调查者需要填写的部分。

(5)表尾:说明调查单位、调查员或填表人、填表日期。

(6)表注:包括填表说明、数字资料的来源、特殊项的注释等。

(三)调查表编制的基本要求

编制调查表时要掌握以下基本要求,尤其要抓好两个关键环节:一是明确研究问题;二是了解具体内容。

1. 明确研究问题

根据研究课题拟定研究的具体问题,从而界定调查表涉及的内容范围。如对义务教育的发展状况进行研究,就应从以下几个方面收集资料:

(1) 义务教育发展的现有规模。

(2) 义务教育阶段教职工队伍的构成情况。

(3) 义务教育阶段的学生状况。

(4) 义务教育阶段的经费来源及构成情况。

(5) 义务教育阶段的校舍及设备情况等。

2. 了解具体内容

要对每一基本方面的具体内容有准确的把握,客观地反映事物的全貌及蕴含的特性,便于分析和对比。如需要了解教育经费问题,应认识到教育经费主要包括:① 教育投资的主要来源,如国家投资、地方投资、群众集资、学校自筹及学杂费收入等;② 教育经费的内部构成,有工资、行政管理费、教学费、科研费、助学金、设备购置费、修缮费、离退休金、职工福利费等;③ 教育投资的分配和使用,分为教育事业费部分和教育基建费部分。

除了这两个关键环节外,要编制好调查表,还要遵循以下基本要求。

3. 适用

要求填写的项目应是调查研究所必需的,而且是被调查个人或单位力所能及的。

4. 准确

调查表内各项目含义应明确,必要时可做解释;项目之间要有联系,以便相互补充和核对答案的准确程度,如除"入学率"外,还可设"适龄儿童数"和"入学儿童数"等。

5. 规范

标题应简明醒目;表后应附有统一的填表说明,规定统一的填写格式、统一的计量单位等。

本章小结

教育调查法是教育科学研究中一项最基本的研究方法。本章主要分析了教育调查法的含义、特点和类型;介绍了使用教育调查法开展研究的实施步骤;重点分析了教育调查研究中的问卷调查法、访谈调查法、测量调查法和调查表法的基本原理、相关技术和实施规范。

思考与练习

思考与练习
参考答案

一、选择题

1. 在教育科学研究中,需要深入了解某一事物的原因,可以选用(   )。

A. 问卷调查法   B. 访谈调查法   C. 测量调查法   D. 调查表法

2. 在教育调查研究中,利用大数据结果对教育现象进行分析和研究,这种调查研究是(   )。

A. 普遍调查   B. 抽样调查   C. 问卷调查   D. 访谈调查

3. 若对同一被试施以同一测验,每次测验的结果越接近、越一致,则这个测验的质量就越高,这一质量标准是(   )。

A. 信度   B. 效度   C. 难度   D. 区分度

二、思考题

1. 教育调查法有哪些特点?
2. 试比较问卷调查法与访谈调查法的优缺点。
3. 测量调查法在教育科学研究中的作用是什么?
4. 一个良好的测验应达到什么基本要求?

三、拓展题

研究者想调查某地区教师课程理念的现状,假如你是这位研究者,请设计一份教师调查问卷和访谈提纲。

拓展练习及
参考答案

附录:

国内常用的教育测验

一、中国比内测验

测验性质:个别智力测验

测验内容:分为语言文字、数目、解题和技巧四类,共51个项目:

1. 图形大小比较	25. 剪纸
2. 说物体名称	26. 指出谬误
3. 比长短线	27. 数学巧算
4. 拼长方形	28. 方形分析(一)
5. 辨别图形	29. 心算(三)
6. 数组扣13个	30. 迷津
7. 问手指数	31. 时间计算
8. 上午和下午	32. 填字
9. 简单迷津	33. 盒子计算
10. 解说图画	34. 对比关系
11. 寻找失物	35. 方形分析(二)
12. 倒数20至1	36. 记故事
13. 心算(一)	37. 说出共同点
14. 说反义词(一)	38. 语句重组
15. 推断情境	39. 倒背数目
16. 指出缺点	40. 说反义词(二)
17. 心算(二)	41. 拼字
18. 寻找数目	42. 评判语句
19. 寻找图样	43. 数立方体
20. 对比	44. 几何形分析
21. 造句	45. 说明含义
22. 正确答案	46. 填数
23. 对答问句	47. 语句重组
24. 描画图样	48. 校正错数

49. 解释成语

50. 明确对比关系

51. 区别词义

为了节省测验时间,编者从51道题中,选出11、18、27、28、29、34、38、42八个项目组成《中国比内测验简编》,每测1人约需20分钟,使测验得到简化。

适用对象:2~18岁的城乡儿童和青少年。

操作要点:首先根据被试的实足年龄从表5-4中查到测验的起点题,然后按指导书的测验程序和要求进行测验。每通过1题记1分,连续5题不通过即停止测验。最后根据得分(包括补加分),从指导书的智商表中查出该被试的智商。

表5-4 《中国比内测验》各年龄组测验起点题

年龄	测验起点题	补加分
2~3	1	0
4	1	0
5	1	0
6	7	6
7	7	6
8	10	9
9	14	13
10	18	17
11	20	19
12	22	21
13	22	21
14	23	22
15	23	22
16~18	24	22

二、瑞文标准推理能力测验

测验性质:非文字式的智力(抽象推理能力)测验。

适用对象:儿童、青少年或成人,不同性别,个人或团体。

测验内容:共60道题,包括5个系列,每个系列12道题。题目形式是非文字式图形,被试根据图形的规律进行填补。

这5个系列分别是:

1. 测知觉辨别力、图形想象力

2. 测类同、比较、图形组合

3. 测比较、推理

4. 测系列关系、比拟、图形组合

5. 测互换、交错

操作要点:每张图上端有一张大图,下端有6张小图。大图上留有一片空白,6张小图中仅有1张补在这个空白处恰好合适。受试者需从选项中选出1个能完成该题图形组合的最佳答案。按测验手册施测。测验完毕,按标准答案评分。最后把得分对照常模表,即可得出被试的智力(抽象推理能力)等级。

三、卡特尔16种人格因素量表(简称16PF量表)

测验性质:个别或团体人格测验,自陈量表(自我评定问卷)。

适用对象:16岁以上具有高中程度阅读能力的成人。

测验内容:16种人格因素分别编制16个分量表,每个分量表由10~13个项目组成,共184个项目,每个项目(问句)有三种反应。凡答案与记分标准符合者得2分,相反者得0分,中间者得1分。

16项人格因素及该因素代表符号是:

1. A 乐群性

2. B 聪慧性

3. C 稳定性

4. D 恃强性

5. F 兴奋性

6. G 有恒性

7. H 敢为性

8. I 敏感性

9. L 怀疑性

10. M 幻想性

11. N 世故性

12. O 忧虑性

13. Q_1 求新性

14. Q_2 独立性

15. Q_3 自律性

16. Q_4 紧张性

说明:16种人格因素是各自独立的,它们间的相关度极小,既能明确描述16种基本人格特征,推算出许多种可以形容人格的次级因素类型(平和与焦虑型 X_1,外向与内向型 X_2,感情用事与安详机警型 X_3,怯懦与果断型 X_4),还可以对心理健康者、从事专业而有成就者及创造力强者的人格因素进行推算预测,以此了解深层次的人格特征并进行职业指导。经我国学者们的研究修订,现有成人、大学生和中学生分男、女共6个全国常模表可供使用。

操作特点:被试凭直觉性反应依题回答,不遗漏和跳答。用计分模版计分,并通过查阅常模表将原始分数转换成标准十分(比标准九分多一个等级),再按标准十分在剖析图上找到相应圆点,最后将各点连成曲线,即可得到一个人的人格轮廓图形。

第六章　教育实验法

学习目标

1. 理解实验法的原理、概念、组成要素、特征和分类。
2. 领会教育实验设计的内涵和标准。
3. 掌握教育实验的效度、变量控制及实验设计与实施的要领。
4. 能结合自己的教育实验选题编写教育实验研究方案。

建议学时

6 学时。

教师导读

"教育科学的生命就在于实验,没有实验也就没有教育科学。"实验法在教育科学发展中起着不可替代的作用,没有教育实验,就不能很好地检验我们的设想是否科学,无法准确揭示教育的必然规律,新的教育理论就很难建立。

实验法具有集观察、测量、统计和理论描述于一体的综合性,其内容十分丰富,大体包括教育实验设计、教育实验实施和实验结果分析等。教育实验设计的主要目的是为了提高实验的内在效度和外在效度;教育实验的实施主要体现在实验变量的控制上,表现为对因变量的确立与测量、自变量的选择与操纵以及无关变量的控制。根据实验设计中对变量的控制程度,教育实验大抵可分为前实验、准实验和真实验三大类型,不同类型的教育实验有不同的设计格式。

重要概念和术语

实验法　实验变量　前实验　准实验　真实验　实验设计　内在效度　外在效度　随机分派实验组控制组后测设计　随机分派实验组控制组前后测设计　所罗门四组设计

第一节　教育实验法概述

一、实验法的含义和特征

实验法是研究者根据研究假设,创设一定的情境,控制一些无关因素,主动地操纵某些实验因素,从而验证假设,确定实验因素与实验结果之间因果关系的一种研究方法。

实验法与观察法有明显的区别。观察法是在自然条件下对客观对象加以研究,而实验法则是在人为的条件下对客观对象加以研究。如果说观察法是研究者在听客观事物"演讲"的话,那么,实验法则是研究者向客观世界"发问",与客观对象"谈话"。观察法是"待物之变",实验法是"致物之变"。实验法与观察法的具体差异见表6-1。

表6-1　实验法与观察法的比较

研究方法	观察法	实验法
研究环境	自然环境	人为环境
研究者所处地位	听"演讲"	"发问"
研究者的作用	"待物之变"	"致物之变"

因此,教育实验法有如下特征:

第一,教育实验法以科学的假设为前提。研究教育方法体系中的观察法、问卷法、访谈法、测量法、案例法、叙事法等,它们本身并不一定要求有科学的假设。但教育实验法却不相同,教育实验要探求的是自变量与因变量之间的关系,实验者在实验前必须对这一关系提出明确的科学假设。

第二,教育实验法是通过改变研究对象的性质和状态来研究的方法。它要求对研究过程中涉及的各种变量做出分析与控制,没有控制就没有实验。教育实验中所涉及的变量主要有三类:自变量、因变量和无关变量。对于三种变量分别采取不同的处理方式:对自变量采取主动的操作,即由实验者决定将自变量施加于何人,如何施加,使实验对象接受不同的实验处理,或改革教材,或改革教学方法,或改善环境条件;对因变量做准确的测量,以判定自变量作用的大小;对无关变量要采取消除、恒定、抵消或平衡等方式来排除其对实验结果的影响。

观察法与调查法是以不干预研究对象的原有状态为前提的,它们不要求人为控制研究过程中的相关变量。

第三,教育实验法是用来揭示变量间因果关系的有效方法。观察法、调查法是任一切现象自然发生,不用人力去干涉,研究者只能消极地等待事物的某些现象、性质呈现出来,才能观察到并进行记录与研究。通过观察和调查,我们可以看出事物间存在着众多的联系。但是,这些联系中,究竟什么是因,什么是果,还难以做出确定的判断。而实验法是在人为控制的条件下,主动地促使事物的某些现象、性质的出现,使事物间的因果关系以可观察的形态显现出来。例如,学生的学习成绩与许多因素有关:教师的教学水平、学生的智力水平、学生的努力程度等,若要考察某一因素对学生学习成绩的影响,就可以控制其他因素不变,使其中的某一因素发生变化,看这一因素的变化对学习成绩的影响,以确定因果关系。而观察法与调查法则不易做到。

第四,实验法要求有验证,有严格的操作规则、精确的测量手段和数据处理,以保证研究结果的客观性、准确性,并在相同的条件下有可能重复同一实验。越是经得起重复的实验,其科学性、可靠性越高。这样严格的操作要求,在观察法与调查法中是难以全部做到的。

当然,实验法与观察法和调查法之间又有密切的联系。实验法是在观察法和调查法之后产生和发展起来的。观察和调查是实验的基础,实验是观察和调查的发展。

二、 实验法的基本原理和基本构成要素

实验研究的目的是建立变量间的因果关系。通常研究者预先提出一种因果关系的尝试性假设,然后通过实验操作来进行检验。

一个典型的例子是罗森塔尔和雅各布森在 1968 年所做的一项实验。他们的研究基于下列理论假设,即"人们对他人行为的期望通常可导致他人向期望的方向改变"。由此他们提出了工作假设:那些被教师认为更聪明的学生,会由于教师的这种偏见而在实际上变得比其他学生更聪明。他们选择一所学校为实验室,让几百名学生参加智力测验,然后从中随机抽取 20% 的学生,告诉教师说,这些学生是测验成绩最高的。一年以后,他们又对这几百名学生进行了测验。测验结果表明,上述 20% 的学生的平均成绩明显高于其余的学生。实验结果证明了工作假设,即教师的期望与学生学习成

绩的提高之间存在着因果关系。

从这个例子可以看出实验法的基本原理,即:首先以一个理论假设为起点,这个假设是一种因果关系的陈述,它假定某些自变量(如教师的期望)会导致某些因变量(如学生的成绩)的变化。然后进行如下操作:① 在实验开始时对因变量(Y)进行测试(即前测);② 引入自变量(X),让它发挥作用和影响;③ 在实验结束前再测量因变量(即后测);④ 通过前测与后测的差异值比较检验假设。如果没有显著性差异,就说明自变量对因变量没有影响,从而推翻假设。如果有差异显著,则可证实原假设,即自变量对因变量有影响。为了排除其他因素的影响,通常将受试者分为两个组:实验组与控制组。这两个组是随机选派的,它们的所有特征和条件都相同或相似,实验过程中,实验组(如被教师认为有培养前途的 20% 的学生)受到自变量的影响,而控制组(即其余 80% 的学生)未受到这种影响。

因此,作为一种特定的研究方式,实验法通常由三对基本要素组成:自变量和因变量;实验组和控制组;前测和后测。实验研究的这三对基本要素,构成了实验研究所具有的独特的语言。

1. 自变量与因变量

自变量是引起其他变量变化的变量,故也称作原因变量。因变量则称作结果变量。在实验研究中,自变量又称作实验刺激,而因变量则往往是研究所测量的变量。实验研究的中心目标是探讨变量之间的因果关系,其基本内容是考察自变量对因变量的影响,即考察实验刺激对因变量的影响。

2. 实验组与控制组

实验组是实验过程中接受实验刺激的那一组对象。即使是在最简单的实验设计中,也至少会有一个实验组。控制组也称为对照组,它是各方面与实验组都相同,但在实验过程中并不给予新的实验刺激的一组对象。控制组的作用是向人们显示,如果不接受新的实验刺激那样的处理,将会怎样,与实验组形成比较。在实验研究过程中,研究者不仅观察接受新的实验刺激的实验组,同时也观察没有接受新的实验刺激的控制组,并通过比较实验组和控制组的观察结果,来分析和说明新的实验刺激的作用和影响。

3. 前测与后测

在一项实验设计中,通常需要对因变量(或结果变量)进行前后两次相同的测量。第一次测量在给予实验刺激之前,称为前测。第二次测量则在给予实验刺激之后,称为后测。研究者通过比较前测和后测的结果,来衡量因变量在给予实验刺激前后所发生的变化,反映实验刺激(自变量)对因变量所产生的影响。这种测量既可以是一次问卷调查,也可以是一项测验。需要注意的是,前测和后测必须等值,即两次测验的信度、效度、难度和区分度尽可能相等。

三、 教育实验的种类

根据教育实验的本质和特点,给教育实验以恰当的分类,无论是对明确教育实验的外延,还是对不同类型教育实验的实施与操作,乃至于教育实验的评价等,都是有帮助的。目前学术界对教育实验的分类,可以说是多种多样,尚未有一个大家比较公认的分类体系。主要原因就在于,人们所遵循的分类原则和所依据的分类标准不同。归纳起来看,主要有以下几种分类方式。

(一) 前实验、准实验和真实验

这是根据随机化和控制程度是否充分(严密)来划分的。

前实验是指可以进行观察和比较,但控制程度较弱的实验。由于它不对无关变量、介入变量等进行有效的控制,故内在效度低,难以探明自变量和因变量之间的规律性关系。如教师在自己任教的班级尝试一种新的教学方法的实验就是准实验,因为难以保证实验对象具有代表性,同时实验结果也会受到教师自身教学能力和水平的影响。

准实验又称半实验,它是对所有引起变异的原因缺乏充分控制的实验。如实验组和控制组的成员未能进行等同的搭配,或对实验的环境缺乏严格的控制,或在实验前没有对实验对象进行前测。它一般适用于现场条件或接近现实的模拟性研究。如教师在自己任教的两个班级中,一个班级采用新的教学模式进行教学,另一个班级采用原有的教学模式进行教学,通过比较两个班级的期末考试成绩来判定新的教学模式的教学效果如何,这样的实验就是准实验。

真实验又称标准实验,它是对所有影响因变量的因素有充分控制的实验。真实验对实验组和控制组的成员做了等同的搭配,对实验的环境做了充分的控制,并对实验组与控制组的成员都进行了前测和后测。这种实验有很高的内在效度,但由于其人为性较强,设计复杂,因而外在效度不一定很高,很难在实际的教育情境中有普遍性和推广性。

阅读材料

关于实验的控制问题

关于无关变量(无关因素)的控制问题,有的学者认为,教育实验应借鉴科学实验,要坚持严格的条件控制,以保证实验的科学性;有的学者(杨小微、刘夕朗)则认为可以宽泛一点,教育实验研究的现象复杂多样,具有模糊性,因此区别于自然科学实验,往往对非实验变量是不可能做到严格控制的,可行、有效益即可;有的学者(郑继伟)提出,教育实验不可能是真实验,只能是准实验;而有的学者(杨银付、瞿葆奎)从"控制是实验法的精髓"观点出发,按有无自觉的、明确的控制作为标准分析,认为教育实验的主体是准实验。

(二) 开创性实验、验证性实验和改造性实验

这是根据某种实验是否有人做过来划分的实验类别。

开创性实验(亦称探索性实验)是指前人从未做过的实验,具有始创性。

验证性实验是指按照前法再一次进行的实验,既包括仿照别人曾经做过的实验,也包括自己的第二轮实验。

改造性实验是指在别人曾经做过的实验的基础上加以改造和改进的实验。

(三) 单科单项试验、多科实验和整体实验

这是一种依据实验课题覆盖的区域大小来划分的实验类别。

单科单项实验是指一个学科或一项专门性的教育活动的实验。如小学语文教学

改革实验、小学高年级数学应用题解法实验等。

多科实验是指包括两门以上学科的一项或多项教育活动的实验。如上海市育才中学的读议练讲教学法实验,它包括了多种学科教学改革的实验。

整体实验也称之为综合试验。所谓整体实验,是根据系统理论中关于整体最优化的思想,研究整体内部各要素及其组成结构的改革,以求整体功能最优化的教育实验。

(四) 单组实验、等组实验和轮组实验

这是根据实验的方法来划分的实验类别。

单组实验是在一个组内将实验前的情况与施加实验因素后的情况做出比较的实验。

等组实验是使两组的情况等同,一组施加某种实验因素,称实验组,另一组不施加该种实验因素,称控制组或对照组,实验结束时,将两组情况进行比较。

轮组实验是将实验因素轮换地在两个或几个组内进行实验,最后将各实验因素在每个小组内取得的成绩相加,并进行比较,以判定各实验因素效果的优劣。

(五) 单因素实验、双因素实验和多因素实验

这是以施加实验因素的多寡为依据来划分的实验类别。

单因素实验是在实验中只施加一种实验因素的实验。如对某个年级的数学教学,在课程、教材、教学时数、教师水平等控制的情况下,进行几种教学方法的实验,即为单因素实验。

双因素实验是在实验中施加两种实验因素的实验。如对某个年级的数学教学,在课程、教学时数和教师水平等控制的情况下,进行教材与教法的改革实验,即为双因素实验。双因素实验的实验班(实验组)的数目是两个实验因素水平数的乘积。如有两种教材和三种教学方法的双因素实验需要 6 个实验班。

多因素实验,也称为析因实验,是实验中施加三种或三种以上的实验因素的实验。多因素的实验处理数(实验班或实验组)等于各因素水平数的乘积。我们现在常说的"整体改革实验""综合改革实验",也就是多因素实验。

以上介绍了五种实验的分类方式。其实,一种实验可能具有多种类别属性。如中学语文教学改革实验,既具有单科实验的性质,又具有开创性实验、多因素实验的性质。

四、 教育实验的功用

教育实验对于改革教育、提高教育质量、发展教育科学和人民教育事业都起着重要作用。具体来说有以下几个方面:

(一) 教育实验能准确地揭示教育的必然规律

教育是一个复杂的社会现象,其中既包括必然规律,也包括或然规律。我们要认识这些规律,并分清哪些是必然规律,哪些是或然规律,最好的方法是采用实验法。因为观察法、调查法等只能了解事物的自然状态和笼统的表层关系,而不能准确地了解事物内部的必然的因果关系。实验法最主要的特点是对事物的情境加以控制,排除一些无关因素的干扰,突出所要研究的实验因素,并且运用定量分析的方法,分析出哪些是影响结果的主要因素,哪些是影响结果的次要因素,从而比较准确地探索出因素间的因果关系来。

教育工作包含着许多规律,可惜目前教育学中揭示出的很少,并多是描述性的定性分析,缺乏准确的定量分析。要想更多地、更准确地揭示教育规律,必须充分运用教育实验法去研究问题,把定性分析与定量分析结合起来。马克思认为:"一种科学只有在成功地运用数学时,才算达到了真正完善的地步。"马克思、恩格斯在《神圣家族》一书中还指出:"科学是实验的科学,科学就在于用理性方法去整理感性材料。归纳、分析、比较、观察和实验是理性方法的主要条件。"由此看来,教育实验对于教育科学的发展是非常重要的。可以这样说,没有教育实验,就不能准确地揭示教育的必然规律;没有教育实验,就不能很好地检验我们的设想是否真正符合科学,新的教育理论就很难建立。

（二）教育实验可以检验某一理论的正误,甄别某一方法的优劣,为教育改革探索出有效的途径和方法

某一理论或假说正确与否,就看它是否经得起实验的检验,某一方法是否有效,就看它的实验结果如何。在教育改革中,要寻找提高教育质量的途径和方法,就需要运用实验法。

（三）教育实验可以节省人力、物力和财力

一种新的教育制度、教育方法,在未普遍推行之前,应该先进行实验,待取得好的效果时,再普遍推行。这样,既可避免教育事业遭受大的损失,又可节省人力、物力和财力。

（四）教育实验可以提高教育工作者研究问题的志趣

教育工作如果墨守成规、因循守旧,不但不能提高工作质量,而且也激发不起教育工作者的兴趣。教育工作者在工作中发现问题,如果运用实验的方法去研究解决,就会乐在其中,和科技人员有所创造发明一样的愉快,久而久之,还会成为一个教育教学专家。

五、 实验法在教育科学研究中的应用范围及局限性

（一）应用范围

实验法在教育科学研究中有广泛的应用范围,较集中地应用在下列几种类型的课题研究中:

（1）学生发展状况的研究。为了测定学生已有的发展水平和可能达到的发展水平,可以通过实验来进行研究。如皮亚杰关于儿童认知能力发展的实验研究。

（2）改进学校教学和教育工作的实验研究。如课程体系改革、教材改革、教学方法改革、对学生进行道德教育方法的改革等,都是运用实验法的主要领域。

（3）对已有的教育观点、教育经验或其他人做过的教育实验进行实验性验证。

（4）为形成新的教育理论、教育模式和教育改革方案提供实验依据。

发展性研究、改革性研究、验证性研究和创新、预测性研究,是经常运用实验法的几个主要的教育科学研究领域。

（二）局限性

教育实验作为解决科学认识的一种重要手段,面对的是极其复杂的教育现象和过程,因此,要想通过教育实验获得教育科学的研究信息并加以科学处理,就必须了解实验研究在运用中的条件限制,了解实验研究法本身的局限性。

（1）一般而言,实验法适合于研究自变量数目较少且清晰、可以分解并加以操作的问题。

（2）教育科学研究的主要对象是人,不仅研究者与被研究者之间容易产生交互作用,而且研究者本身的价值观、态度、动机会不自觉地影响观察和资料收集的方向。

（3）每个实验的设计不能离开现有分析手段所达到的水平,现有的测量工具还不能十分准确恰当地测量教育情境下的复杂行为,对实验结果的分析也必然受条件限制。

（4）实验结果的推广受到样本代表的总体范围以及实验特定情境与教育自然情境的差异程度的限制。

第二节　教育实验设计

"凡事预则立,不预则废。"教育实验作为科学的研究活动,从开始准备到最后的定性、定量分析做出结论,是一项十分复杂的系统工作,必须有一个全面、周详的实验设计,保证教育实验有条不紊地顺利实施。教育实验设计是教育实验的蓝图和指针,对于保证实验结果的科学、可靠和真实具有决定性意义。

一、　教育实验设计与实验效度

（一）教育实验设计

"设计"的本意是计划。教育实验设计即教育实验计划,是实验正式实施前研究者针对实验课题,为验证实验假设,对整个实验过程所做的周密而详细的安排计划。实验设计是进行实验的行动计划,是实验中的关键一环,在实验研究中具有重要的作用:可以使实验工作有计划、有步骤地进行;可以提高实验过程的控制程度,提高实验结果的科学性和准确性;可以节省人力、物力,提高工作效率。

实验设计大致包括以下几个方面的内容:选择实验课题,提出实验假设;确立和分解实验变量;选择恰当的实验方法;选择合适的实验主试和被试;确定适宜的实验时间、范围、材料和人员;确定和控制实验过程中的无关变量;确定资料的收集和整理方式以及实验结果的分析方法等。

一个好的实验设计应该具备如下条件:

1. 充分的实验控制

指对实验条件有足够的控制,以便研究者能够解释结果。在教育实验中,影响实验效果的因素除了自变量外,还有很多的无关变量也会对实验效果产生影响。研究者需要采用随机取样、测量或匹配的方式来保证被试的均等,同时选择教学水平、能力、经验等相仿的教师进行教学,总而言之,尽可能保证实验班和控制班除了实验自变量不同之外,其他影响教学效果的因素尽可能相同或相似,如果实验变量产生效应,就可被观察到。

2. 不加人为的修饰

教育实验情境需要具有真实性和自然性,尽可能使实验情境和实际教学情境相一致,避免人为修饰的环境特征引起实验效应,使实验结果能推广到实际教育情境中。

3. 比较的基础

实验组与控制组除了实验自变量不同之外,其他影响因变量的因素应该相同或相似。实验法的基本逻辑分析方式是采用因果分析中的求异法。

求异法是指如果出现某现象的一种场合和不出现该现象的另一场合中,只有一种情况不同,则此唯一不同的情况就是该现象的原因,其模式如图6-1所示。

场合	因素	现象
1	A、B、C	a
2	B、C	—

所以,A 是 a 的原因

图 6-1 求异法的思维模式

4. 被试的代表性

研究者常常希望将实验的结果推广。为了获得具有代表性的实验结果,研究者一般采用某种随机抽样的方式,或者对实验对象进行选择,或者对接受实验处理的被试进行分配。

5. 科学、准确测量因变量

要明晰因变量的本质内涵,合理分解因变量并能进行有效测量,确保所得数据充分反映实验效应,不被实验中出现的蹩脚的测量或误差所影响。

6. 适当的实验模式

依据实验因素的多少,选择单因素实验模式、双因素实验模式和多因素实验模式;依据分组方式的不同选择随机抽样分组、测量分组和匹配分组。

7. 正确的实验结果的统计分析方法

不同的实验模式需要采用相应的统计分析方法。单因素两水平的实验模式需要采用 t 检验;单因素多水平、双因素和多因素的实验模式需要采用方差分析。研究者只有选择了正确的实验结果的统计分析方法,才能有效揭示自变量和因变量之间的因果关系。

8. 省力原则

在不影响实验效度的情况下,研究者倾向于采用较简单的设计而非较复杂的设计。当然,一项设计必须为达到实验目的尽可能地复杂,但复杂本身我们并不提倡。简单些的设计常常更易完成,解释起来也更方便些。

良好的实验设计可以保证和提高教育实验效度。实验效度是评价教育实验质量高低的标准。

(二) 教育实验效度

实验效度是指一个实验的有效性,它是衡量教育实验成败优劣的关键性质量指标。美国学者坎贝尔和斯坦利在 1963 年把教育实验效度分为内在效度和外在效度。

1. 内在效度

内在效度是指实验者所操作的自变量对因变量所造成的影响的真实程度。内在效度是研究结果能被明确解释的程度,揭示因变量的变化在多大程度上来自于自变量,是操作自变量的直接结果,而非其他未加控制的因素所致。坎贝尔和斯坦利认为影响教育实验内在效度的因素有以下八种。

(1)偶然因素

在实验过程中,没有预料到的无关因素可能会影响实验效果(因变量)的变化。例如某位教师想试验某种新的教学方法的教学效果的优劣,在实验过程中,部分参加实验的学生同时参加了课外兴趣小组的学习,这可能和新的教学方法同时发生作用而混淆实验结果,如果学生的成绩有所提高,也许并非单纯由新的教学方法所致。一般说来,实验的时间越长,受其他事件影响的可能性就越大。

(2)成熟

在实验过程中,随时间的推移以及偶然因素的影响,被试可能发生生理或心理方面的变化,如生理、心理的发展,技能、知识、经验的增长,或者变得疲倦、失去兴趣、焦虑等。例如,学生会变得更强壮,认知能力更强,更自信或更独立。这些身心的自然变化可能与自变量的作用混淆在一起而影响对因变量变化结果的解释,从而降低研究的内在效度。

(3)测验(前测)

指前测的暗示对实验因变量的影响。教育实验中的前测作为一次学习经验可能影响后测的成绩,常见的有练习效应、敏感效应和选择性效应。被试形成对练习和测验的敏感性,尤其是在前后测之间的相距时间较短的情况下会影响实验的内在效度。例如英语标准化的托福考试,经过再次测验,被试较了解命题者在试题中所隐藏的目标,同时了解测验的特点,从而在后面的测验中会表现得更为熟练。

(4)测量工具

指测量手段对实验因变量的影响。实验的测量工具(如试卷、问卷、量表和仪器)、测量主持者、评判者(如评判人员)的不同或不一致,都有可能使测量的标准不统一,从而影响测量结果的准确性,使实验处理作用的效果被混淆。例如,在教育实验中,对于实验班和对照班采用难度不同的测量工具,那么,这两种测量的结果就难以进行比较,从而影响到对实验处理的效果的判定。

(5)统计回归

统计回归是指研究项目的参与者出现的一种倾向,即对一个变量进行测试时,他们的分数出现两极分化,但当对同样的变量进行第二次测试时,他们的分数更接近平均值。在实验中,由于挑选被试的误差,比如用极端分数进行回归,将对今后的测验产生不利的影响。被试前测成绩过优或过劣,则在后测时成绩都有自然向群体平均值靠拢的趋向(集中趋向)——变得不是最优或最劣,从而在重复测量中使得其分数向平均分数偏移。例如,实验中选择一些阅读测验分数极低的学生进行教学实验,经过一段时间的实验后,再以相同或相似的阅读测验测量学生的阅读能力,由于统计回归,这些学生的分数会有提高的趋势;反之,实验中选择一些阅读测验分数极高的学生进行教学实验,这些学生的分数会有下降的趋势。

(6)被试选择的差异

指被试取样不等。由于选择被试的程序不适当,没有用随机取样和随机分组的方法,因而造成被试之间存在系统性差异。也就是说,在实验研究前,他们在各方面并不相等或有偏差,其中也包括被试态度的差异:实验组的被试均为志愿者,属积极型,而控制组却是非志愿者,属消极型,对实验抱有疑虑甚至抵触情绪,那么实验组的高动机就可能导致结果的偏差,实验结束后,实验组和对照组的差异就不能认为单纯是由实验处理造成的。

（7）被试的流失

非随机挑选的被试脱离实验,会产生不良影响。在一个延续时间较长的研究中,被试的更换、淘汰或中途退出可能会对研究结果产生显著影响。

（8）取样与成熟程度交互作用

将成熟程度不同的被试安排在实验组和控制组中,会影响到对实验结果的正确解释;有关实验处理的信息的扩散和交流,也会对实验组、控制组所操纵的自变量产生影响;由于成熟、历史或测验因素,已形成的实验、控制两个组,可能会出现其中一个更适合（或更不适合）这种实验处理或有一个内部的优势。这些就是由于测试程序、因素控制和实验安排等方面的原因,造成多种条件和因素之间交互作用,从而影响对结果的解释。

2. 外在效度

外在效度是指实验结果的概括性和代表性,具体说来,就是指实验结果的可推广程度,实验结果是否能被正确地应用到其他非实验情境、其他变量条件及其他时间、地点、总体中去的程度。一个实验的可推广程度高,就说明该实验有良好的外在效度。

坎贝尔和斯坦利认为有四类因素影响教育实验的外在效度。

（1）测验的交互作用

前测与实验处理发生作用,并导致结果不能推广到未经过前测的群体中去。表现为对测量的敏感化,前测提高了被试对后测的敏感性,或前测干扰了实验处理的作用。因此,有前测的实验结果不能推广到没有前测的对象中去,只能应用于已做过相似前测的样本。

（2）抽样误差和实验处理的交互作用

根据实验处理的需要而挑选现成班级进行实验,其结果不能推广。表现为取样偏差,被试取样没有代表性。在重点学校进行实验的结果不能推广到一般学校,一般学校实验班的实验结果也代表不了一般学校的普通班。

（3）实验安排效应

被试知道他们要参加实验并对其具有新鲜感,这种效应也称霍桑效应,指实验情境、措施对被试的影响,包括实验者本身的个性特征、动机、情绪等,将实验目的、对实验结果的期望无意中传递给被试,或被试知道参与实验而提高积极性,从而使实验处理的效果有了特定的含义。

（4）多重处理干扰

一个被试受两项或两项以上的处理会产生一种后遗效应,导致不能推广到单独处理中去。如果某实验组重复接受两种或两种以上的实验处理,那么后一实验处理将受到前一实验处理的干扰,产生练习效应或疲劳效应。

美国教育实验研究专家布拉切特和格拉斯于 1968 年发表《实验的外在效度》,对实验外在效度的性质做了区分,提出了两种性质的外在效度:总体效度和生态效度。

总体效度是指实验的结果能推广到何种总体。实验结果一般可以从实验样本推广到既定总体(样本来源的总体—实验切近总体)。如果"实验切近总体"与"目标总体"的重要特征相类似,实验结果也可以由"实验切近总体"推广到"目标总体"。

生态效度是指一种情境或条件下的实验结果推广到其他情境或条件的程度。如果实验结果受实验情境或实验条件限制,那么它的推广也要受到同样的限制。要提高生态效度,应注意如下问题:应完整地描述实验所涉及的操作和实验背景;推广实验结果时应考虑实验安排,尽量减少"霍桑效应";应考虑变量的代表性;避免相互作用的效果影响;应考虑测量工具的影响。

提高外在效度的根本措施在于:使被试取样具有代表性,使实验情境与教育教学环境尽量接近,可以在各种不同条件下进行重复性实验。

二、 教育实验设计的步骤与内容

(一)确定实验课题

确定实验课题是实验设计的第一步。能提出和形成一个有科学意义的实验课题本身就是一个了不起的成就。爱因斯坦认为,"提出一个问题往往比解决一个问题更重要,因为解决一个问题也许仅仅是一个数学上的或实验上的技能而已。而提出新的问题,新的可能性,从新的角度去看问题,都需要有创造性的想象力,而且标志着科学的真正进步"。从实验教育学发展的历史和观状上看,实验课题的提出,在教育实验研究中起着非常重要的作用,直接决定着实验研究的方向和价值。如美国斯金纳的程序教学实验,布鲁纳的结构教学实验,桑代克的尝试性学习实验,苏联巴甫洛夫的经典条件反射实验,赞可夫的"教学与发展相互关系"的实验等,他们的实验课题都具有划时代的意义,取得了丰硕成果。许多教育实验工作者都认识到,课题的确定是否优良,是关系到科研成果的大小和科研工作成败的关键。选准了一个实验课题,等于走完了迈向成功的一半路程。一个实验人员的科研能力如何,首先就表现在他的选题水平上。

怎样确定实验课题? 这并不是一个简单的问题,既需要有一定的科学修养,又需要有一定的实践经验,还需要考虑主客观条件,遵循实验设计的原则和要求。这里仅谈谈选题时应注意的几个问题。

1. 教育实验课题应是教育理论和实践迫切需要解决的问题

1983 年召开的全国第二次教育科学规划会议指出:"现阶段教育科学研究……以研究我国教育事业发展与改革过程中的理论问题与重大现实问题为中心。"教育实验也应从我国教育发展和改革过程中的理论问题与现实问题中选题。一个高素质的实验研究者,往往会从实践中选出实验课题来。

2. 教育实验课题应是最有价值的问题

如果有许多问题可供实验,有许多实验课题可供选择,那么就应考虑哪个问题最有价值。所谓最有价值,是指实验成果的学术价值、实用价值最大,有最大发现的可能性。细枝末节不体现知识结构的问题或者是重复原有理论、原有技术的课题,相比之下显然是不大重要的。只有那些来自理论和实践,带有创造性,体现着新发现、新观点、新见解的实验课题,才是最有价值的课题。如我国河南省开封市县街小学特级教师张兆瑞提出的"在音乐教学中发展学生智能"的实验以及"快乐性教学"实验是带有创造性的实验课题,曾引起我国心理学工作者的关注。

3. 实验课题的范围应恰当

实验课题既不能太大,也不能太小。太大,实验因子多,不易操作。如有人想研究早期教育对儿童智力发展的影响。很明显,这个课题范围太大,因为它涉及的因素太多。早期教育多早?是6岁半以前还是3岁半以前?是家庭教育还是幼儿园教育?是城市儿童还是农村儿童?都不明显。一般说来,在教育实验中,只能对一种或几种因素加以研究,而不可能一次研究所有的东西。实验课题也不能太小,否则,就属于特殊情况,不具有一般规律。

4. 实验课题应是能够解决的问题

人们的认识总是受到社会历史条件的限制。不管我们选择的实验课题如何具有创造性、科学性、实用性,但如果没有解决的可能性,就应当舍弃。影响实验课题可行性的因素主要有三个方面:其一,研究者自身的知识储备、能力素养能否驾驭实验课题,如研究者是否具备实验结果的统计分析能力;其二,学校领导是否支持教育实验、教育改革,学校是否有足够的人、财、物的投入,如实验测量工具(学科测验、智力测验)和图书资料等;其三,实验研究的时机,有些实验只能在特定的时间进行,错过时机就无法进行实验。

5. 实验课题的表述应简洁明确

实验课题的表述要概念清晰、定性定量准确,有明确的界定,不可笼统。在教育实践中,有人对此不加注意,以致在实验课题的表述上出现不科学的提法。如,为了提高教学质量,有人提出的课题是"教学方法的实验"。虽然教学方法是教育中的一个重要问题,为了提高教学质量而改进教学方法,其前提也是正确的,但把实验课题表述为"教学方法的实验",是不准确、不科学的。因为教学方法很多,"教学方法的实验"的提法很笼统、不具体,若改为"启发式教学方法的实验",课题的表述就准确了。欲使实验课题表述简洁明确,有时实验课题可大体表明实验的目的或性质,如"初中物理复习课辅导式程序教学实验""小学综合教育整体改革实验""五四三学制实验""小学生抄写生字四遍与八遍的效果比较实验"。有时也可在实验课题的前面加上实验单位或实验者的名字作为限制语,以使实验课题具有明确性,如"邱学会小学数学尝试教学法实验""李吉林语文情境教学法实验""栾川县整体改革教育实验""杭州天长小学生全面发展综合实验"。

(二) 实验变量的确定和分解

1. 实验变量的分类

实验变量是实验设计理论中的一个专用术语,是指一个与实验有关的因素和条件如果变成了可测量的、数量化的东西,就称为实验变量。

实验设计中涉及的变量可以分为三大类:自变量、因变量和无关变量。

自变量是呈现给被试的刺激变量,是一种假定原因变量,由实验者主动操控。在教育实验中,自变量一般是我们所关注的教材、教学方法、教学手段和教学组织形式等可以直接操控的教学条件和环境等。

因变量是指实验对象(被试)对所呈现刺激(自变量)的反应,是一种结果变量,是在自变量作用下可能产生的结果。在教育实验中,因变量通常与教学目的有关,例如学生对知识的掌握、能力的提高、品德和优良个性品质的形成等。

无关变量泛指除自变量以外一切可能影响因变量数值变动而对实验结果有可能起干扰作用的因素。所谓"无关",是指它与自变量无关,与实验目的无关,但却实实在在影响着实验效果(因变量),所以应尽可能地对其实施控制,减少其对实验结果的影响。

在实验过程中,对于三种变量应采用三种不同的方式来处理:对无关变量要采取消除、恒定、抵消和平衡等方式来排除其对实验结果的影响;对自变量要主动支配、精确操控,实验者对自变量要有明确定义,把握好自变量的内涵与外延,制定科学、可行、具体的操作要求和规范;对因变量要准确测量,以判定自变量作用的大小。

2. 实验自变量的确定

实验自变量是实验过程中由实验研究者操控其变化的变量。研究者根据实验课题提出实验假设,进入实验设计阶段后,首先要做的工作就是确定实验自变量。实验自变量的确定实际上是对实验假设的具体化。实验假设是对实验自变量和实验因变量关系的陈述,是以抽象的概念表示的。而实验的进行是通过对实验自变量的操作来实施的,需要根据实验假设把实验自变量具体化、操作化和行为化,便于实验的实施和操作。

实验自变量根据其表现形式可以分为数量的变化和性质的变化两种。性质变化的自变量可用不同的等级和状态来表示,如教材可分为甲、乙两种,教学方法可分为A、B两种。数量变化的自变量可用不同的数量来表示,如年龄可分为 11 岁、13 岁、15 岁三种水平。教育实验中这两种类型的自变量都是很多的,无论是哪一种,它们都具有下列特点:

(1)可变性。指一项实验中某一实验因素至少有两种不同的状态和水平。教育实验是检验在新的条件下某一教育现象的变化特征的,只有有了条件的变化,才可能有结果的变化,才可能进行新旧条件下结果的比较。条件的变化即是实验因素的变化,这种变化至少应使实验因素处于两种不同的状态或水平。

(2)确定性。指当实验自变量的状态和水平明确后,它的操作和实施范围也就限定了。其内涵必须清晰明确,外延必须恰当。模棱两可、似是而非、范围无限、操作随意是不行的。

(3)操作性。指实验自变量能被实验执行者操作和实施。任何作为实验自变量的因素都是可以被实验执行者主动操作的。

确定实验自变量主要根据实验课题、自变量的意义和特点来进行,一般包括以下三个步骤:

第一,确定实验自变量的数目。实验要探求事物之间的因果关系,研究者在教育实验中,通常要推测某种教育措施与某种教育效果之间的因果关系。而要认定变量 X 是否是变量 Y 的原因,变量 Y 是否是变量 X 的结果,研究者首先要查明 X 与 Y 之间是否存在共变关系,即两个变量是否同时出现、同时消失,或者同时呈现规律性变化。但是,教育活动诸多变量之间的内在因果关系并非机械的一一对应,常常是一因多果、多因一果,错综复杂。因此,要使实验取得显著效果,我们就要致力于寻找最典型、最重要的变量,寻找最有影响力的变量。一个实验中选择哪些实验因素,需要教育理论人员、教育实践工作人员、教育行政人员依据专业理论知识和实际情况来决定，要对具体问题具体分析，集思广益，尽可能把那些与实验目的有关、可以操控、彼此间相互独立的因素作为实验自变量。自变量间的独立性可根据经验或思辨来研究决定。对于复杂的实验，要通过多元统计方法中的主成分分析和因素分析来确定。

第二，确定每个自变量的水平数目。一个自变量可根据其性质或数量的差异划分为不同的水平或状态。在一项实验中，任何一个自变量至少应有两个水平：有或无，出现或者不出现。选择自变量的水平数，应根据研究课题的性质和以往研究所提供的资料来定。如果缺乏既往的资料，探索一项新课题的目的是决定自变量对因变量是否起作用，可以考虑选用两个水平和状态的自变量，用出现和不出现自变量的方法。中学数学自学辅导教学实验中，实验班采用自学辅导教学法，对照班采用常规教学法就是这种情况。如果既往的材料已经表明，自变量是起作用的，那就应该使用三个水平或更多水平的自变量，这样才能够决定自变量和因变量之间真实的函数关系。一般地，若已知自变量和因变量之间呈线性关系，自变量的水平数至少应取 3 个。如果不知道两者是何关系，自变量的水平应取更多，要在 5 个或 5 个以上。[①] 可用作业成绩与焦虑水平之间的相关研究来说明这一问题（见图 6-2）。已有研究表明，焦虑水平从低到中等增加，作业成绩随之上升；焦虑水平从中等增加到高度焦虑状态，作业成绩随之下降，如图 6-2（a）所示。很明显，如果用两个等级的焦虑水平就不能正确认识这种关系。例如，用低焦虑和高焦虑两个水平就会认为焦虑不影响作业成绩，如图 6-2（b）所示；用低焦虑和中等焦虑两个水平或用中等焦虑和高焦虑两个水平，就会误认为焦虑水平和作业成绩呈直线相关，如图 6-2（c）、图 6-2（d）所示。[②]

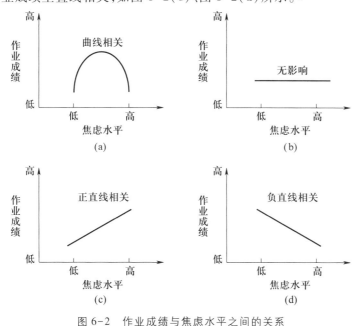

图 6-2　作业成绩与焦虑水平之间的关系

---

① 陈舒永,等.心理实验纲要[M].北京:北京大学出版社,1989:4.
② 黄希庭.心理学实验指导[M].北京:人民教育出版社,1987:32.

第三,自变量各水平的具体化。自变量各水平的具体化就是把实验中每个自变量的每种水平的操作规范、程序、实施步骤等都具体明确地规定出来,以便于实验执行者进行操作。每个自变量的各个水平之间要尽量异质,差异越大,实验效果将越好。如在中学自学辅导教学实验中,教学方法是实验的一个自变量,常规教学法和自学辅导教学法是它的两个水平。在实验中,这两种教学方法也应具体化为对每堂课、每个单元的两个不同的教案。而且,这两个教案要明显体现出常规教学法与自学辅导教学法这两种教学方法的特点。

阅读材料

小学生运算思维品质培养的实验研究中思维灵活性培养的措施①

培养思维的灵活性,主要是培养儿童"一题多解""一题多变"的运算能力。一题多解和一题多变是一种发散式的灵活的思维方式,它们不仅是培养思维品质灵活性的好方法,而且还是一个提高教学质量的老方法。衡量一个儿童的智力高低,主要是看解决题目的难易程度和灵活程度,而不只是看解题的多寡。一题多解和一题多变的教学与练习的步骤和方法是:

(1)抓儿童知识之间的"渗透"和迁移。心理学认为,迁移的实质是概括,迁移是灵活运用知识的基础。我们实验中的措施是"运用旧知识学习新知识",做到"新课不新",使每个旧知识都是新知识的基础,而每个新知识又在旧知识基础上获得发展,这就为知识之间的"渗透"和迁移提供了可能性。

(2)引导儿童"发散式"地思考。思维有发散式的,也有辐合式的。前者求多解,后者求一解;前者求异,后者求同。我们认为这两者是统一的,后者是前者的基础,前者是后者的发展。

(3)教师的一个重要做法是每堂课都有精选例题,按类型、深度编选适当的习题,再按深度分成几套,使儿童通过一题多解、一题多变,灵活运用,以便在思维灵活性品质上有所发展。

3. 实验因变量的确立与分解

实验因变量的确立也是对实验假设的具体化,它是反映实验效果的指标,是实验自变量作用于实验对象后产生的效果指标。由于教育实验的被试主要是学生,所以,因变量主要表现在学生身心变化的幅度和质量上。作为实验因变量的指标应具有下面的特点:

其一,因变量的变化发生在自变量作用之后或与自变量作用同时发生。教育实验的直接目的就是检验实验自变量的效果,检验自变量和因变量之间的关系。因此,从时间顺序上,因变量的变化发生在自变量作用之后或与自变量作用同时发生。只有这样,才能判断谁是因,谁是果。原因总是发生于结果之前,结果发生于原因之后,否则,它们之间的因果关系就不能确定。如自学辅导教学方法实验,如果实验之前,学生的自学能力已经提高,那么就不能说学生自学能力提高是自学辅导教学方法的效果。

---

① 林崇德.小学生运算思维品质培养的实验研究[J].教育研究,1983(10):36-41.

其二,具有可观测性。可观测性是指实验因变量是可以观察和测量的。实验自变量的作用一般可以在实验过程和实验结果中反映出来,反映实验过程变化和实验结果的指标即为因变量,这些指标应该是可以观察和测量的,否则无法说明实验的效果。如大面积提高中学数学教学质量的教改实验,因变量是学生获得知识和运用知识的能力,其具体指标是数学学习成绩、阅读能力、思维能力、思维过程,这些都是可以测量的。

其三,与实验自变量的相关性。作为实验因变量,必须是与实验自变量密切相关的,因变量和自变量之间应有共变关系。实验因变量的变化是由于实验自变量的改变引起的,如果实验自变量发生改变,已确定的因变量指标不发生变化,那么这种指标就不能作为因变量。如在小学生运算思维品质培养的实验研究中,自变量是数学运算教学法,因变量是学生的思维品质(思维的敏捷性、灵活性、深刻性和独创性)。数学运算教学与学生的思维品质密切相关,通过有计划、有目的的数学运算教学设计,可以使学生在思维的敏捷性、灵活性、深刻性和独创性等方面得到发展。不同的数学运算教学方法对学生思维品质的影响效果是不一样的。

教育实验中因变量的确立与分解,有一个从模糊到清晰、从笼统到精细的过程。这个过程大致可以分为三个步骤:

第一,依据实验目的,寻找因变量。实验因变量的确定与实验课题、实验目的有关,不同的实验课题、不同的实验目的,实验因变量各不相同。如小学生运算思维品质培养的实验研究中,因变量应为思维品质。

第二,分解因变量,寻找具体指标。一般说来,实验因变量是抽象概念,而抽象的概念是难于观测和评价的。要想观测和评价因变量,必须把它具体化,找出它的具体化的指标,通过对具体化指标的测量达到对于抽象概念测量的目的。如在小学生运算思维品质培养的实验研究中,就可以把思维品质这个因变量分解为思维的敏捷性、灵活性、深刻性和独创性;在整体实验中,可以将学生发展质量水平分为知识、技能、智力、品德、个性和体质六个方面。

第三,确立具体指标的观测方法。学生的思维品质具体化为思维的敏捷性、灵活性、深刻性、独创性。如要测定思维的敏捷性,则以解题的速度和正确性为标准。

阅读材料

小学生运算思维品质培养的实验研究中逻辑思维能力的测量[①]

小学儿童的数学逻辑思维能力,应包括数学概括能力、空间想象能力、数学命题能力、逻辑推理能力和运用法则能力五种。具体的测量指标是:

(1)数学概括能力(规定不超过有理数的范围)的测定有三项指标:① 对数的实际意义的认识;② 对数的顺序和大小的理解;③ 进行数的分解组合的能力。

(2)空间想象能力的测定也有三项指标:① 正确地画出图形(例如,要求正确画出梯形、圆柱、圆锥等各类图形,这是空间想象力的基础);② 各类几何体的面积或体积的计算;③ 对图形变式(例如将直角三角形的直角部位朝上或斜躺)的正确判断。

---

① 林崇德.小学生运算思维品质培养的实验研究[J].教育研究,1983(10):36-41.

（3）数学命题能力有两种测定指标：① 正确判断算术的性质、公式及结论性的原理；② 能否正、逆运算（实际上是确定命题、逆命题、否命题、逆否命题在算术范围内的关系及其运算）。

（4）逻辑推理能力的测定是以完成三种类型试题的范围和程度为指标：① 归纳算式运算；② 演绎运算；③ 类比推理（例如，在学习比例性质时，要求儿童通过将除法、分数和比例进行比较，根据除法性质和分数性质，推导出比例的性质）的能力。

（5）运算法则能力的测定，以完成数字和文字两类形式的交换律、结合律、分配律三种习题的成绩为客观指标。

（三）建立实验假设

实验课题确定以后，就要提出明确的实验目的，建立实验假设。

实验假设是对自变量和因变量关系的陈述，就是对所确定的实验课题提出的尝试性的答案或设想。实验假设不但是一种带方向性的、有待验证的学术思想，而且是一种组织实验过程、确定实验逻辑、计划实验途径的思想方法。因此，在实验设计时，实验人员要预先提出科学的假设作为自己行动的指导，从而使实验人员的探索目标更加明确，更加有的放矢地进行实验。从这个意义上说，实验假设能为实验者指明道路，它是提出明确的实验目的的前提条件。

教育实验，从逻辑意义上来说，就是针对教育中存在的某种问题，提出有科学依据的设想或假说，然后付诸实践的检验，从而得出结论，接受或拒绝假设。如洛扎诺夫的"暗示教学"实验，是源于他感到中学生和成人学习外语时，单词的记忆量、阅读理解力和口语表达能力的形成速度总有一个常模，很难逾越。他曾经用暗示疗法使一个抱怨自己记性不好的工人记忆力大增。于是他提出假说：常人的智慧潜力极大，只是未得到开发和表现，其原因可能是不适当的教育和学习者普遍对自己能力的低估，如果消除学习者不必要的紧张和消极的自我暗示，创造轻松的学习环境，建立师生相互尊重、信任的和谐关系，以感情调节理性，使学习成为一种享受，就可望大大提高学习效率。他通过 9 年的实验研究，建立了暗示教学理论，证实可以运用暗示手段激发个人心理潜力，提高学习效率。

（四）选择适当的实验方法

做任何工作，都需要采用正确的方法，教育实验也不例外。只有运用了正确的实验方法，才能科学地揭示出变量之间的因果关系，达到实验的目的。所谓实验方法是指进行教育实验时控制实验条件和实验变量的程序和方式。它是教育实验设计中的关键一环，实验能否获得正确归因主要取决于此。如果实验变量组合配置得当，系统误差、随机误差能得到较好控制，实验的内、外在效度就高；如果实验变量组合配置不当，系统误差、随机误差得不到有效控制，实验的内、外在效度就低，达不到实验的目的。

对于实验方法的介绍，大多是按照麦柯尔、坎贝尔和斯坦利等提出的实验设计的模式，针对单因素实验而言。这种做法是在实践基础上总结出的，带有较强的直观性，便于实验者掌握和使用。但这种方式没有明确提出实验方法赖以存在的数理统计基础,更无法对多因素实验的结果进行分析,从而降低了对实验结果分析的可靠性和科学性。这里我们以在实验中施加实验因素数目的多少为标准,把教育实验方法分为单因素实验方法、双因素实验方法和多因素实验方法三大类。

为了便于介绍,首先对几个概念和一些符号加以界定。

实验因素:在实验中准备考察的刺激变量。如进行教材改革实验,准备考察某种教材的教学效果,则教材就是实验因素。实验因素又叫实验因子、实验自变量。

非实验因素:在一次教育实验中,影响实验效果的因素很多,除要考察的实验因素(实验自变量)以外,其余的都称为非实验因素。非实验因素又称无关因素、无关变量。

实验因素的水平:指每一个实验因素所处的状态和等级,也就是实验因素(实验自变量)这个变量所取的"值"。如甲、乙两种教学方法的实验,甲种教学方法就是教学方法这个实验因素的一个水平,这个实验中实验因素有两个水平。

实验处理:指各种实验因素的不同水平的组合。一般说来,实验处理的个数等于各实验因素的水平数的乘积。如在一个实验中同时实验两种教材(A_1,A_2)和两种教学方法(B_1,B_2),则共有四种实验处理:A_1B_1、A_1B_2、A_2B_1、A_2B_2。

被试:指用来进行实验的对象。

实验效果:指实验因素所发生的效应。

实验结果:有两层含义,其一是指在实验中从被试身上所测得的各种数据;其二是指对实验中所得到的各种数据进行计算后所得的结果。

实验结论:指对实验获得的各种数据和资料进行定性与定量分析后,做出的有关实验所要解决问题的最后答案,通常用文字表述。

为了简化叙述,我们将引入下面一些符号:

X——自变量,即实验处理;

Y——因变量;

Y_1,Y_2——实验组前、后测平均成绩;

Y_1',Y_2'——控制组前、后测平均成绩;

R——随机分派;

MR——配对后随机分派;

虚线表示上、下两组未做等组化处理;

实线表示上、下两组为等组。

1. 单因素实验

如前所述,单因素实验是在实验中只施加一种实验因素的实验。如几种教学方法教学效果的比较实验,或者几种教材教学效果的比较实验。单因素实验又分为两水平实验(两种教学方法或两种教材教学效果的比较实验)和多水平实验(三个或三个以上水平的实验)。下面以典型的两水平实验来介绍单因素实验设计。

(1)真实验设计

① 随机分派实验组控制组后测设计(等组后测设计)

采用随机分派的方式把实验对象分为两个组,实验之前没有前测,一个组施加实验因素,作为实验组;另一个组保持原来状态,作为控制组。则其模式为:

$$R \qquad X \qquad O_1$$
$$R \qquad \text{——} \qquad O_2$$

这是一种最常用的实验设计,它具有较高的内、外在效度,能较好地控制影响内在效度的八个因素和影响外在效度的四个因素。而且,这种设计可以避免因前测所产生的"测验的反作用效果"。

当无法找到合适的预测,或当预测可能对实验处理有影响时,最好使用这种设计,在选择这种实验设计之前,应该考虑不进行前测的三个不利因素:

第一,随机分派不可能完全消除实验组和控制组的初始差异,只有被试数量众多时,随机分派才在均等组方面最有效,所以如果能找到大规模样本时,最好使用这一设计。

第二,无法确定实验处理是否对不同层次的研究对象有不同的效果。如果有前测时,则可以据之形成不同的组别,做进一步的分析。

第三,当在实验过程中出现相当大的被试差异性消耗时,不应该使用这种设计。例如,如果控制组和实验组中的参与者在实验未结束时退出实验,那么后测中的任何差异可能是两个组中的退出者的差异造成的,而不是实验处理的结果。

② 随机分派实验组控制组前后测设计

为了防止或避免随机分组的两组不相等,可在实验前进行前测,则其实验设计模式为:

$$R \qquad O_1 \qquad X \qquad O_2$$
$$R \qquad O_3 \qquad \text{——} \qquad O_4$$

这种设计也称为典型的或传统的实验设计。它的主要优点是比较实验组和控制组前测和后测的差异值,就可以确定实验因素的作用。

第一,由于采用相等的控制组,这种设计可以使"历史""成熟""测验""工具""统计回归"等因素在两组完全一样。

第二,由于采用随机分组方法,两组在各方面的特质相等,故可以控制"差异的选择""被试的流失"和"选择与成熟等因素的交互作用"。

它的主要缺点是受试者经过前测可能会对自变量的引入产生敏感,从而影响和降低实验的内在效度。在外在效度方面,由于采用前测,实验结果可能受到"测验的反作用或交互作用效果"因素的干扰,"实验安排的反作用效果"因素的干扰有时也可能产生。

③ 所罗门四组设计

把上述两种设计模式合并,即为所罗门四组设计,模式如下:

$$R \qquad O_1 \qquad X \qquad O_2$$
$$R \qquad O_3 \qquad \text{——} \qquad O_4$$
$$R \qquad \qquad X \qquad O_5$$
$$R \qquad \qquad \text{——} \qquad O_6$$

这种设计综合了上述两种设计的优点,可以精确测量自变量、无关变量和测量干扰对因变量的影响。下面结合教师期望(X)与学生成绩(Y)之间因果关系的实验来说明这一模式的运用,如表6-2所示。

表 6-2　所罗门四组实验设计

	前测	引入自变量	后测	差异值
实验组（1）	Y_1	X	Y_2	$De_1 = Y_2 - Y_1$
控制组（1）	Y_3		Y_4	$Dc_1 = P+U+I_{PU}$
实验组（2）	无	X	Y_5	$De_2 = E+U+I_{EU}$
控制组（2）	无		Y_6	$Dc_2 = U$

所罗门四组实验设计的实验效度较高,对影响内在效度的八个因素均可控制,而且,可以控制和测量前测的主要效果,可以控制和测量前测与实验处理的交互作用效果,可以测量"成熟"和"历史"的综合影响效果,可以区分出外部因素和测量干扰的影响。但它的缺点是:(a)设置四个组,必然要增加受试者人数,从而增加了实验的困难。(b)所得结果必须经过复杂的统计检验,对单变量实验的检验一般比较简单,对两组的平均值变异可采用 t 检验,对于三组的平均值变异可采用 F 检验,而对四组的平均值变异的检验要用比较复杂的 χ^2 检验。这就使较简单的问题复杂化。(c)它只能判断其他外部因素对因变量是否有影响,而无法确定哪些变量与因变量之间还存在着因果关系。例如,假如教师期望的影响只占 10% ~ 20%,而外部因素的影响占 60% ~ 70% 的话,那么就要找出对因变量有主要影响的其他自变量。

（2）准实验设计

① 非随机分派实验组控制组后测设计

特点为:实验组和控制组非随机取样获得;只有后测。模式为:

$$S_1 \qquad X \qquad O_1$$
$$S_2 \qquad — \qquad O_2$$

这种设计并不常用,主要威胁是:各组之间的后测值的差异可归因于各组特点以及实验处理。

② 非随机分派实验组控制组前后测设计

在原有环境下选择两个自然教学班、年级或学校;随机分派实验处理;都实行前后测。

模式为:

$$S_1 \qquad O_1 \qquad X \qquad O_2$$
$$S_2 \qquad O_3 \qquad — \qquad O_4$$

非随机分派实验组控制组前后测设计在教育实验中应用得最为普遍。

优点:由于有实验组、控制组,有前后测比较,因此可以控制成熟、历史、测验、工具、统计回归等因素的影响,一定程度上控制被试的选择偏差,从而提高研究的内在效度。

缺点:不是随机分组,选择与成熟交互作用可能降低实验的内在效度;前后测的交互作用。

（3）前实验设计

① 单组后测设计

只有一组被试且不是随机选择,无控制对照组;实验中只给予一次实验处理,有一个后测,将后测的结果作为实验处理的效应。模式为:

S   X   O

这种实验设计由于不能控制"历史""成熟""选择的差异"和"被试的流失"等无关变量,许多因素会混淆实验结果,因此内、外在效度不高。

② 单组前后测设计

只有一个被试组且不是随机选择,无控制对照组;仅一次实验处理;有前测和后测,用前后测的差作为实验处理的效应。模式为:

S O_1 X O_2

优点:第一,有了前测,可以在处理前提供有关选择被试的某些信息;第二,通过前后测能明显地验明实验处理的效果;第三,被试兼作控制组便于估计被试个体态度对实验结果的影响。

缺点:第一,由于没有控制组做比较,不能控制历史、成熟、工具、统计回归和选择与成熟的交互作用的干扰;第二,前测可能影响后测,产生实验误差。

2. 双因素实验

单因素实验只能解决一个因素的不同水平之间教学效果的比较问题。若想同时考察两个因素不同水平的教学效果的差异,就需要采用双因素实验方法解决。双因素实验首先要确定两个实验因素不同水平之间的搭配方式,计算出实验处理数目。

实验因素间的搭配方式主要有两种:交叉分组和系统分组。交叉分组是指实验因素 A 的每个水平与实验因素 B 的每个水平都要碰到,A 和 B 处于完全平等的地位,实验处理的组合数目等于各因素水平数的乘积。系统分组是指实验因素 A 和实验因素 B 处于不同的地位,先用来分组的因素 A 叫一级因素,后用来分组的因素 B 叫二级因素,因素 A 的某些水平与因素 B 的某些水平可能不会碰到,实验处理的组合数目不等于各因素水平数的乘积,如图 6-3 所示。

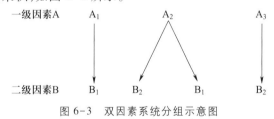

图 6-3 双因素系统分组示意图

在确定了双因素实验的两个因素的搭配方式后,就要决定怎样分配被试,怎样来安排实验处理。通常有两种方法:完全随机化设计和随机化区组设计。

(1)完全随机化设计

完全随机化设计是指用随机化方式将实验对象分为数组,然后又将每一种实验处理(就单因素实验来说,就是实验因素的一个水平)随机地分配给一组被试的实验设计。如要同时实验两种教学方法(A_1,A_2)和两种教材(B_1,B_2)的教学效果,若采用交叉分组,其基本模式如图 6-4 所示。

(2)随机化区组设计

```
R        S₁      ——— R ———      A₁B₁        O₁
R        S₂      ——— R ———      A₁B₂        O₂
R        S₃      ——— R ———      A₂B₁        O₃
R        S₄      ——— R ———      A₂B₂        O₄
```

图 6-4 双因素实验完全随机化设计

在完全随机化设计中,难以把随机误差和各组被试样本之间的差异分开,随机化区组设计则可把样本之间的差异从实验误差中分离出来。随机化区组设计有以下步骤:

第一,以实验的"特质"为标准,把实验对象分为 N 个区组;

第二,把每个区组内的实验对象分为 H 个小区,H 是实验处理数的倍数;

第三,采用随机抽样的方法决定哪个小区接受何种实验处理;

第四,把接受同一实验处理的小区的实验对象组成一个实验组。

双因素实验的结果采用双因素方差分析方法比较两个因素不同水平的教学效果的优劣。

3. 多因素实验

多因素实验设计也称为析因设计,是指在同一个实验中同时施加三个或三个以上实验因素的设计。多因素试验设计中,如果有 A、B、C 三个自变量,叫作三向析因设计;多因素实验设计中,每一个自变量可以有多个水平,如果三个自变量各有两个水平,称为 2×2×2 析因设计;如果三个自变量各有三个水平,称为 3×3×3 析因设计。

多因素实验分为全面实验和部分实验:全面实验是指把每个因素的各个水平的一切可能组合(即全部实验处理)都做一遍;部分实验是指从所有的因素组合中选出其中数个有代表性的实验来做,并用这数个实验来推断全面实验的情况。

第三节　教育实验的实施

教育实验方案制定以后,接着的工作就是把这一实验方案付诸实施。所谓教育实验的实施,就是实验者和其助理人员根据实验的方案,有目的、有计划地对被试施加实验因素,控制非实验因素,测验被试,记录实验情况等一系列的工作过程。教育实验的实施是整个实验过程的中心环节,它的成败直接关系着教育实验的成败。教育实验的实施一般分为前测、分组、实验控制、后测和实验记录五方面的工作,下面分述之。

一、前测

实验的前测是指实验前实验者为了了解被试的某些特质的现有水平而对被试进行的测验。前测在教育实验中有极其重要的作用:

其一,可以使实验者了解被试在实验之前某些特质的现有水平。

其二,可以利用前测抽取被试。

其三,可以利用前测进行分组。

其四,有了前测,可以求出实验因素作用于被试所引起的变化量,从而了解某一实验因素的效果或评判几个实验因素的优劣。

按照不同的分类标准,可把前测分为不同的种类。若按一个实验中前测项数的多少,可把前测分为单项前测和多项前测;若按一项实验所测特质的多少,可把前测分为单质前测和综合前测;若按前测的内容,可分为学科测验、智力测验、特殊能力测验和人格测验等。

在进行前测时,必须注意以下几个问题:

第一,前测必须测出实验所研究的特质。研究的特质是实验因变量的具体指标。如进行两种语文教学方法的比较实验,则研究的特质就是学生的语文学科水平。实验分组就是根据实验研究的特质来进行的,要使各组"相等",就必须测出其特质。同时,研究特质的变化量是判断实验效果的重要标准。

第二,前测要尽量采用标准化测验。采取标准化测验,实验者能够了解到前测的信度、效度、难度、区分度等定量指标,并依此作为编制后测的依据,使前、后测等值。

第三,测验人员要尽量避免一切偏向的发生。在实施前测过程中,研究人员要严格按照测验的指导书进行,尽量避免偏向的发生,从而提高实验的信度和效度。

第四,妥善安排测验的座次,防止被试作弊。

二、 分组

分组就是根据实验的要求,按照一定的方法,把选择出的被试分成若干相等的组。分组工作对整个实验具有重要的意义。如果分组工作做得不好,不能保证所分各组相等,那么各组之间就不具有可比性,就不能得出可靠的结论,整个实验就会由于分组的失误而导致失败。教育实验的分组,一般有如下方式。

(一)随机化分组

所谓随机化分组,就是利用随机过程把被试分成几个相等的组。这里所谓的"相等"是指各被试组在实验研究特质上的平均水平相等,并不一定是各组的每个被试都对应相等。随机化分组是一种简便易行的分组方法,可以避免测量分组的麻烦。但它只有在被试数量足够多时才能采用,而且所分各组之间的相等程度不如其他方法高,缺乏分组的定量指标。

随机化分组主要采用简单随机抽样(抽签法和利用随机数字)、系统抽样(机械抽样)、分层抽样等方式,具体方法可参考第二章的相关内容。采用随机化分组应注意以下两个问题:其一,随机化分组只有在被试数量足够大时才能使用;其二,利用随机化分组必须保证真正的随机。

(二)测量分组

测量分组就是实验者利用被试的前测成绩,把被试分成若干等组的一种分组方法。这种分组方法所依据的是前测成绩,因而能保证所分各组在实验所研究的特质上相等。所以,测量分组越来越受到实验工作者的重视。

测量分组一般分为如下步骤:

第一步,对被试进行前测。

第二步,按照前测成绩,把被试排列成一定的顺序。

第三步,根据被试排列顺序的位置,把被试分成若干相等的组。在分组时,往往要按照下列模式进行,因为这种模式不会使任何一组占优势。

如果要把被试分成两个组,其模式为:

S_1 1、4、5、8、9、…;

S_2　2、3、6、7、10、…。

如果把被试分成三个组,其模式为:

S_1　1、6、7、12、…;

S_2　2、5、8、11、…;

S_3　3、4、9、10、…。

以此类推,就可以把被试分成更多的组。

第四步,检验所分各组是否相等。

若前测成绩为多项,则需要把多项前测成绩合成一个综合成绩,然后进行分组。

(三) 匹配分组

匹配分组是实验者及其助理人员按照一定的标准,对全体实验对象一一地进行多方面的考察,然后将两个或几个情况基本相同的被试分别分配到不同的被试组中。匹配分组是根据被试多方面的情况(如学习成绩、智力、家庭环境、性格等)对被试进行分组,能够保证各组被试多方面、多特质的相等,所以是一种相当程度较高、比较严密的分组方法。但是,它运用起来比较麻烦,要花费实验者及其助理人员大量的时间和精力,因而在实践中并未真正得到广泛应用。

三、 实验控制

要提高教育实验的效度,必须重视教育实验的控制。实验控制是教育实验的核心和精髓,没有控制,就谈不上教育实验的科学性。教育实验控制的内容是相当复杂的,与自然科学实验有巨大的差别。自然科学实验和教育科学实验,都有其特定的实验情境。所不同的是,自然科学实验的对象是物,实验往往在实验室中进行,实验人员可以严密地控制实验情境,甚至把实验情境完全同外部环境隔离开来,创造一个人造环境。因而,自然科学的实验情境具有高度的控制性。而教育科学实验的对象是活动的人,需要在一定的教育环境中进行,实验情境不可能像自然科学实验控制得那样严密。所以,教育科学实验既具有控制性,又具有自然性。

实验控制,就是实验者根据实验的目的和要求,主动地操控实验因素,有效地消除、均衡和排除非实验因素的影响。由于大多数情况下教育实验的对象是身心发展较快、具有主观能动性的青少年学生,在实验中,很容易引起他们的种种心理效应,而且这些心理效应比较隐蔽,往往难以控制。再加上实验者及其助理人员的能力水平和心理素质难以相等,实验中要控制的非实验因素较多,所以教育实验的控制要比自然科学实验的控制复杂得多,困难得多,具有明显的复杂性。

在教育实验中,对实验情境的控制是非常必要的。从实践上来说,教育实验的情境相当复杂,影响实验的因素很多,而实验者所关心的只是实验因素对于被试的影响效果,实验因素之外的非实验因素的影响对于测量实验因素的影响效果起着干扰作用。为了准确地测量出实验因素的效果,就必须对非实验因素进行有效的控制。从理论上来说,对实验情境的控制决定着实验的内在效度,即实验归因的正确性和实验结果的可靠性。为保证实验具有较高的内在效度,就必须对实验情境进行较为严密的控制。同时,实验者还要注意实验情境的自然性,使其控制性和自然性处于最优化结合点上,以保证实验既具有较高的内在效度,又具有较高的外在效度。

教育实验控制方法的思路是:对实验自变量进行严格的界定、有效的操纵和运作;

对无关变量则利用平衡对消法进行控制;对实验因变量进行适当和准确的测量。有关自变量的确定在第二节已详细介绍过,对实验因变量的测量在前测中也已介绍,这里重点介绍无关变量的控制。

(一) 实验控制的对象

严格说来,教育实验情境的控制应包括对实验因素的控制和对非实验因素的控制两个方面。但人们通常所说的教育实验情境的控制,主要是指对非实验因素的控制。

非实验因素可以分为两类:随机性非实验因素和恒定性非实验因素。

1. 随机性非实验因素

随机性非实验因素,其随机性有两方面的含义:一方面是指这类非实验因素是随机出现的,毫无规律性;另一方面是指这类非实验因素对实验结果发生作用的性质是随机的,即有时是积极的,有时是消极的。比如,实验中天气的冷暖、阴晴变化,教师和学生的心情变化,学生的睡眠和饮食状况等,都是随机性非实验因素。对于这类非实验因素一般不加控制,因为它在实验组和控制组之间造成同样的影响,不会影响实验的结论。同时,过多地控制随机性非实验因素会丧失实验情境的自然性,影响实验的外在效度。

2. 恒定性非实验因素

恒定性非实验因素,其恒定性也有两方面的含义:一方面指这类非实验因素一旦发生作用,则自始至终影响着实验对象及其结果,除非加以控制;另一方面是指这类非实验因素对实验结果影响的性质是恒定不变的,若为积极的影响,则一直是积极的,若为消极的影响,则一直是消极的。例如,实验者的偏向、被试的态度、教师教学技能的差异等,都是恒定性非实验因素。恒定性非实验因素始终对实验对象发生影响,以致影响实验结果,使实验不能得出正确的结论。所以,实验者对恒定性非实验因素要认真地加以控制。

(二) 控制无关变量的方法

教育实验情境的控制主要有以下三种途径:

1. 消除

消除就是在实验的过程中,采用一定的措施,避免非实验因素的发生,是一种"防患于未然"的控制方法。比如,在比较两种教学方法效果的实验中,实验教师对于被试的偏向,可以造成被试学习成绩的差异,这是一种影响较大的非实验因素。为了控制这一非实验因素,实验者就可以采取一定的措施。如,选择那些客观公正无私心的教师担任实验教学任务,为教师制定详细的行为准则,对实验教师进行监督,来避免这一非实验因素的发生。但是,由于实验情境的复杂性,在一个实验中只能控制少数几个非实验因素。所以,在实验前要估计可能会发生哪些非实验因素,然后对各种非实验因素进行分析,看哪些是可以消除的,哪些是不可消除的,然后对那些可以消除的非实验因素采取严密的控制措施,来避免那些非实验因素的发生。

2. 均衡

均衡就是在实验中使某一个或几个非实验因素在实验组和控制组产生相同的影响。这样,可以使非实验因素产生的影响在实验组和控制组的对比中相互抵消,从而把实验因素的效果突出出来。如在某一教学方法的实验中,学生的智力水平是一个非实验因素,我们无法采用消除法来排除它,但我们可以用均衡法——等组实验来排除它对实验结果的影响。

3. 测量减除

在教育实验中,有些非实验因素既不能用消除避免其发生,又不能用均衡来抵消。这时,就要把这些非实验因素的影响测量出来,在计算实验因素的效果时,将其扣除。

对无关变量的具体控制方法主要有排除法、纳入法、物理法、随机法、配对法、测选法等。[①]

（1）排除法。在实验设计时,预先将可能影响结果的变量排除于实验条件之外,使自变量简化。如,在实验比较启发式教学法和演讲式教学法的优劣时,如果认为智力因素会影响结果,则只选高智力学生作为实验变量,这样智力因素对实验结果的影响就被排除了。同样,如果认为性别因素对实验有影响,则可以采用单一性别,这样,性别因素对实验结果的影响就可以排除掉。

（2）纳入法。把影响实验结果的某种因素也当作自变量来处理,将其纳入实验设计中,成为多因素实验设计。这样,不但可以收到控制之效,还可以进一步了解变量间的交互作用的结果。

（3）物理法。实验情境的控制常用物理法。物理控制法就是注意对实验情境的物理条件是否保持恒定,以及实验记录是否客观一致等物理性因素的控制。

（4）随机法。随机控制法是将参与实验的被试以随机分派的方式,分为实验组与控制组或各种不同的实验组。在实际使用时,随机分派可分为两个步骤:第一步是用随机的方法将参加实验的所有学生进行均等分组;第二步是再以随机的方法决定哪一组为实验组,哪一组为控制组。采用随机控制的方法,虽然在事实上未必能做到各方面都完全相等,但理论上相等的机会是比较多的。

（5）配对法。运用配对法的目的是使实验组和控制组在某些重要条件上相等或接近,从而控制无关因素对实验结果的影响。在理论上,配对后实验组和控制组的实验对象,在所据以配对的特质方面可以达到相等的程度。但在实际上是很难做到完全相等的,因为:首先,配对的变量若超过两个时,要找到几个变量同时相等的实验对象是十分困难的;其次,对于中介变量,如动机、态度等内在的因素,根本无法找到可靠的根据进行配对。

（6）测选法。测选法是把参加实验的对象于实验处理之前全部测量一下,然后根据测量的结果,予以合理的选择与分配。为了均等而编制或采用的测验必须合乎实验处理的要求,符合测量分组的要求。

（三）几种常见的非实验因素及其控制

1. 实验者的偏向

实验者是教育实验的组织者、执行者和指导者。在教育实验中,实验者有意或无意的偏向时常发生,往往很难避免。如有的实验者由于行政上和其他方面的原因,为了使实验得出自己所期望的结论,就有意地偏向实验组:在分组时,有意地让成绩好、智力较高的被试分到实验组;在实验过程中,给实验组"开小灶",对其严格要求,增加作业量,等等。所有这些都会使实验组被试受到有利的影响,从而扩大了实验组与控

---

① 杨小微.教育研究的原理与方法［M］.上海:华东师范大学出版社,2010:150-151.

制组的差异,使实验得不出符合实际的结论。

在教育实验中,对于实验者的偏向这一非实验因素要尽量地加以控制。实验者要加强教育科学研究的理论学习,提高自己的科研素养。要制定严密的实验计划,并按照计划进行实验。对自己提出严格要求,力求使自己在实验中做到客观公正、不偏不倚。同时,要采取客观控制的方法避免一切可能偏向的发生。例如,在分组时,实验者事先要制订分组计划,采取科学的分组方法和步骤,并在分组后随机决定哪一组作为实验组,哪一组作为控制组。在评阅试卷时把学生的姓名隐去。从而避免偏向的发生。

2. 实验助理人员的偏向

实验助理人员,尤其是教师,往往是实验工作的直接执行者,经常和被试接触,因而他们的偏向会直接地给被试造成影响,从而影响到实验的结果。它反映到两个方面:对实验组产生积极的期望效应——罗森塔尔效应,或称皮格马利翁效应;对控制组产生消极的影响——格莱姆效应。

要避免实验助理人员的偏向,实验者首先要认真选择那些客观公正、事业心强、认真负责的实验助理人员;其次,让助理人员参与教育实验方案的制定,了解对非实验因素控制的重要性,从而提高其控制的自觉性;最后,对实验助理人员进行培训,使其明确应该控制自己的行为,从而减少偏的发生。

3. 被试态度的变化

在教育实验中,被试态度的变化是一种常见的非实验因素,它对实验结果的影响主要表现在两个方面:其一,在实验组产生积极效应——霍桑效应;其二,在控制组产生积极效应——约翰·亨利效应。

控制被试态度变化对实验结果影响的方法有以下几种:盲实验法、均衡法和测量减除法等。盲实验法就是对被试严守实验秘密,不让他们知道自己正作为被试进行实验,更不知道实验的性质,使实验在被试一切自然的状态下进行。这样,就可避免被试态度的变化,从而避免被试态度变化对实验结果的影响。利用均衡法进行控制是指在等组实验中,如果实验的秘密在一组泄露,就应该在另一组或几组做同样的事情,以便让各组受到同样的影响。测量减除法是指通过一定的方法将被试态度变化所引起的因变量的变化量从实验结果中减去。

4. 教师教学水平的差异

我们知道,教师教学水平的高低,直接影响着学生的学习成绩。在教育实验中,它必然影响着教育实验结论的准确性。

控制教师教学水平差异所产生的误差,一般采用以下几种方法:

(1)选择教学水平相当的教师分担不同班组的教学任务。

(2)用同一教师担任各班组的教学任务。

(3)用几位教师平分各班的教学任务。

(4)利用轮组法均衡教师的影响。

5. 被试学习时间的差异

在教育实验中,被试学习时间的差异是一种常见的非实验因素。造成被试学习时间差异的原因很多,如教师和学生的主观努力程度,家庭环境的不同,测验时间控制不严等。实验者要根据具体情况进行控制。

6. 迁移对实验结果的影响

教育实验中的迁移，大致包括以下三种情况：学习的迁移、实验因素的迁移和测量的迁移。对于三种不同的迁移要采用不同的对策：对学习的迁移一般采用均衡的方法；对于实验因素的迁移一般采用轮组法进行控制；对测量的迁移一般是在两次测验之间选取时间间隔或尽量采用等值的方法。

四、 后测

教育实验的后测是实验者要了解被试在实验因素实施之后，在实验所研究的特质上的现有水平，而对被试进行的测验。教育实验的后测是教育实验中一项必不可少的工作。如果没有教育实验的后测，教育实验的统计分析工作就无从进行，从而无法得出实验的结论。如果实验的后测工作做得不好，不能准确地测量出实验因素实施之后被试在实验特质上的现有水平，实验就不能得出正确的结论。所以，实验者要认真细致地做好实验的后测工作。

在教育实验后测过程中应注意：后测要在停止实施实验因素后立即进行；后测和前测必须是同质测验，保证后测和前测分数的同质性。

五、 实验记录

教育实验的记录就是实验者及其助理人员在教育实验过程中，把实验进行的过程、实验因素所引起的被试的变化、非实验因素的控制情况以及其他有关的数字、资料等客观地记录下来，为实验积累珍贵的第一手资料。教育实验记录是整个实验过程的一项重要任务，是核算实验效果、做好实验结论的重要依据。

教育实验记录的内容主要有两类材料：一类是数据材料，主要指实验组、控制组的人数，前测、后测的成绩与其他有关的数字资料；另一类是事实材料，主要指实验进行的过程中出现的问题，被试在实验因素、非实验因素的作用下发生的变化，以及实验教师的行为表现，等等。对不同的材料，要采用不同的记录方法。数据材料主要采用表格记录的方式，即把实验所得的数据材料列表记录或填入事先拟好的表格中。对于事实材料，主要通过文字记录，即用文字来记述实验中所发生的一些事实情况。在实验记录过程中应注意实验记录的客观性、全面性和及时性。

本章小结

实验法是研究者根据研究假设，创设一定的情境，控制一些无关因素，主动地操纵某些实验因素，从而验证假设，确定实验因素与实验结果之间因果关系的一种研究方法。教育实验由自变量和因变量、实验组和控制组、前测和后测三对基本要素构成。教育实验设计的主要目的是为了提高教育实验的内在效度和外在效度。内在效度是指实验者所操作的自变量对因变量所造成的影响的真实程度，影响教育实验内在效度的因素有偶然因素、成熟、测验、测量工具、统计回归、被试选择的差异、被试的流失、取样与成熟程度交互作用；外在效度是指实验结果的概括性和代表性，影响教育实验外在效度的因素有测验的交互作用、抽样误差和实验处理的交互作用、实验安排效应、多重处理干扰。教育实验的实施主要是对因变量进行准确测量，利用消除法、均衡法和测量减除法降低无关变量对实验效果的影响。在教育实验中，研究者应该依据实验课题的性质选择适当的实验方法。

一、思考题

1. 教育实验法有哪些基本特征？教育实验与自然科学实验有何异同？

2. 实验法与观察法、实验法与调查法各有何区别与联系？

3. 教育实验的内在效度和外在效度的含义是什么？哪些因素会影响实验的内在效度和外在效度？

二、分析题

1. 一项名为"高中数学自学辅导实验"的研究，选择了某重点中学的高一(3)班为实验班，高一(6)班为控制班，这两班教材相同，教师水平相当。在实验班采用学生自学后尝试自己解题、讨论释疑、教师点拨等教学方式，并规定教师一节课上的讲解和讲述不得超过 10 分钟；在控制班则采用教师讲授、学生练习巩固的方法。实验周期为一个学年，根据实验前、后两班数学测试成绩的差异比较，判断自学辅导有无效果。

（1）请写出该实验设计类型的名称和格式。

（2）该实验控制无关变量的主要措施是什么？

（3）该实验设计的优点和局限性有哪些？

2. 某校进行了一项通过反思活动提高学生知识迁移能力的实验。研究者将高中一年级中的五个自然班，用抽签的方法决定其中一个班为实验班，另一个班为对照班。实验前对两个班学生的知识迁移进行统一测试。实验开始后，两个班使用同样的教材、保持同样的进度。对照班以常规方式进行教学，但对实验班每节课提供 5 分钟的反思练习，并布置一定量的课外反思作业，要求学生按时完成。持续一个学期后，用统一测试的方法检测出实验班学生知识迁移能力明显优于对照班。请回答：

（1）该实验研究采用了何种设计类型？

（2）该实验的研究假设是什么？

（3）该实验中自变量、因变量和无关变量有哪些？

（4）该实验设计存在哪些优缺点？

（5）该类型实验报告包括哪些基本要素？

三、拓展题

1. 收集 20 世纪 90 年代我国教育学术界关于教育实验的争鸣文章，思考并讨论："教育实验只能是准实验吗？"

2. 自选一篇教育实验报告，指出其因变量的确立、自变量的选择与操控和无关变量的控制，评论其科学性及其实践价值。

3. 提出一个具有实际研究价值的教育实验选题，以正确的表达方式写出实验假设（至少包括自变量、因变量及其预期的因果关系）。

第七章 行动研究

学习目标

1. 了解行动研究的基本特点,知晓行动研究的内在价值和优点与限制。
2. 掌握教育行动研究的基本过程和教育行动研究的基本实施步骤。
3. 能结合问题选择适当的研究模式并付诸实施。

建议学时

6 学时。

教师导读

长期以来,传统教育科学研究与教育实践之间呈现决然分立的局面,专家学者的学术研究无法有效解决教育实践工作的困境。行动研究致力于将实践工作与研究两者加以结合,强调实践的情境性、特殊性和复杂性,倡导教育实际工作者借由"研究—行动"的方式,解决教育实践中面临的实际问题,体现教育实际工作者积极的行动力。通过研究,促使教师不断地自我批判与反思,对于教师专业发展及教学品质的提升有极大的助益。

行动研究既是一种比较独特的教育科学研究方式,也是一种具有鲜明个性的研究理念。行动研究是由与问题有关的实践人员共同参与的研究和实践,对问题情境进行全程干预,并在实践活动中解决问题。行动研究不以"产出理论"为旨趣,而以"改善实践"为目的。本章在阐述教育行动研究基本概念的基础上,介绍了行动研究的基本操作过程,说明了行动研究的优点与限制,结合教师工作,尤其是教学研究工作的特点,揭示了教育行动研究对教师发展的价值和意义,使学习者对于行动研究有更深入的认识与反思。

重要概念和术语

行动研究　教育行动研究　行动研究取向　行动研究模式

第一节 行动研究概述

行动研究作为一个专业术语、一种研究类型,是 20 世纪三四十年代在美国社会科学研究中开始出现的,50 年代被应用于教育科学研究之中,70 年代以来越来越受到教育科学研究工作者的青睐,目前已成为广大教育实践工作者从事教育科学研究的一种主要方式。

一、行动研究的内涵与目的

(一)行动研究的内涵

行动研究一词首先由美国社会心理学家勒温于 1940 年提出。对于行动研究的内涵,国内外学者有不同的理解。澳大利亚学者凯米斯认为行动研究是由社会情境(包括教育情境)的参与者,为提高对自己所从事的社会或教育实践的理性认识,为加深对教育实践活动及其依赖背景的理解,进行的反思研究;英国学者埃利奥特认为行动研究旨在提高社会具体情境中的行动质量,是对社会情境的研究;我国台湾学者陈伯璋认为,行动研究是指情境的参与者基于实际解决问题的需要,进行有系统的研究,以讲求实际解决问题的一种方法;我国台湾学者蔡清田则从实践的观点,认为行动研究是实际工作者所进行的研究,因此实际工作者在工作情境下,除了能对实际的问题加以改善和解决,更能借由研究促进知识的增长和自我的提升;我国学者刘良华认为,教育行动研究主要是指行动者为了改进自己的实践而在自己的行动中展开的研究。

由上所述可知,对于行动研究的理解,有些学者较偏重于行动研究能够增进实际工作的质量与成效,而另一些学者则比较强调行动研究对于实际问题的解决能力和研究者自身能力素养的提升。

因此,行动研究是由实际工作者将实际的工作情境和研究相结合,以改善实际工作为目的,采取批判、自省、质疑的研究精神,改进实际工作,并获得专业成长和提升的实践活动。而教育行动研究则是指在教育情境中,由教育实际工作者(通常指教师)进行,目的在于改善教育专业的实践,采取批判、自省、质疑的研究精神,借以实践其教育理想并获得专业成长与提升的一种研究。因而,教育行动研究与其说是一种教育科学研究,实际上更应说是一种教育实践的过程。

(二)行动研究的目的

关于行动研究的目的,英国学者埃利奥特认为行动研究是对社会情境的研究,主要在改善社会情境。而科恩和曼尼欧将焦点置于教育领域,提出教育行动研究的目的有五项:① 行动研究是一种手段,用以解决特定的问题,或是改善某一种特定的教育实践;② 行动研究是教师在职进修的方法,可以提高教师分析和解决问题的能力及自觉性;③ 行动研究是一种工具,帮助教师将新的教育教学理念、教学模式和教学方法等应用于教育教学实践中,用于改革教育教学的环境;④ 行动研究是一种媒介,可以增进教师实践工作和学术研究之间的沟通,通过研究探寻实际问题的解决办法;⑤ 行动研究可以提供有别于传统教育科学研究的问题解决方法。我国台湾学者蔡清田指出,教育行动研究可以达到增进教师适应教育工作情境的能力,增进教师的专业理解,获得"教师即研究者"的教育专业地位等目的。

综合上述学者观点,行动研究的主要目的可以归纳为:

(1)缩小理论和实践的差距,弥补传统学术研究的缺失。

(2)发现和解决实际工作的问题,提高实际工作的质量和效率。

(3)促进教师的专业成长,帮助教师成为一位能够独立从事研究的行动研究者。

二、 行动研究的特点

近年来,行动研究作为一种分析和解决特定情境问题的手段和促进专业成长的研究方法,在诸多领域得到广泛应用。但严格说来,行动研究并不是一种独特的研究方法,而是一种具有特殊研究目的、研究情境、研究人员以及研究程序的研究类型。其特殊之处在于,行动研究是"为行动而研究""在行动中研究""由行动者研究",因此,行动研究与传统的学术研究具有不同的特点。

(一)研究者与行动者合二为一

在传统意义上的教育科学研究中,专家学者只从事理论研究的工作,并不直接应用研究的结果去解决实际问题,实践者(中小学教师)是研究的客体或对象,只负责实际工作的执行而不承担研究的任务,因此,研究结果与实际应用之间经常是断裂、分离和脱节的。以教师专业发展研究为例,中小学教师通常是专家学者分析、观察和研究的对象,中小学教师很少研究自身的专业发展问题。而在行动研究中,实践者(中小学教师)成了研究的主体,不是被动地接受局外人(专家、学者)的研究成果,而是对自己所从事的教育教学实践进行研究,通过研究与行动的密切结合,提高自己的教育教学能力。行动研究可以使教师成为教育科学研究的参与者、教育实际问题的诊断者与研究结果的行动者(践行者),这样的转变无疑使教师由被研究的客体转变成为具有自主性的主体,更能成功地跨越理论与应用间的鸿沟。

(二)行动研究以解决实际问题为目的

行动研究为行动(实践)而研究,以解决实际问题为主要任务,为实践本身的改善而展开行动,而不是理论上的建构。通过行动与研究的结合,透过实践行动来改善教育教学工作中所面临的实际问题,关注实际问题的圆满解决,进而提升教育实践的工作质量。行动研究关注的焦点在于实际问题的解决程度,不太关注研究结论能否类推到其他情境中去,因此,行动研究的"实用价值"通常高于其"理论价值"。

(三)实施过程具有动态性、灵活性、可操作性和不断循环的特点

行动研究是针对研究者面临的具体问题的研究模式,一般而言,包括发现问题、分析问题、拟定研究计划、收集资料与实施计划、检验措施的有效性、依据效果修正原始计划、整理研究成果等步骤。研究的每一步骤都应包含可操作性的活动,都是在动态的实践过程中进行的,如写日记、拍摄录像、课堂交谈等。

行动研究过程不追求严密性和可控制性,是与学校正常的教育教学活动过程结合在一起进行的,要求根据实际情况灵活掌握。同实验室的研究完全不同,行动研究容许复杂的实际因素存在,在各种复杂因素中寻找解决问题的途径和方法。因此,研究中允许研究者根据情况的变化修改原来的方案和假设,允许按照新的研究思路继续进行研究。

行动研究重视及时反馈。因为实践活动中往往不能简单地、集中地呈现出计划与结果、计划与行动之间必然的、线性的关系,所以应重视监督行动的过程,及时地分析有关信息,并对每一阶段的行动做出及时反馈。在教育情境中的改革措施,一旦有较为肯定的结果出现,便立即反馈到教育体系中去,改进教育实践。

在行动研究过程中,任何一个结论都要不断接受新的检验,任何一个结论都可能包含着下一个问题的提出,或者为下一个问题的研究提供基础与前提条件。因此,我们说行动研究过程是一个周而复始、不断循环的过程。

(四)对象或问题具有特定性,结论亦只适用于特定情境的改进

由于行动研究所关切的是实际情境中的特定问题,其研究的样本亦只限于特定的对象,因此其结果也只能限定于特定情境中的问题解决。一些研究者认为推论性不足的研究方法,其价值是需要打折扣的,然而行动研究的重点原本就不在发展一套理论,也不强调普遍的应用,因此,如果要评价行动研究的价值,应侧重它对实际情境的改善程度,而不是以理论的建立与否来进行评判。

(五)重视研究者的自我反思

行动研究的核心思想是鼓励实践工作者从事实际工作的研究,从实际工作当中了解问题,通过反省与探究发展出解决的方式与策略。为了切中问题的核心,实践工作者必须进行多角度的思考,因为一个无法自省的研究者是无法发掘问题真相的。行动研究的特点之一正是不断地循环反思、修正与创新,而其中反思与再规划必须不终止地进行,直到问题得到圆满解决为止。

三、 行动研究的发展与取向[①]

(一) 行动研究的发展

行动研究起源于 20 世纪三四十年代的美国,柯立尔和勒温是行动研究的先驱,柯立尔在致力于美国印第安保留区内的教育重建与生活改善中,让教育领域的同仁和社会人士一起进行研究,最早使用行动研究这一概念。

美国社会心理学家勒温将行动研究引入社会科学研究领域并对行动研究的特征进行了阐述。第二次世界大战结束后,针对美国由于战争消耗而导致物质匮乏所产生的社会问题,勒温对此开展了一系列的社会心理学研究,并将行动研究策略直接应用于研究中,于 1946 年发表了《行动研究与少数民族问题》一文,提出了"没有无行动的研究,也没有无研究的行动"的论断,强调行动与研究间的密切关系,并且认为"将科学研究者与实际工作者的智慧、能力结合起来,以解决某一实际问题的方法"就是行动研究,并对行动研究的一些特征做了阐述,比如研究人员和实际工作者共同参与、研究过程的反复循环。

美国哥伦比亚大学师范学院的柯雷则是行动研究在教育科学研究领域中引入、推广、应用的首倡者。他将行动研究一词介绍到教育界,在《改进学校措施的行动研究》一书中,他认为:"所有教育上的研究工作,经由应用研究结果的人来担任,其研究结果才不致白费。同时只有教师、学生、辅导人员、行政人员及家长、支持者们能不断地检讨学校的各项工作,学校才能适应现代生活的要求。所以,学校的所有这些人员必须个别或集体地采取积极态度,运用其创造性思考,指出应该改变之处和如何改变的措施,勇敢地加以试验,并且讲求方法,有系统地收集证据,以决定新措施的价值。这种方法就叫行动研究。"[②]他不仅将行动研究引入行政管理、课程、教学等各个方面实际问题的解决中,而且详细介绍了行动研究的理论基础、特点、实施原则、实施程序和注意事项。

教育行动研究发展到 20 世纪 50 年代末期,在教育上的应用因为"研究方法论的粗浅""非科学性""教师训练不足""研究的信度和效度不高"等因素而受到极大的批评,因而在美国开始逐渐衰退。

20 世纪 70 年代行动研究复苏于英国,但发展的理念已与美国有一些不同,例如比较重视定性研究取向,鼓励教师持续不断地自我反省,教师的行动研究成为教学行为的一部分,亦成为教师专业发展的途径。此外,强调实践在教育行动研究之中的重要性,并重视教师在教育改革当中的角色,鼓励由下而上的教育改革途径。

追溯英国教育行动研究的发展,可以溯及 20 世纪 60 年代中学制度改革和现代中学崛起后所引发的"以学校为基础的课程改革"及"教师即研究者"的运动。斯腾豪斯与埃利奥特是当时英国教育行动研究的两位重要推动者,他们都强调教师的行动研究

---

① 潘慧玲.教育研究的取径:概念与应用[M].上海:华东师范大学出版社,2005:308.

② Corey, S. M. 1953. *Action Research to Improve School Practices*. New York:Bureau of Publications, Teachers College, Columbia University.

在课程发展中的重要性。

斯腾豪斯(1975)所领导的"人文课程计划"充分呈现了行动研究的精神,认为唯有发展教师的批判性与创造性力量,才能真正改善学校教学与行政工作,因此首创"教师即研究者"的概念,主张教师应将自己视为研究者。

埃利奥特和阿德尔曼在 1973 年至 1976 年间主持的"福特教学计划"致力于倡导合作行动研究,认为参与这一研究计划的每一个成员既是一个研究者,又是一个"扩展的教师"。正是这种理论和实践相结合的研究推动了行动研究的发展。所以,行动研究的再度兴起,是教育理论和教育实践相结合的需要;是研究机构及其成员和学校教师对各自角色、担负的责任的重新认识的结果;也是行动研究本身被作为一种通过连续不断的反馈,为教育实践发展提供简便易行的方法,而受到人们日益重视的结果。

20 世纪 80 年代,各种大型的教育与课程发展计划在英国政府的支持下继续推动,而地方教育局更提供行动研究的高级进修课程给教育相关机构,如办理教育学院、教育系等。教师在研习完行动研究的课程、训练及行动研究的方案后会获颁正式的学位或"教育科学研究证书",作为进修成果的证明。

埃利奥特与斯腾豪斯两位学者对于行动研究的提倡也影响到澳大利亚的学者,例如澳大利亚学者凯米斯广泛倡导"教育行动研究",鼓励教师成为自己教育实践的反省性实践者;而格伦迪(1987)也提出教育行动研究的三种模式,分别是行动研究的技术模式、实践模式与解放模式。

尽管行动研究的概念在各国的发展中强调的重点不尽相同,但是这种不同只是呈现出不同的精神风貌,而不代表它们有高低优劣之分。在采用任何一种行动研究概念的同时,也应重视理论与实践、研究与行动之间的相互结合与呼应,才能凸显出行动研究的实质精神与特色。

(二)行动研究的三种取向

有关行动研究的取向,格伦迪根据哈贝马斯三种建构知识的兴趣——技术兴趣、实践兴趣、解放兴趣,将行动研究区分为以下三种取向。

1. 行动研究的技术取向

技术取向的行动研究又称为科学的行动研究、操作研究,是行动研究早期的形式。技术取向的产生受到实证主义极深的影响。19 世纪以来,由于自然科学无与伦比的成就,实证主义的自然科学研究方法被看作是发现理论与知识的最有效方法,同时也成为社会学与教育科学研究的主流。定量研究、实证主义研究与科学方法几乎为同义语,以可观察的事实、可测量的变量与可证实的命题作为研究基础的客观探究。定量研究倾向于将观察结果化约成不连续的单元,运用统计分析的数据将各单元做比较分析,以验证研究假设。

虽然源于对实证主义研究所产生问题的批判,但早期的行动研究仍然强调方法—目的的工具性,认为行动研究是行动观念的构成、计划、发现事实、执行和监控行为发生与结果的过程。行动研究的倡导者勒温所做的行动研究实际上是一种实验研究或准实验研究,或称为技术的行动研究。与一般意义上的实验研究一样,技术的行动研究也有研究的假设、控制以及对结果的检验,研究报告的撰写也接近实验报告的撰写。

总之,技术取向的行动研究严格要求标准化与普遍化,使得研究结果脱离了自然情境,阻碍教师根据实际情况调整行动的可能性。一方面教师无法将外在的理论与教学结合;另一方面,此种"客观研究"的本质反映在教学系统,意味着教师必须被外在的课程所束缚。教师拥有的教学实践必须服从外来理论的指导,缺乏自主的空间,仅以学生的学习成就评估教师的专业能力,以标准化的测验评价学生的学习。在对此现象的反对之下,产生了行动研究的第二种取向——实践取向。

2. 行动研究的实践取向

技术取向的行动研究往往过于强调研究的技术规范而不关注课堂教学的实际问题,20世纪70年代后,行动研究在英国、澳大利亚等地受到修正发展。斯腾豪斯认为技术取向的行动研究仍与教师教学实践情境相背离,对教师实际的教学或学校行政工作无应用价值,更无助于教师专业上的彰权益能。为了改进此种现象,斯腾豪斯等人主张,唯有通过实践去理解活动的主观意义,此研究才能对社会环境整体有所理解,而不是化约式的分析、统计评比、隔离的经验及表象的描述。知识必须以内在或接近经验的方式来描述,此即行动研究的实践取向。

实践取向强调协同行动研究,依据对教室内或学校中教育事实与现象的深度"了解"来促成对教育实践的改进。换句话说,即是从做中学——由行动实践促成反省、了解与革新。然而,行动研究的实践取向并未涉及教育变革与教育行动的价值判断问题,亦即尚未触及对教育制度结构、隐含的意识形态或社会规范存在性等问题的质疑与挑战。另外,由同一知识群体以自己认可的方式所发展出的理解也有问题存在。此种过于依赖同一群体共同建构意义的诠释性研究,可能隐含着自以为是,甚至扭曲知识的倾向,因而产生了行动研究的第三种取向,即行动研究的解放取向。

3. 行动研究的解放取向

解放取向的行动研究强调反省思考与行动之间的转换,鼓励教师成为具有批判性的行动研究者。教师在其行动研究中反省的焦点不只局限于"方法——目的"的问题,而在于教育价值的批判与澄清,希望教师能对自己与其他教育人员对教学意义的掌握及其对历史与社会的影响进行思考。如果没有经过解放与批判的历程,教师对教育价值的理解可能会被政治或经济等非教育力量和压力所瓦解,教育价值的实践也可能因为某种意识形态而受到阻碍。因此,教师研究者应探究对自己有意义的问题或现象,并在建构与实践的历程中,发展出对教育结构、背景的批判与反省态度。

行动研究的解放取向其实正反映出个人希望从外在世界中寻求独立之主体性的强烈需求,只有通过反省的探究,个人才可能自环境中解放。在反省的探究中,研究者与研究对象必须采取合作的方式,才能建构真实的、以实践为本的研究,这也正是行动与反省交互作用的呈现,而此互动说明了实践、社会因素及意义建构复杂的本质。

因此,技术取向的行动研究过于强调研究的技术规范,而忽略了真实的课堂教学中的真实问题;实践取向的行动研究则过于关注课堂教学中的具体的、细节的教学问题,而无法从整体的学科教学的高度或整体的教学原理的高度来解决问题;解放取向的行动研究则是对技术取向和实践取向的行动研究的批判。

对于实践者而言,最好先从事实践的行动研究(反思性教学或课例研究),然后通过批判的思维使实践的行动研究逐步转换为超越学科细节问题的科学的行动研究。如果说实践的行动研究相当于课例研究,那么,科学的行动研究则可以理解为课题研究。实践的行动研究更适合于年轻的教师新手,科学的行动研究更适合有经验的教师高手。科学的行动研究虽然饱受非议,但是只有科学的行动研究才能推进教师建立比较稳定的教学信念、比较成熟的教学风格。

第二节　行动研究的模式与实施步骤

一、行动研究的模式

理论只有被人们运用于实践并指导实践,才具有生命力。行动研究的倡导者们在提出行动研究的概念的同时,就开始探讨、设计行动研究一般的操作模式。首先尝试将行动研究的过程加以模式化描述的学者是行动研究的先驱勒温,而其他学者所提出的行动研究模式,基本上都是以勒温的"计划—行动—观察—反思"之行动研究螺旋循环模式为架构。

(一)勒温的行动研究螺旋循环模式

勒温把行动研究的进行过程描述为一种螺旋循环的步骤,每一种螺旋循环都有四个基本阶段:计划、行动、观察及反思,见图7-1。

勒温认为行动研究与实验研究存在区别,一般的实验研究可能为一个主题以及一轮实验,但行动研究往往不可能一次性地解决问题,需要两轮及以上的研究。行动研究是一个连续不断的螺旋循环过程,在"计划—行动—观察—反思"之后,又开始另一个重新计划阶段,每一

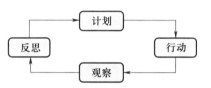

图 7-1　勒温的行动研究螺旋循环模式

个"研究—行动"过程的进行可能会导致另一个"研究—行动"过程的进行。

(二)凯米斯的行动研究循环模式

20世纪80年代,凯米斯与其在澳大利亚迪金大学的同事泰格特等人对勒温的"螺旋循环"模式进行完善,提出了"计划—行动—观察—反思—再计划……"模式,人们把它称为"凯米斯程序"或"迪金程序"(如图7-2)。凯米斯广泛倡导"教育行动研究",鼓励教师成为反思性实践者,认为教育行动研究是一个可行的研究方法。

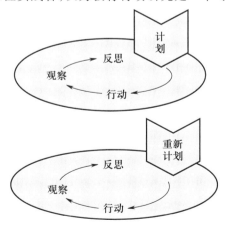

图 7-2　凯米斯的行动研究循环模式

"凯米斯程序"被广泛接受,很多研究者直接将"计划—行动—观察—反思"视为等同教育行动研究。"凯米斯程序"具有以下几个特征:① 强调"在行动中"研究;②"计划—行动—观察—反思—再计划……"是一个无止境的探索过程;③"观察"凸显了行动研究对收集资料的重视;④"反思"准确地解释了"教师成为研究者";⑤"螺旋循环"形象地表达了行动研究的持续性和改造教育实践的过程性的特征。

(三)埃利奥特的行动研究循环模式

埃利奥特赞同凯米斯的观点,接受了凯米斯模式的基本要素。他同时指出,凯米斯模式存在缺陷,如容易让人误解"基本主题"在未来的研究进程中是固定不变的,"探测"似乎只是收集资料,"行动"又像是直线式的。埃利奥特认为行动研究应始于教师的"自我评鉴",因此应先收集资料、分析资料,以当前的教育实际之分析为出发点。因此研究者首先应确认最初概念,经由探查事实与拟定一般性计划后便付诸行动,但在经过监控行动结果与进一步探查之后,研究者修正一般概念及修正计划,再研拟新的步骤,继续下一个行动步骤,阶梯式循环模式便一直延续下去,研究者不断执行行动步骤,直到问题获得解决。因此,他把"行动—反思"的循环图转变为阶梯式的研究程序。首先,允许"基本主题"随研究的深入做出调整和转换;"探测"不仅仅是收集资料,还应该有资料的分析;"行动"在埃利奥特看来是非常不容易的过程,不会"一往无前",更不是直线式的畅达,在没有观察到效果前不要进入评价阶段。埃利奥特针对凯米斯模式的缺陷,重新设计了"阶梯"式的行动研究过程图解。这样,在埃利奥特模式中,不仅增加了每一个循环起点的开放性,而且丰富了每一个循环的研究内部的内涵(见图7-3)。

(四)埃伯特的可回复性历程模式

埃伯特认为凯米斯与埃利奥特两人所提出的行动研究模式过于理想化,忽略了教师实际执行教育行动研究时,在任何阶段都可能包含许多的失败、隐而不显或例外的行动和研究策略。因此,埃伯特对于行动研究的"行动—反思"历程提出较完整的架构图,其主要特色在于回圈次序的回复及各回圈内的互动关系。

埃伯特的行动研究历程模式主要包括五个步骤:

(1)一般概念的形成:包含问题的形成、问题原因的诊断等。

(2)侦察阶段:主要为资料的收集。

(3)拟定整体计划:研拟有效的行动方案。

(4)采取行动:将行动方案付诸实施。

(5)行动监控与自我评鉴:方案实施结果若无法使原先的概念获得答案,问题也未获得解决,则应再修正概念。

以上步骤见图7-4。

埃伯特的行动研究历程最大的特色在于每个步骤都可根据实际情境随时加以补充修正。例如在一般概念形成阶段,研究者经讨论反思,若发现有不合宜之处,便可立即加以修正;若在行动监控与自我评鉴阶段,研究者发觉问题并未能解决,则可重新修正整体计划或是重新修正概念问题;而在整体计划的形成中,若研拟的方案行动不甚理想,也可将整体计划加以修正再采取行动。因此,考虑任何阶段可能的变动策略与因应方式,是埃伯特行动可回复性历程模式的主要特色。但埃伯特却忽略了一点:在

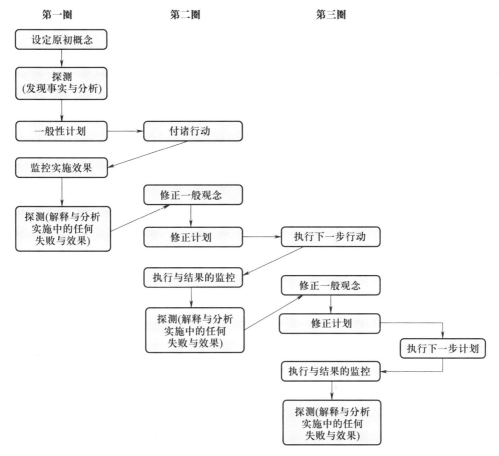

图 7-3　埃利奥特的行动研究循环模式

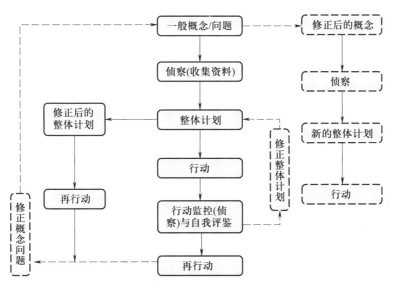

图 7-4　埃伯特的可回复性历程模式

教育行动研究的过程中,教师研究者永远不可能回复到真正的"原点"。

二、 行动研究的实施步骤

尽管行动研究有多种模式,在实施行动研究的具体步骤上也有一些差异,但在基本的操作过程方面,一些基本的思想是共同的。这些思想包括:行动研究的起点应该是对问题的界定与分析;行动研究应该包含对计划及其实施情况的评价,并在这种评价的基础上加以改进。从总体上看,行动研究的过程是螺旋式加深的发展过程,每一螺旋发展圈都包括计划、行动、观察和反思四个相互联系、相互依赖的环节。我们以这些基本思想为指导,结合学校实际情况,给行动研究者勾画一个可资借鉴的实施框架。

(一) 计划

"计划"是行动研究的第一个环节,其主要任务是发现问题、明确问题、分析问题和制订计划。"计划"的制订以大量事实和调查研究为前提,包含以下的内容和要求。

1. 发现问题和界定问题

行动研究是一种以问题为中心的研究方式,发现问题是行动研究的起点。行动研究是以改善和提高实际工作质量为目的的,研究问题通常是教师在日常教育教学中遇到的看似平常的问题,如学生的不良饮食问题,学生学习某门课程积极性不高的问题,学生上课纪律不好的问题,新的教学方法能否提高本门课程教学质量的问题等。

要制订切实可行的行动研究计划,光有问题是不行的。研究者必须厘清问题,对问题予以界定,并确定其范围。研究者不但应对问题予以缜密的界定,且须在问题界定的同时,能对问题的本质有较清晰的认识,为下一步的研究提供依据。研究者要从现状调研、问题诊断着手,弄清楚以下问题:① 教育教学情境中发生了什么问题? 从什么意义上讲有问题? 与自己的期望或价值有什么冲突? ② 这些问题对研究者、对班级、对学生重要性如何? ③ 这些问题不解决不行吗? 哪一个问题将成为解决的突破口? 它的解决受哪些因素的制约? ④ 众多制约因素中哪些虽然重要,但一时无法改变? 哪些虽然可以改变,但不重要? 哪些是重要的而且可以创造条件改变的因素? ⑤ 创造怎样的条件、采取哪些方式才能有所改进? ⑥ 什么样的设想是最佳的?

要厘清问题,研究者可以与具有批判性的朋友对话,或寻求学者专家的帮助;可以用图表、列清单与排序等方法来加强对问题情境的理解;思考:这项研究和发展活动将会影响哪些人? 有何种社会政治决定因素与问题相关? 此种情境是如何发生的? 在此情境中的事件、背景因素、个人的行动间有何关联?

2. 制订计划

界定与分析问题之后,研究者可以根据自己或他人的经验,依据一定的教育理论,凭借自己对问题的理解设计出可能解决这一问题的总体计划。一般说来,总体计划应包括以下内容:① 预期目标。这是计划实施后可能达到的目标状态。在陈述预期目标时要尽可能做到客观、具体,使预期目标具有可操作性和可监测性,防止模棱两可。② 拟改变的因素。即研究者为了解决问题而采取的一些方法与措施。如准备采用新的教学方法,准备改变教学内容的呈现方式等。当然,这种改变绝不是随意改变的,而是在深入分析问题的基础之上结合研究者的理论修养和经验而提出来的。并且,一次拟改变的因素不宜太多。③ 行动步骤与时间安排。即研究中先做什么,需多长时间,再做什么,又需多长时间等。④ 研究人员及任务分配。为了使研究顺利进行,计划中对任务的分配尤其重要。⑤ 收集资料的方法。即准备用哪些方式和方法来收集资料。如某小学自然课教师发现班上学生自开学以来两次月考成绩不理想,因此他计划用行动研究了解问题的原因,并加以改进。其计划阶段所做的工作是:老师发现其班上学生两次月考成绩不理想(发现问题),因此想从研究中了解问题,并加以解决。于是,他一方面阅读有关影响学习效果的因素的文献资料,一方面请教同年级自然课教师。经仔细观察,确定了"如何增进学生学习自然的兴趣"为最重要的问题(明确问题)。确定研究主题后,便开始深入广泛地收集与增进学生兴趣有关的文献,根据对文献及问题的分析,老师决定用调查研究法对班上学生进行学习兴趣的研究。他自编了一套评价学生"自然课兴趣量表"。通过测验后,对测验收集的资料加以进一步分析,找出学生对自然课兴趣低落的原因,进行针对性的改进(分析问题和制订计划)。

计划必须有充分的灵活性、开放性。行动研究者必须意识到计划是灵活、开放的。人的认识是不会一次完成的,需要不断深入,因此行动研究计划必须能包容不断发现的各种因素和矛盾,计划本身也会因为某些始料不及、未曾认识的因素的介入而必须修改。在这个意义上说,计划只是短暂的、开放的、允许修正的。

（二）行动

行动就是行动者在获得了关于行动背景和行动本身的信息,经过思考并获得一定程度的理解后,有目的、按计划采取的行动步骤,它是整个行动研究工作成败的关键。在行动中,要按计划、有控制地进行变革,在变革中促进工作的改进,包括认识的提高和工作质量的改善。如上面介绍的自然课,老师根据计划进行施测,通过进一步分析,发现学生对自然课兴趣低落的主要原因是上课缺乏实验、讨论,同时户外观察活动也太少。于是老师调整教学结构,每周进行 2 节实验课,1 节讨论课,每 2 周进行一次户外活动课,以增进学生学习自然的兴趣,提高学习效果。

研究者在行动时应注意:① 行动是不断调整的,在行动过程中,随着研究者对问题的认识逐渐深化,以及行动过程中各种信息的及时反馈,研究者可以不断吸取参与者的建议,对实施中的计划进行修改、调整,甚至是重新选择问题,开展研究。② 行动的目的是为了解决实际问题,而不是为了检验某一计划。③ 实际工作者和研究者一同行动。在教育科学研究中,家长与社会人士和学生均可作为合作的对象。要协同各方面的力量,保证实施到位。

（三）观察

观察是指对行动的过程、结果、背景以及行动者特点的考察。观察是反思、修订计划和进行下一步行动的前提。在行动研究中的观察包括:

1. 观察者

观察者既可以是研究者本人,借助于各种有效手段对本人行动的记录进行观察,也可以是其他人。多视角的观察更有利于全面而深刻地认识行动的过程。

2. 观察对象

观察对象主要指对行动过程、结果、背景以及行动者特点的观察。由于社会活动,尤其是教育活动受到实际环境中多种因素的制约,而且许多因素又不能事先确定和预测,更不能全部控制,因此,观察在行动研究中的地位就十分重要。在行动研究中,观察是反思、修正计划、确定下一步行动的前提条件。为了使观察系统全面和客观,行动研究鼓励研究人员利用各种有效技术。

3. 观察内容

观察的内容主要有：① 行动背景因素及其制约方式。② 行动过程,包括什么样的人以什么样的方式参与了计划的实施,使用了哪些材料,安排了哪些主要活动,有无意外的变化、干扰,如何排除等。③ 行动的结果,包括预期的与非预期的,积极的和消极的。背景资料是分析计划设想有效性的基础材料,过程资料是判断效果是不是由方案带来的和怎样带来的观察依据,结果资料是分析方案带来了什么样效果的直接依据,这些材料对于效果分析来讲是缺一不可的。

4. 观察资料收集的方式

观察资料收集的方式主要有:① 文件分析。这些文件包括学生的书写作业、教师的文字资料及其他文件(如班级名册、家长来函、出缺席记录、校规、通知单、新闻简讯、通告、参考书)等。② 直接观察与间接观察。行动研究不需要任何科技工具,只要有纸笔即可,其重点在于"做记录"以备事后使用,记录可在观察过程中或观察之后进行。除了教师角度的观察外,亦包含学生角度的观察(学生以各种角色看他们自己)及其他人的观察(一个外人体验该情境后的观感),或利用录音机及适时地使用相机或摄像机。③ 访谈与问卷。较好的访谈结果是研究访谈逐字稿的记录,可分析访谈者与受访者是如何相互影响的。至于开放性问卷或封闭性问卷的使用,对教师而言都是一种简便的资料收集方式。④ 实习导师、督导员或其他同事的交互观察教学或视导记录。

提高行动研究的质量,必须追求观察的科学性,灵活运用各种已知的观察技术和数据、资料、采集分析技术,包括实况详录与工作时间取样、事件取样,日记描述与轶事记录、清单法,行动检核记录与行为编码记录,直接观察与间接观察的调查访问测验,文字描述与录音录像等现代化技术手段,等等。为了保证观察的客观性,要让研究者与实际工作者、局外人与当事人从不同的方面进行多视角的观察,全面深刻地把握行动的全过程。

（四）反思

反思的目的在于监控教育行动研究是否达成预定的行动目标,并针对问题情境提出反馈及修正。在进行反思时主要思考以下问题:① 教育行动研究的结果重要吗?对谁重要?为什么重要?你喜欢这种结果吗? ② 行动研究有没有给实际工作带来变化?这种变化是否有价值? ③ 自己是否通过教育行动研究获得专业成长? ④ 教育行动研究是否具有正当性?是否符合教育实际工作者的专业伦理?

反思是一个螺旋圈的终结,又是过渡到另一个螺旋圈的中介。反思这一环节包括:

1. 阅读和选择资料

反思的第一步是研究者和行动者阅读和选择资料。通过阅读资料,回忆所呈现的事件与经验;区分重要与不重要的资料,把相似的资料聚合在一起,将复杂的资料排序、简化。

2. 整理和描述

即对观察到、感受到的与制订计划、实施计划有关的各种现象加以归纳整理,描述出本循环的过程和结果,勾画出多侧面的生动的行动过程。将选择的资料以一种极易了解的方式呈现,可以用图表或线条的方式加以强调。

3. 评价解释

解释相关问题,对行动的过程和结果做出判断评价,对有关现象和原因做出分析解释。找出计划与结果的不一致性,从而形成基本设想,建构一些实际理论,对总体计划和下一步行动计划是否需要修改、需做哪些修正进行判断和构想。

4. 撰写研究报告

行动研究的报告有自己的特色,允许采取很多种不同的写作形式。如让所有的参与者共同撰写叙事故事,让多元的声音一起说话,也可以编制一系列个人的叙述、生活经验,让当事人直接向公众说话。

行动研究报告大致上分为书面和口头两种形式。尽管口头报告和书面报告同等重要,但行动研究的呈现方式通常仍以书面报告为主,且由于行动研究的口头报告形式无特定的模式可依循,因此,以下仅介绍书面报告的撰写内容。书面报告应至少包含下列部分:① 相关文献资料(学术文献、教育行动研究文献及其他文件)。② 所有使用的方法、技术、行动策略的设计与执行。③ 研究的发现,包括观察(评鉴)结果、反思辩证过程,以及在教育行动研究中可能发现的"意外收获"。④ 结论与意义,特别是对其他教师教学实践及后续教育行动研究的启示。

由于一般学校情境中教师所做的行动研究并不需要进行学术论文的发表,教师所重视的不是研究方法多么严谨、理论基础多么扎实、研究报告多么符合论文写作或专业发表的形式,教师所关注的是实际问题究竟有无获得解决。教育行动研究报告中一般包括以下的项目:① 你所关注的是什么? ② 你为什么关心? 你如何呈现你认为需要去进行研究的证据? ③ 你可以做些什么? ④ 你做了些什么? ⑤ 你提出什么证据来证明你的行动和其影响? ⑥ 你从证据中得到什么结论? 你如何判断其有效性? ⑦ 如何显示你关心的判断是合理且正确的? ⑧ 你如何修正你的实际工作?

反思是行动研究的核心精神,因此在上述的四个实施步骤中,研究者应该随时对解决问题的策略及实施的效果进行循环审视。只有通过不断的自我反思,才能促进自我的专业成长,反思行动应该贯穿行动研究的始终。

近年来,行动研究的操作过程又有了新的发展。如在研究过程中允许基本设想的改变,即研究人员不仅可以依据逐步深入的认识和实际情况,修改总体计划,而且还可以更改研究的课题。另外,现在的行动研究更强调对行动全过程的监督,注重行动研究的反馈和开放性。

阅读材料

行动研究的实例分析

为方便读者对于行动研究之了解,本章以张世睿于花莲师范学院所发表之硕士论文《小学 STS(Science-Technology-Society)教学中进行合作学习之行动研究》为例,通过其论文写作中的行动研究方法运用,说明行动研究在教育上如何应用。

一、为何采用行动研究为探究的方式?

研究者本身为小学教师,并担任自然科教学,由于采用的传统教学方式无法让学生提高批判思考和合作学习的能力,研究者希望借由 STS 的教学方式,提出反思与批判,改善传统教学中学生的生活和学习脱节的问题,并且增进 STS 教学的相关知识,供小学教师作为参考。研究者就其任教的班上同学进行行动研究,加深对于实际工作的了解,并使理论和实践相互结合。研究者本身为教师,也在接触 STS 的相关文献后,对于教学方式提出了反省和思考,并希望借由研究能够解决在教学上所遭遇的问题,自身也能在此不断循环的过程中达到自我的专业成长。研究者更可以通过自己实际的教学历程,了解学生在实际的教学情境当中如何利用合作教学进行学习。

二、研究设计

(一) 研究者背景、对象

在研究者本身的背景方面,研究者担任教职已经有相当长的一段时间,并且兼任主任的工作,对于自然教学相当有兴趣,因此报考数理组教学硕士。研究者对于自己所任教的学校、班级也做了简单的介绍。研究对象方面,研究者以自己所任教的小学五年级 A,B 两个班为对象,进行第一次的教学研究,又因第二学期的任教班级有所变动,因此后以新任教之 C,D 两个班为研究对象。由于行动研究中"教师即研究者",研究者对于自己所教学的状况做了简单的说明,可以让人了解其工作情境。

(二) 研究设计阶段

本研究的设计共分成为四个阶段:

第一阶段:研究者在自身工作环境当中,找出所要研究的起始点,试行 STS 的教学活动,以 A,B 两个班为研究对象。

第二阶段:研究者在研究历程当中不断地检讨、反思,并且与专家、学者和同事进一步讨论,厘清学生学习的困难所在。因此在第二次循环,改以 C,D 两个班为教学对象后,研究者持续反思并收集学生资料,作为改进教学行动的依据。

第三阶段:研究者对于教学情境不断分析,同时收集学生学习的相关资料,提出可行的行动方案,并且将行动方案予以实施。在此阶段中,研究者以"小组研究"的方式进行研究,并了解学生在学习上所遭遇的困难,不断地进行反思。

第四阶段:行动研究实施的过程是一个持续不断的循环过程,其中研究者本身不断的反思是非常重要的,研究者必须在不断循环的研究过程当中,厘清问题并且制定可行的行动策略。因此研究者对于 STS 的教学活动和分组合作学习的方式进行改进,针对前面所遇到的困难,提出改进的方案,不断反思,构思下一个教学行动。

三、资料收集与分析

研究当中,研究者所收集的资料包括:

(1) 学年教学研究会议记录。

(2) 教学资料。

(3) 观察记录与录影。

(4) 学生访谈录音带。

(5) 与班级导师和同事讨论的录音带转录稿。

(6) 研究者自己的反思札记。

(7) 学生的文件资料。

(8) 合作技巧量表。

(9) 调查反馈意见等。

研究者从多方面收集资料,可以归纳为:文件、观察、访谈、意见调查、量表。研究者通过资料的阅读，并通过选择资料的过程，针对不同的研究重点，在不同的阶段收集不同的资料种类，并将资料加以印证，做不同的、多元的统整与分析，让资料变得更趋近真实。研究者通过和学生、老师的访谈，了解实施STS教学的问题和困难，让学生和老师反映他们对此教学方法的感想，帮助研究者不断反思，了解困难，作为进一步修订行动策略的依据。在研究过程当中，学生提高了对于做专题研究的兴趣，学校的老师也同时发现了合作学习的好处，并获得了专业的成长。

在资料分析的部分，研究的资料收集和分析是同时进行的，这样才能进一步澄清问题，了解问题的所在，并针对所进行的行动策略进一步收集相关资料，对于所提出的行动策略进行评价和反思，以决定是否提出进一步的行动方案。

四、研究者的检定与反思

研究者不断地对自己进行批判。在第一阶段的反思当中，研究者针对自己STS教学失败的原因进行归纳和探讨。第二阶段，研究者提出四个行动策略。在反思当中，发现这四个行动策略虽然比第一阶段改善很多，但是仍有小组成员不合作、时间不足等问题。因此研究者在第三阶段提出新的行动方案，在反思的过程当中又发现新的问题，例如电脑使用、课本还未教到长条图等学生能力上的问题，研究者提出新的行动策略，并且加入与老师的协同教学。直到第四阶段，研究者仍认为教学者需要持续不断地进行自我反思、自我转化。

过去很多教师总是被动地循着教学指引，一板一眼地从事教学，这样的情境常是孤立、缺乏生命力的。行动研究概念及方法的出现使得教师有机会将他们自己的教学实践与研究相结合。这样的尝试值得所有关心教育的人给予肯定与鼓励，包括家长的配合、行政系统的支持、学者专家的帮助及相关资源的提供。不过，在进行行动研究的过程中，参与的专家及实务工作者应该特别留意，在何种情况下可帮助教育实践工作者形成重要的问题并进行问题分析？在何种情况下实践工作者会避免指出其心目中认为重要的问题？何种研究步骤能有效协助问题的分析？该以多快的速度进行问题分析？考虑的基准是什么？最后，行动研究该由何种团队来进行？参与者又该各自扮演何种角色？这些都是研究进行中很迫近、实际的问题，而这些问题都没有标准答案，只有依靠研究者与专家的共同努力，互相配合，才能找出这些问题的最佳解答，而这也是合作的意义所在。

通过行动研究成果的展示，教师可以与其他的教育工作者进行知识上的交流，也历经自我反思的过程，进而不断地提升自我的教学效能，丰富教育的品质。是以，若能有更多的教育实践工作者愿意投身于行动研究的行列中，必能发挥行动研究作为沟通理论与实践、行动与研究桥梁的功能，帮助更多教育实践工作者觉醒，通过批判意识的提升，将既有的理论思想转化为有用的实践知识，并迈向彰权益能的专业成长。

第三节　行动研究的优点与限制

近年来，行动研究受到专家学者推崇，也逐渐为一线教师所接受。它的优点在于使研究者能更深入地研究议题的全貌，提升实践工作者的意识与地位。其缺点则是行动研究使实践工作者花费较多心力，研究过程存在各种各样的困难。我们只有了解和明晰行动研究的优点与不足,才能在采用时取长补短。

一、 行动研究的优点

(一)实践工作者的主体价值重获重视

在传统的定量研究中,为了保证研究的客观性,研究者与实践工作者的关系是分离的、不对等的。研究者居高临下,通过自己的观察与研究,要求一线教师协助,而一线教师在研究过程中通常没有发声的权利,只能静听"判决"。作为对传统实证研究的颠覆(否定),行动研究把一线教师定位成一个受尊重的主体,一线教师一同参与和自身有关的研究,他们跟研究者一起解决问题,与研究者的不同只是在于研究者是研究的主要发起者,一线教师的意见受同等的尊重,也一同承担研究的成败,一线教师的主体精神获得重视。

(二)提高一线教师的自觉意识

行动研究除了倾听一线教师的声音之外,更积极的意义在于帮助一线教师自觉,且通过"彰权益能",让一线教师参与研究,成为一个研究者,检视自己所面临的问题并拟定解决方案。通过一线教师意识的唤醒,使得问题更易解决,研究的目的更易达成。

(三)具有即刻反思性

在行动研究中,研究者的研究行动就是自己的实践,研究者可以看到自己对研究现象的了解、分析与探究。因此,行动研究的特性决定了研究者在实践、行动的同时也在不断地思考(即做研究),如此反复辩证的历程不仅具有生命力,也同时具有对症下药所产生的强大效果。

(四)缩小理论与实践之间的差距

理论与实践的脱离是传统学术研究常被批评的原因之一。中小学教师往往不太了解专家学者研究出来的理论,也不清楚许多的理论对其日常教学有何意义。教师们真正想知道的是教育教学情境中的实际问题,如教室的教学秩序该如何维持,如何纠正学生的破坏性行为。此外,种种的学术理论也未能告诉教师他们能做什么,以及如何做能改变现状。教师们只感觉到问题的严重性,却不知道该采取何种行动才能真正解决问题,这样的情况让他们感到孤独无助。而行动研究使其能够根据自己对教学情境现象的了解做观察分析,并依据同事们的经验、专家学者的研究成果来寻求对策,有效地解决问题。通过这样的历程,专家学者的理论思辨与实务工作者的观察经历得以结合,就可以缩短理论与实践之间的差距。

二、 行动研究的限制

(一)增加一线教师的工作负担

许多教师了解行动研究、教学创新的重要性,但教师在工作时需准备教材、设计课程、设计评鉴与批改作业等,此外有些人尚需负荷庞杂的行政工作,要抽出时间来观察、记录、讨论有一定的困难,因此从事研究的意愿较低。工作负担与时间限制实际上是教育行动研究是否得以成功的关键因素。

此外,在教学情境中,教师通常依赖直觉或过去习惯的处理方式,以迅速解决教学现场的问题。等教师后来有时间回想时,通常已记忆模糊,此点也使得教师要收集资料需花费更多心力。

（二）资料公开困难

教师在做研究时通常会收集质性资料。然而,不论是学生的学习记录或是教师与同事间的谈话资料,都是一种"不公开的秘密",当事者不一定同意自己的私事被暴露在公众之前。因此,研究结果的发表必须经过当事者的同意,若其不同意,这样的资讯便无法被分享。

（三）研究者同事感觉被侵犯

当教师在做行动研究时,会有很多机会与其他的教师一同讨论教学上的问题。然而,在过程中可能会涉及个人的教学方式与态度而不知不觉或无法避免地讨论到某位教师的做法,或者是在征询学生的意见与反馈时,学生容易拿其他的教师来做比较,这样的情形有演变成质疑某位教师的专业之虞。

（四）研究者不够自主,过度依赖专家

大部分的教师在从事行动研究时都会邀请外来的专家学者参与教育行动小组,并扮演一个"促进者"的角色。但教师对自己的能力与知识信心不足,常过度依赖外来的专家学者,无法体会到行动研究——行动者自己做研究的精神,甘于让自己处于隶属地位,也导致行动研究的成效不佳。

（五）外部支持不足

1. 学校支持不足

学校没有营造适合教师从事行动研究所需的气氛。学校管理者担心教师可能因从事研究而在教学上分心,间接影响到学生的成绩,因此多半不鼓励教师从事研究。

2. 学术界认同度较低

行动研究由教师来做,方法不够严谨,研究报告所呈现出来的知识缺乏学术认同,所以霍奇金森将教育行动研究视为"常识途径",而非"科学途径"。行动研究所发展出的成果常被视为一种常识,而非经过验证、具有一定可靠性的知识。斯特林格(1996)便曾说过,他在美国教育科学研究学会年会中提到一个行动研究计划的方案被退回,由此可知行动研究所面临的挑战与质疑。

（六）研究成果过于微观,难以推广运用至其他情况

行动研究的特点是能针对实际的、特定的小范围问题进行深入思考与研究,但研究是配合某位研究者的气质、专长和经验所设计出来的,其结果并不见得适用于其他相同科目的教师身上。也因研究方法本身的特性所致,教育行动研究常易流于过度微观,只限于个别教师合作及技术层面,缺乏对整个文化脉络的批判和对整个教育政策、制度的探讨。

本章小结

行动研究是指由实际工作者将实际的工作情境和研究相结合,以改善实际工作为目的,采取批判、自省、质疑的研究精神,改进实际工作,并获得专业成长和提升的实践活动。行动研究与传统的学术研究具有显著的区别,研究的主要目的是为了缩小理论和实践的差距,发现和解决实践工作中的问题,促进教师的专业成长。行动研究是一个计划、行动、观察、反思的螺旋循环的过程。与其他研究方法或类型一样,行动研究也有优点和不足。

一、思考题

1. 行动研究对教师专业化发展有何作用?

2. 哪些类型的课题最适合开展行动研究?

3. 开展行动研究的具体程序是怎样的?

二、拓展题

1. 找出某位教师教育教学中存在的问题,并为其设计一个解决这一问题、改进教育实践的行动研究方案。

2. 实施一项教学方法的改革,并撰写一份教育行动研究报告。

第八章　教育叙事研究法

学习目标

1. 理解教育叙事研究法的含义、特点，了解教育叙事研究的理论基础。
2. 掌握教育叙事研究法的基本步骤。
3. 在具体观察情境中培养对教育叙事研究法的认识，理解教育叙事研究法应遵守的基本规范。

建议学时

4 学时。

教师导读

　　教育叙事研究作为新兴教育科学研究方法，在学习时，要求学习者在了解教育叙事研究的基本理论的基础上，广泛阅读相关的教育叙事研究报告，体会教育叙事研究法的经验性、情感性等魅力。同时，联系自己的生活经历或个人经验，在实际应用中全面掌握教育叙事研究法。

重要概念和术语

　　教育叙事研究　现场　现场文本　研究文本

　　教育叙事研究是近年来国内外新兴的一种教育科学研究方法。本章将综合国内外相关研究，从宏观和微观两个层面对教育叙事研究进行梳理，厘清教育叙事研究法的兴起、基本内涵、理论基础、实施步骤及若干规范。

第一节　教育叙事研究法概述

一、教育叙事研究法的兴起①

　　作为新兴的教育科学研究方法，教育叙事研究法起源于北美国家。1968 年杰克逊最早运用叙事方法研究学校现场活动。1990 年康纳利与克莱迪宁在美国权威教育刊物《教育研究者》上合作发表《经验的故事和叙事研究》，首次在教育科学研究领域使用"叙事研究"术语，标志着教育叙事研究作为一种教育科学研究方法的诞生。

　　北美教育叙事研究的兴起，除了要归功于克莱迪宁和康纳利的研究外，这种方法还受到三种教育科学研究发展趋势的影响。第一，教育科学研究日益强调教师的反思价值；第二，教育科学研究越来越强调研究教师知识的重要性，如教师知道什么？他们如何思考？他们如何实现专业化？第三，教育科学研究者试图通过赋予教师言说其经历的方式，来强调教师的声音在教育科学研究中的重要性。另外，教育科学研究中自然科学研究方法遭受困境，也是叙事研究兴起的重要原因。教育叙事研究以其独特的方式，顺应了这些教育科学研究的发展趋势，它对教育科学研究的影响日趋扩大。

　　20 世纪 90 年代末，教育叙事研究开始在我国兴起，出现了所谓的"教育科学研究的叙事转向"，"叙事"一词在当时成为教育领域中的流行热词。与此相应的，评价、探

---

　　① 　杨小微.教育研究的理论与方法［M］.北京:北京师范大学出版社,2008:236−238.

讨和运用教育叙事研究的期刊论文和学位论文,如雨后春笋般不断涌现,数量逐年攀升。近 20 多年来陆续出版的教育科学研究方法专著、教材也纷纷开辟专门章节,介绍或探讨教育叙事研究方法。如《教育研究方法基础》(刘志军,2006)、《教育研究的理论与方法》(杨小微,2008)、《教育研究方法》(侯怀银,2009)、《教育叙事价值研究》(林德全,2009)、《教育研究导论》(宁虹,2010)、《叙事教育学》(刘良华,2011)、《教师如何做研究》(郑金洲,2013)、《实用教育科研方法》(庞国彬、刘俊卿,2013)、《教育研究方法》(和学新、徐文彬,2015)、《教育科学研究方法》(胡中锋,2018)、《声音与经验:教育叙事探究》(丁钢,2020)、《教育研究方法教程》(汪基德、张新海,2022)等。同时,教育实践领域也开始主动运用教育叙事研究方法,"道德叙事""教学叙事""教师生活叙事"的概念开始不断被中小学教师提及,教育叙事研究呈现出蓬勃态势。教育叙事研究在很短时间内在我国得到推广,得益于三个有利条件:首先,国家新一轮基础教育课程改革提出的特色理念,需要从抽象的思想转化为教师自觉的行为,教育叙事研究满足了这种需要;其次,以个人实践知识及能力为重点的教师培训与教育叙事研究取得了共鸣;最后,教育叙事研究本身具有"人文性""经验性"特征,更容易被中小学教师掌握与运用。

二、教育叙事研究法的内涵

阅读材料:
叙事研究示例

"叙事"一词在汉语中与叙述、叙说意义相近。"叙述"的意思是"把事情的前后经过记录下来或说出来"[①]。"叙说"多指口头叙述,而"叙事"则是以书面的方式叙述事情。"叙事"对应的英文单词是 narrative,该词源自拉丁词 gncirus 和 narro。前者的意思是"了解,熟悉,内行的,熟练的"等,后者的意思是"陈述,讲述"。简单地说,narrative 也是叙述故事的意思。[②] 总之,不论中外,单从词义而言,叙事就是以口头或书面的方式讲故事。

叙事研究就是把人们的经验、行为和生活方式通过叙述故事的方式描述出来,并通过所叙述的故事来探究故事背后的经验、行为的意义,及其蕴涵的思想和哲理。在教育科学研究领域中,叙事研究就是对有意义的教学事件、教师生活和教育教学实践经验进行描述和分析,通过这种形式发掘或揭示内隐于日常教育工作、事件和行为背后的意义、思想或理念,从中发现教育问题,探究教育思想,揭示教育活动特点。

教育叙事研究的方式主要有两种。一种是教师自身同时充当叙说者和记述者,当叙述的内容属于自己的教育实践或解决某些教育问题的过程时,教师的叙事研究就成为"教师叙事的行动研究"。它追求以叙事的方式反思并改进教师的日常生活,从而开始不再依赖别人的思想而生活。这种方式主要由教师自己实施,也可以在教育科学研究者指导下进行。另一种是教师只是叙说者,由教育科学研究者记述。这种方式主要是教育科学研究者以教师为观察和访谈的对象,包括将教师的"想法"(内隐的和外显的)或提供的文本(如工作日志)等作为"解释"的对象。这两种研究方式形式不同,但都表达着教育叙事研究的意义和价值。教师作为叙说者和记述者时,教师本人通过

① 中国社会科学院语言研究所词典编辑室.现代汉语词典 [M].6 版.北京:商务印书馆,2012:1471.

② 海登·怀特.形式的内容:叙事话语与历史再现[M].董立河,译.北京:文津出版社,2005:2.

叙述自己的教育生活史,形成教育的自我认识,达到一种自我建构的状态。教师仅作为叙说者,由教育科学研究者记述时,研究者更关注教师叙述的教育事件之间的关联,尽量使他们所叙述的教育现象呈现出某种理论框架或意义,促进教育理论和教育实践之间的互动。由于教育叙事研究更强调叙事,而不是理论创新或论证,其成果形式往往就是一篇"有意义的故事"。基于此,相比于其他教育科学研究方法,教育叙事研究有其独特的特点。①②

(一)以定性研究为工具

质性方法以研究者本人作为研究工具,强调在自然情境下采用多种方法收集资料,对社会现象进行整体性探究,使用归纳法分析资料并形成理论,通过与研究对象互动,对其行为和意义进行建构以获得解释性理解。叙事研究秉承着定性研究的传统,综合运用多种具体的定性研究方法,包括观察、访谈、实物收集、分析定性资料等。对于教育叙事研究而言,若没有对教育事件内在意义的揭示,叙事本身就失去了意义,也就没有研究的价值。

(二)以教育中的故事为对象

叙事讲述的是人、社会、生活等方面的故事。不过,对于教育科学研究而言,叙事研究不仅仅是讲故事和写故事,而在于"重述和重写那些能导致觉醒和变迁的教师和学生的故事,以引起教师实践的变革"③,并非重复、沿袭已有的教育生活,更非简单地诉说自己的日常感受。教育叙事研究所叙说的故事通常是教育场景中出现的具有教育意义的事件,是教育者和学生共同在日常生活、课堂教学、研究实践等活动中已经发生或正在发生的事件,它具有真实性和情境性。这些故事,包含着丰富的内心体验,蕴藏着细腻的情感变化,可能反映出潜在的缄默知识,也可能预示着远大的理想追求……从微观上说,这些教育故事对于教师个体的发展具有里程碑式的历史意义,它是不可重复的,具有唯一性;从宏观上说,这些教育故事对于教育事业起到道德示范的作用,具有摄人心魄的力量,它胜过许多纯经验性或纯理论性的单一示范和说教,具有强大的感染力。

(三)以教育实践者为研究主体

教育叙事研究特别关注叙述者的亲身经历,把写作的对象从知识事件转化为人的事件,其中,第一叙事者是教育实践者——身处教育现实场景中的教师和学生(若由教师自己开展研究,教师则成为主要叙事者)。无论是在合作研究中,还是由教师独立进行的研究中,教师和学生作为"叙事者"都得到充分的尊重。在其他的教育科学研究中,往往出现一种现象,教师和学生作为研究的被试而长时间地保持沉默,或者仅仅是为外来研究者提供信息,而难以发出自己的声音、讲述自己的故事,尤其是很难以讲述自己的故事的形式反思自己的发展。相比之下,在教育叙事研究中,教师和学生成为教育场景中的真正主体,其中,教师得到了更多反思、提升和重建自己工作经验的机会。叙事研究过程既是了解个人的过程,也是建构理论解释的过程,两者几乎是同

① 刘良华.校本行动研究[M].成都:四川教育出版社,2002:205-209.
② 杨小微.教育研究方法[M].北京:人民教育出版社,2005:113-115.
③ Connely M.&Clandinin J.(1994):Telling Teaching Stories.Teacher Education Quarterly.21(1),pp.145-158.

步进行的。在某种意义上,教师讲述自己故事的过程,也就是反思和理解自己的过程。在教育叙事中,故事的主线和研究者的分析交叉出现,使所叙之事通过研究者的解读具有了更为丰富、更为独特的意义。

(四) 以归纳为形成认识的主要方式

归纳是教育叙事研究获得某种教育理论或教育信念的主要方式。也就是说,教育叙事研究中的教育理论是从所叙述的具体教育事件及其情节中归纳出来的。教育叙事研究重视普通人的日常生活故事,重视这些生活故事的内在情节。不同于其他研究方法,教育叙事研究不以抽象的概念或符号限制教育生活的情节和情趣。它让叙事者自己说话或让历史印记自己显露出它的意义;它面向事实,从事实本身寻找内在的"结构",而不过多地用外来的框架有意无意地歪曲事实或滥用事实。从结果的表现形式来看,叙事研究报告的叙事风格蕴涵细腻的情感性,既有细致翔实的故事性描述,又有基于事实的深刻分析;既力图还原教育事件的现场感,把真实的教育生活淋漓尽致地展现出来,又要透过众多具体的偶然多变的现场去剖析种种内隐的关系,解析事件和现象背后所隐蔽的真实,从而使所叙述的教育故事焕发出理性的光辉和智慧的魅力。

三、 教育叙事研究法的理论基础①

教育叙事研究法从"叙事"演变而来。叙事是人类一种古老的表达和交流的方式,它源于人类种族经验延续的需要。可以设想,在理论思维不发达的原始社会,人们很难从自己或他人的生活经验中抽象出概念化的理论,人与人之间是借助讲述自己或他人的故事,保存和传递种族经验的。这种讲述的形式是面对面的交流,内容是包容性很强的故事。故事中经验者的情感、智慧、行动水乳交融,不曾分离。讲故事的人在讲述中不断理清自己的思路,驻足反观自己的经历。听故事的人获取故事经验的启示意义。我们也许很难完全理解另一种文化思想,但是,我们比较容易理解其中的故事。与诗歌、哲学话语相比,叙事是一种便于交流的形式,是国际性的、超历史的和跨文化的。因此,叙事也被认为是一种"元代码"②。

在人文社会科学中,叙事长期仅在史学、文学中占有一席之地。史学研究需要"真实"的故事丰富对历史的记述,而小说家则通过创作虚构的作品,或改编真实的故事,表达思想,传递情感。但是,进入20世纪后,叙事得到众多人文社会科学的重视。如叙事范式成为当代西方修辞学的一种批评模式,其代表人物华尔特·菲希尔认为,叙事范式是将叙事作为对现实的一种修辞活动,是对社会的一种影响。叙事范式的主要功能是提供一种解读和评估人类文化交流的方法,使人们能够评判、断定某种具体的话语是否给人们在现实世界中提供了一种可靠的、值得信赖的、适用的思想与行动指南。③ 叙事心理学是心理学家族中的一支,它以自我叙事为扎根隐喻。所谓扎根隐喻就是心理过程的核心特征所表征的方法。叙事心理学采用自我叙事为核心的知识

---

① 杨小微.教育研究的理论与方法[M].北京:北京师范大学出版社,2008:238-240.
② 海登·怀特.形式的内容:叙述话语与历史再现[M].董立河,译.北京:文津出版社,2005:1-2.
③ 大卫·宁,等.当代西方修辞学:批评模式与方法[M].常昌富,等,译.北京:中国社会科学出版社,1998:23.

表征方法。① 叙事也进入到伦理学研究领域,有学者指出,"叙事不只是讲述曾经发生过的生活,也讲述尚未经历过的可能生活。一种叙事,也是一种生活的可能性,一种实践性的伦理构想"。由此,他提出一种与理性伦理学相对应的叙事伦理学,并指出叙事伦理学不探究生命感觉的一般法则和人的生活应该遵循的基本道德观念,也不制造关于生命感觉的理则,而是讲述个人经历的生命故事,通过个人经历的叙事提出关于生命感觉的问题,营造具体的道德意识和伦理诉求。② 叙事在人文社会科学中的地位不断攀升,尤其是当代美国教育心理学家布鲁纳更是把叙事看作人类认识世界的基本方式之一。他说,人类有两种基本的认识世界的方式:一种是为寻求普遍真理的"范式方式",这是自然科学研究的基本方式,在这种方式的主导下,人们关注的是普遍意义上的"理"与"逻辑"。另一种是"叙事方式",人们通常运用叙事的方式寻求实践的具体的联系,关注事件展开的具体情节。这是一种面向事实本身、理解他人、体验生活的人文科学认识方式。③ 对此,当代著名的叙事学家华莱士·马丁评论道:"作为理解生活必不可少的诸种解释方式,模仿与叙述已经从其原来的仅为'小说'的不同方面这一边缘地位上一跃而占据了一些其他学科的中心。"④

第二节　教育叙事研究法的实施

教育叙事研究的前提是必须要有"事"可"叙",研究者需要对故事进行选择、观察、收集和整理;叙事研究还要对"事"进行"研究",研究者需要对整理的资料做出分析和理性反思;叙事研究还要对"事"进行加工,形成研究成果,研究者需要具备流畅生动的语言表达能力和清晰有条理的文字组织能力。具备以上条件,教育叙事才不至于成为流水账或"意识流"式的讲述,也不至于停留于日常经验的"素描",而是达到对教育事件或经验的深刻描述与反思。也正基于此,教育叙事研究才具有其不同于其他研究或描述的独特的研究结果。

一、 教育叙事研究法的基本步骤⑤⑥⑦

一般地,教育叙事研究按照这样的步骤进行:确定研究问题—选择研究对象—进入研究现场—收集资料—整理分析资料—撰写研究报告。

从成果形成的角度看,教育叙事研究是把一个自然状态下的生活事件转换为一个有明确主题的教育故事,中间会有一系列加工提升的过程,分别围绕三种不同形态进行:现场、现场文本、研究文本。

(一)从问题到现场——教育叙事研究的准备阶段

1.确定研究问题

确定教育中的问题是进行研究的前提。在教育科学研究中,叙事研究的总框架是

① 沈之菲.叙事心理学探究[J].上海教育科研,2004(7):14-17.
② 刘小枫.沉重的肉身:现代性伦理的叙事纬语[M].北京:华夏出版社,2004:6-7.
③ Bruner, J. Actual Mind, Possible Worlds.Cambridge, MA:Harward University Press,1986.
④ 华莱士·马丁.当代叙事学[M].伍晓明,译.北京:北京大学出版社,2005:1.
⑤ 杨小微.教育研究方法[M].北京:人民教育出版社,2005:116.
⑥ 刘志军.教育研究方法基础[M].北京:人民教育出版社,2006:208-215.
⑦ 王枬.关于教师的叙事研究[J].全球教育展望,2003(4):11-15.

研究教师和学生所参与的教育活动以及其中的教育现象,但是,这一研究范围仍然很广泛,上至国家教育制度、教育政策、教育环境,下至一线教师个人的教育观念、教育机智、素质结构、日常生活、体态行为、课堂教学等都可以作为教育叙事研究的内容。相对于一些以构建抽象理论、宏大叙事的研究而言,教育叙事研究更善于以点带面,从"小叙事"中透视"大生活",借助微观层面细小的、普通的教育事件,研究教育的真谛与本质。

教育科学研究的问题来源包括以下两方面:

一是理论来源,即从某种理论需要出发,有选择地寻找相应的对象和故事,以回答某个理论猜想或宏观问题。教育理论工作者和普通教师都可以从理论中寻找教育叙事的问题。当我们对某个理论问题有兴趣时,我们可以收集与研究相关的故事以获得答案。

阅读材料

2001 年,广西师范大学教育科学学院徐丽玲为研究优秀教师的教学风格,设计并实施了"优秀女教师特质的叙事研究"课题,选择广西某小学 28 岁的优秀女教师刘敏(化名)为研究对象,采用访谈、实地观察、实物收集等方式记录了刘敏在家庭生活、学校活动、课堂教学、班主任工作、学习和教研五个方面的一系列故事,分析概括出优秀女教师的三类特质:"创造、反思""具有亲和力、充满激情""谦虚勤奋、富有合作精神、乐学不厌倦"。[①]

二是实践来源,是指教育叙事研究的问题从实践中来,是教师身边已经发生的教育事件,研究者选取典型的、突出反映教育冲突和矛盾的事件作为研究的题材,去回答"这件事告诉了我们什么"。如对学习气氛变化、课堂管理、班级偶发事件、班主任工作事件的研究,都属于实践来源的课题。

对于中小学教师而言,实践来源课题是教育叙事研究的主流。每个教师生活中都随时会有各种"带问题"的事件发生,从报纸、电视、网络等媒体上也能很容易获取其他教师的教育事件,只要教师具有研究的态度和学术的敏感,就绝不会缺乏叙事的题材。

2. 选择研究对象

选择研究对象是研究得以进行的保证。由于教育叙事研究充满着对教师(及学生)的关怀、对教师过去及现在的生活故事的关注、对教师课堂教学与教育实践的感受,因而它需要取得教师的理解与支持。如果是由外来研究者与教师合作开展叙事研究的话,它就尤其需要双方的积极沟通和良性互动;如果是由学校组织、以教师为主开展叙事研究的话,研究对象就是教师自己,这就尤其需要教师以开放的视野关注相关的研究,由此形成审视自己教育工作的研究思路,而不至于停留在封闭狭隘的个人经验世界,也不至于使研究沦落为原始经验的自然描述。

就合作研究而言,它首先需要外来研究者有敏感的心灵,能够细致入微地把握研

---

① 刘志军.教育研究方法基础[M].北京:人民教育出版社,2006:209.

究环境和研究对象,真正理解研究对象,才能赢得研究对象的信任和合作。同时,研究者对研究本身要有足够的热情,真正成为"热情学术"的探究者。此外,研究者的研究活动要得到被研究者的认同、理解与合作,双方应有在研究中共同进步的要求,如果条件允许的话,可以争取让研究对象也成为合作研究者。没有这样的前提,叙事就难以获得真实的第一手资料,研究也就难以顺利进行。

选择研究对象是抽样的需要,样本的选择不仅与要研究的典型问题相关,也与研究者与被研究者的关系相关。年龄、空间、性别、个性、地位等都对研究者与被研究者的关系有一定的影响。因此,选择好的合作伙伴,真正实现研究者与被研究者的互动,是教育叙事研究的重要一步。

例如,2002年,浙江师范大学教育科学与技术学院肖正德、李长吉实施的"山村小学青年教师需要的叙事研究",研究对象选定为浙江省永嘉县北山乡北岙小学的李老师,主要基于三点考虑:① 该教师所在学校为浙南地区典型的贫困山村小学,该教师已任教10年,十分了解山村小学青年教师的现状;② 李老师自愿参加研究,并希望借助研究引起有关方面对山村教师生存状态的关注;③ 研究者也是永嘉县人,与李老师年龄相近、早期生活经历与环境相似,双方易于交往。①

3. 进入研究现场

"现场"是指所研究事件发生的环境,它包含了事件最初的面貌,即在某个时间、有某些人、由于某个原因,在这里发生了一件如此这般的事情。故事存在于现场中,研究者从现场获得事件线索。也可以说,叙事研究的"现场"往往代表了"未经加工的原始状态下的事件面貌"。

教师的工作、生活环境主要是在校园、在学生中,因此,进入研究现场就意味着走进教师和学生活动的时空,与他们一起工作、生活。没有这样的现场研究,就难以获得"原汁原味"的现场资料,就无法把握教师的行为、观念所赖以产生的深层原因;没有对教师生活的现场观察,就无法理解教师行为的背景。因此,研究现场是教育叙事研究获取真实资料的直接来源。

进入研究现场的方式是多种多样的,但是无论什么方式都必须首先征得研究对象的同意,得到研究对象的许可,这不仅是研究伦理的要求,也是叙事研究需要研究对象多方面合作的要求。得到许可后,研究者可以在自然状态下轻松地融入,也可以创设特殊情境快速地融入;可以直接通过他人的介绍走进现场,也可以间接地在观察中逐渐走进现场。研究者可以到中小学课堂听课,也可以到办公室看教师的工作,还可以以朋友的身份走进教师的家庭生活。作为叙事研究的准备,进入现场要求研究者去熟悉研究对象及其生活、工作的环境,特别是要与被研究者建立不同程度的亲密关系和开放的、平等的对话关系。有了这种关系,研究者才能探究到一个真实、真诚、自由的心灵世界,收集到真实的材料,建构起一个相对完整的教育故事。从这个角度来说,研究者进入现场的过程,也就是他被现场接纳的过程、被研究对象接纳的过程。上文介绍的"山村小学青年教师需要的叙事研究",就有如下进入现场和实施研究的过程(见表8-1)。

---

① 肖正德,李长吉.山村小学青年教师需要的叙事研究[J].教育理论与实践,2003(10):59-63.

表 8-1　与研究对象的接触过程①

接触时间	接触地点	接触方式	主要收获
2002.6.26	李老师办公室	正式访谈、观察	初步了解,收获甚微,对李老师和他的学校形成感性认识
2002.8.18	李老师家里	非正式访谈(2次)	从李老师父母那里,了解到许多有关李老师学习、工作、生活的情况
2002.9.2—9.5	李老师的生活、工作场所	共同生活中观察,正式访谈、随堂听课	对李老师的故事有了梗概
2002.10.17—10.20	李老师的生活、工作场所	共同生活中观察,正式访谈(2次),收集实物	征得李老师的同意,得到一些实物,如日记、书信
2002.11.15	工作场所及回到城里的路上	非正式访谈、无结构谈话	无话不聊,聆听了李老师更多的倾诉

以上三个环节是教育叙事研究的准备阶段。在由旁观者所做的叙事研究中,这三个环节会十分完整和清晰。但教师作为研究者在研究身边的故事时,本身往往既是研究者,又是研究对象,而且教师本来就置身于事件情境中,甚至本来就是故事的主角,既无须选择研究对象,也无须由外向内地进入研究现场。此时,一旦选定问题,可以直接进入资料收集阶段。

(二) 从现场到现场文本——教育叙事研究的实施阶段

现场文本是研究者和参与者共同创建的代表事件各方面面貌的文本,是研究者在充分收集资料后形成的经过选择、演绎解释的现场记录,包括访谈笔记、观察记录、口述史以及诸如日记、照片、作业、书信之类的实证资料等。现场文本已有了叙事的性质,它使事件不再是"不经加工的原始状态",而是"经过描述与解释的文本状态的事件面貌"了。

叙事研究收集资料的基本方式是"听叙说者说他的故事"。比如,在"集体听课—集体备课"模式下的教育叙事研究中,先由上课的教师"叙说"自己的教学设计、教学过程以及教学体验;然后由听课的教师或教研员"叙说"自己的看法;最后研究者"叙说"整个教学过程和讨论过程中所发生的事件。整个讨论过程以"叙说"为基本方式,这几种角度的叙说一起呈现出一个相对完整的"文本状态的事件面貌",这就是现场文本。

在旁观者所做的教育叙事研究中,研究者收集资料的主要方式是"听别人叙说故事"。叙说者不仅包括教师、学生、家长、学校管理者等"人的叙说",还应包括叙说人的日记、信件、照片,学生的档案、日记、作业本,学校的文件档案、建筑环境、校风校貌等"物的叙说"。所以,教育叙事研究的资料和收集一般包括开放式访谈、参与性观察和文献收集。

---

① 肖正德,李长吉.山村小学青年教师需要的叙事研究[J].教育理论与实践,2003(10):59-63.

开放式访谈是研究者与研究对象进行有目的的谈话,倾听教师的叙说。这种谈话应该更像亲切的、宽松的"聊天",而不是严肃的调查对话,双方可以在操场边、教室里、上班的公交车上轻松地围绕某个话题进行交谈。开放式访谈要求研究者有很高的提问与倾听的技巧,善于自然地引发自己所关心的话题,并善于倾听和鼓励对方叙说。

参与性观察,指研究者深入到现场情境中,取得研究对象及其学生、家人、领导等的接纳,以"自己人"的身份贴近研究对象,近距离地观察其生活。这种观察对全面了解研究对象、把握事件背景和意义非常必要。

收集文献,主要是由于文献在叙事中具有特殊的价值。一些纪念性物品,如照片、奖品、纪念品、笔记本等,对唤醒当事人记忆具有重要意义。教师的日记、教案、工作计划,学生的作业、周记、作文,学校的文件、工作记录、通知等,不仅有助于研究者了解事件的背景,而且常常是描述事件"真相"、评价事件意义的重要线索。

当教师以研究者和研究对象的身份进行教育叙事研究时,资料收集的主要方式是回忆和内省。教师回忆事件的过程,尤其是事件中那些特别的"情节",体察回味自己当时的感受、情感、动机、态度等,然后把这些东西记录下来。需要特别强调的是,当教师叙述自己的故事时,"听别人叙说故事"仍然是不可缺少的。在任何一个教育事件中,教师都绝不会是唯一的参与者,要全面了解事件的真相——听学生的叙说。教师在研究自己的故事时,切忌单纯从自己的立场出发简单认定事实,一定要充分了解情况,而观察、访谈、文献收集等都是不能忽视的工作。

阅读材料

老师说我是小丑[①]

柯老师教小学高年级数学。他是典型的"很数学"的老师,喜欢安静、严密地思考,不喜欢活跃但不踏实的学生。

周二第三节是五(4)班的课,预备铃响时,柯老师准时到了教室。教室里正热闹着,孙强蹲在他的椅子上正表演孙悟空,抓耳挠腮学得倒也惟妙惟肖,其他同学围在他身旁又叫又闹。看见柯老师进来,围观的同学赶紧缩回座位,背对门口的孙强毫不知情,嘴里还直叫一个男生:"该你学猪八戒了!"柯老师皱着眉头走到孙强背后,一拍他肩膀,待他转过头后,冷冷地盯着孙强说了两个字:"小丑!"孙强愣了两秒钟,似乎一时没反应过来,然后赶紧坐好。班上同学全都偷偷笑起来。整节课上,孙强表现得还好,随后的几天里,他也比平时显得老实多了。

课后,柯老师与我谈起这件事,说:"孙强这学生就是浮华,太不踏实,我早就想收拾他。你看,刺激他一下,还是有用的。"

后来的几天里,从早到晚,看见孙强不像平时那样顽皮,我心中总觉得不对头。一直想找他谈话,却总是没时间。周五我特地请五(4)班的班主任布置学生写周记。果然,周一早上,班主任急急地送来孙强的周记,写的正是这件事。

"小丑!柯老师说我是小丑!!!"

"星期二朱磊和我打赌,我能学孙悟空,他就学猪八戒。我正在学孙悟空时,数学

① 刘志军.教育研究方法基础[M].北京:人民教育出版社,2006:212-213.

柯老师进来,在全班同学面前说我是小丑!我真的不是有意和老师捣乱,我真没听见上课预备铃响。如果我知道柯老师进来了,我肯定会坐好的……"

"但是柯老师说我是小丑,现在全班人都叫我小丑,我不想别人叫我小丑!我不是小丑!!!"

接下来的事很顺利,柯老师在全班同学面前向孙强道歉。但这件事对孙强的学习兴趣和人际交往是否会有长期影响,我认为还需要继续关注。

教师出于自己的个性倾向和审美原则,会易于喜欢某类学生而同时易于不喜欢另一类学生,这在普通人的人际交往中是很正常的,但发生在师生之间就十分有害了。所以,教师必须做清醒的交往者,避免个人好恶掺杂到教育行为中,否则,教师就会犯错误。

(三)从现场文本到研究文本——教育叙事研究的总结阶段

研究文本是教育叙事研究的最终成果形式,即叙事报告,它源自现场文本又超越现场文本。研究文本在现场文本的基础上对事件情节进行了组织,增加了解释性文字,以回答事件的重要性或教育意义。它最终使研究的事件成为一个"有主题的故事",展示出"经过组织和意义化的文本状态的实践面貌"。

教育叙事研究最后的工作,就是对收集到的故事资料进行整理分析,完成事件的研究文本——教育叙事报告。

1. 整理分析资料

教育叙事研究离不开对所收集事件的整理分析,其主要工作是对事件资料的反复阅读与反思。在资料收集完成后,研究者手中会有关于事件的一系列"叙说"——教师的叙说、学生的叙说、旁观者的叙说、档案材料的叙说等。研究者需要反复阅读这些叙说,从不同角度的叙说中还原出事件的真相和全貌,并对事件所包含的教育思想或理论做出意义解释。每一次清理资料、阅读资料的过程,都是研究者与事件的再次相遇,都会令研究者产生对事件的新感受和新体悟,进而产生新的意义解释。所以,资料的整理与分析是叙事研究极为重要的环节。

整理分析资料的中心任务是形成故事的主题,即形成叙事研究的认识结论。一份完整的教育叙事必须有一个主题,这个主题是对事件整理中获得的教育认识或教育观念进行高度概括后形成的,它简明地回答了"这件事告诉了我们什么"。在整理分析资料的过程中,研究者一项重要的任务就是从收集到的大量资料中寻找出"本土概念"。所谓"本土概念",就是那些能够表达被研究者自己观点和情感感受的语言,表达故事主题的概念。但它不是用理论术语表述的,而是用研究对象们经常使用的,符合他们生活环境、文化背景、表达习惯的语言形式,因此它是"本土"的、生活化的。比如,在一份"农村人口生活水平与受教育程度关系的叙事研究"中,研究者收集、记录了若干受教育程度不同的农民的生活境况,证明了农民文化程度与生活水平成正比。在采访中,农民们以他们自己的语言对研究者的话题发出感想,其中重复最多的话是"有文化就是好",于是,这个说法自然就被作为表达研究结论最合适的"本土概念"。

2. 撰写研究报告

研究报告的撰写是在前面大量工作的基础上进行的总结性归纳,其主体通常是一篇故事。写作方式以"第一人称语气的叙述"为主,既包括对事件始末的直接记录,也包括对自己在事件过程中的感受与思考的深度描写。两者并行不悖,相映相成,构成了研究报告中细腻的情感氛围和浓郁的叙事风格。

教育叙事的写作风格没有一定规格,即使是对同一件事的叙说,不同教师的作品也会存在很大差异。虽然教育叙事研究报告风格多样,但综合来看,都有着共同的特点,即典型性、真实性、感受性和情节性。

典型性是指教育叙事研究报告所呈现的必定是教学过程中出现的某个有意义的"教学问题"或发生了某种意外的"教学冲突"。真实性是指叙事研究报告不同于教学之前的"教学设计方案",而是真实教育情境中出现的真实案例。感受性是指叙事研究报告的呈现不同于教学之后的"教学实录"(或"课堂实录"),它还包含了作者对事件的感受和思考,具有明显的情感色彩。情节性是指叙事研究报告不同于教育论文,其故事性极强,以起伏的故事情节将整个教育事件娓娓道来。在《换只手高举你的自信》这一叙事研究报告中,充分展现了教育叙事研究报告的四个典型特点。

阅读材料

高高地举起你的左手①

去年秋天,我在学校的多媒体教室执教了一堂初中数学公开课。在上课过程中,从来不举手的王一凡同学举手了,我感到有些奇怪,但还是让他起来发言。王一凡站起来后一脸的羞愧和慌张,根本不知道问题的答案。

我让他坐下,没有批评他,心里有些纳闷:他为什么这次举手了呢? 为什么又不知道答案? 他的羞愧和慌张说明了什么呢?

下课后,我把王一凡叫到办公室。我安慰他说,今天你举手了,这很好,这说明你在思考老师的问题。你能不能告诉老师,你当时究竟是怎么考虑那个问题的呢? 没想到王一凡说:"其实我根本不知道答案。我不希望被同学看不起,所以我举手了,希望能够侥幸蒙混过去。可是老师偏让我回答。"

我当时听了很感动,犹豫了一阵子,对他说:"这样吧,我们做一个约定,以后每次上课你都积极举手,如果不知道答案,你就举你的左手;如果知道答案,你就举你的右手,我就让你起来回答问题。"

在接下来的几天里,王一凡同学果然每节课都举手。同学们最初都觉得有些奇怪,但时间长了,就开始渐渐相信王一凡是学习高手了。

有一段时间我做过统计,王一凡举左手的次数为 25 次,举右手的次数为 10 次。但自从我找他谈话,把我统计的他举左右手的次数告诉他之后,他举左手的次数越来越少。

王一凡在日记中写道:"别让自卑打倒你的自信,换只手高举你的自信。老师让我举左手并且少举左手只为了让我超越自己,换只手高举自己的自信,赢自己一把

---

① 马国富.换只手高举你的自信[J].做人与处世,2001(7).内容有改动.

啊！在人生的道路上免不了遇到对手和困难，但如果不能举右手，那么我们做的第一件事就是'高高地举起你的左手'……"。

这一案例是研究自己故事的教师所写的研究报告，研究过程在故事叙说中就可以自然地呈现出来。当专业研究者以旁观者的形式研究教师的故事时，一般按照这样的结构来写叙事报告：介绍研究背景，包括研究关注的理论问题、选择对象的依据、进入现场的方式、收集资料的过程等；叙述故事、议论；阐明结论，即故事的主题。这时，叙事研究报告和经典的教育科学研究报告颇为相似。

二、 教育叙事研究法的若干规范[①]

教育叙事研究以叙事为基础，但绝不是简单地讲故事，它在学术规范上仍是十分讲究的——既要深入反思教育经验，又要设计生动精致的叙述框架，而且研究者要能够从教育学、社会学、文化学、心理学等角度来理解、表达教育经验的意义，因而是一种非常严肃而科学的研究方法。在使用教育叙事研究法时，必须加强自身方法建设和学术规范，在研究中要遵循相应的操守。

（一）教育叙事研究要遵循事实

目前，有一种声音认为教育叙事既可以显示为真实的叙事，也可以显示为虚构的叙事。教育叙事既可能叙述真实的教育事件或教育现象，也可能叙述想象中虚构的教育事件或教育现象。虚构的叙事作品也有自身的价值和意义。

诚然，虚构的文本也有其价值，但在教育叙事研究中，真实性是其最为宝贵的品格之一。教育叙事研究采取归纳而非演绎、实践而非思辨的研究取向，直面现实世界，提升教育经验的存在价值。即使是秉承真实性的原则，我们能做到的也只是相对的真实。教育生活是社会生活，也是人的精神生活，无论是教育生活还是个人体验都是千差万别的，叙述教育生活的文本也会打上个人理解和重构的标志，这是一个无法避免的问题。即便如此，也不能挡住我们追求真实的步伐。在具体的教育叙事研究过程中，一旦放弃真实性原则，虚构的谎言不仅会给回归教育生活带来挑战，也会造成不严肃的学术态度，造成人们像讲述真理一样轻松地讲述一个骗局，进而出现"好莱坞情节"。这样的研究充其量只是验证了一个早已存在的事实或者假设，当属伪研究。

（二）教育叙事要体现实然性

教育叙事研究属于一项实然的研究，告诉人们面向事实本身。它讲述的是一个"过去"的、已经完成的教育事件，而不是对未来的展望或发出的某种指令。它所报告的内容是"实然"的教育实践，而不是"应然"的教育规则或"或然"的教育想象。这使叙事研究的标题表达的是"过去时态"而不是"将来时态"，是"陈述句"而不是"祈使句"。

因此，真正的教育叙事研究不是告诉读者应该干什么，而是目前已经做了什么，还有哪些做得不够。也许要做到这点很容易，认真的态度和踏实的研究是良好的开端、成功的一半。但也许要做到这点又很难，就像施瓦布说的那样，"当假设、预想和习以为常的框架让位于问题、怀疑和不确定，前面将是很长的旅途，是既有魅力又盲目的

---

① 李长吉,孙培培.教育叙事研究的十大操守[J].教育科学研究,2013(5):76-80.

小径"。

(三)意义与事实要真实结合

教育叙事研究的过程包括三个阶段,第一阶段是进入现场,第二阶段是从现场到现场文本,第三阶段是从现场文本到研究文本。现场文本更多地接近经验性描述,研究文本则更多地包含了研究者对文本的阐释和意义的建构。现场文本侧重于事实呈现,研究文本则侧重于意义诠释。教育叙事研究中既包括事实呈现,也包括意义诠释,在叙述中包含着反思性内容。事实呈现与意义诠释应该是自然而然结合的,是水乳交融的。教育叙事研究通过事实与意义的结合,很大程度上是给读者提供一个想象的空间,使读者达到共鸣和心理认同。

在实际操作过程中我们可以看到,一些教育叙事研究的文本不是在叙述中自然地体现一定的理论,也不是基于叙事材料通过恰如其分的议论来显示某种理论,而是把看似和所叙之事有些关联的"先进理论"直接搬过来。这种"移花接木"式的做法不但背离了教育叙事研究追逐教育理解的初衷,反而有强行说教之嫌,也可能曲解教育叙事深层次的真正内涵,将教育导向歧途。

在叙事研究框架下,理论蕴含在对故事的字里行间的叙述中,体现在基于故事内容的适时、适中而巧妙的议论和抒情中。真正体悟教育生活,让意义自然流露,引起读者共鸣,这应是我们追求的教育叙事研究的理想境界。只有克服叙事体悟的肤浅化,在叙事研究中注重追求事件背后的意义,在讲述教育人物的教育生活故事的过程中揭示一系列复杂的教育场景与行为关系,才会真正"触摸"到教育人物在此教育场景中的"心灵颤动",才会真正使读者产生"精神震撼"。

(四)研究要保持价值中立

在叙事研究中,研究者如果不能完全投入就无法真正理解所探索的生活,完全投入则会导致主观性的过多摄入而影响客观性。这种两难选择极度困扰着叙事研究者。撰写文本时同样会遇到这一难题,研究者既要以局外人的眼光使叙事尽量不掺杂个人情感,又要深入到幽微曲折的情感体验中体察对象,其中对度的把握对研究者的素质提出了较高的要求。然而,即便是最富有经验的叙事研究者,也无法保证其叙事百分之百地传达。

从一定程度上讲,尽量保持某种客观的态度,避免流露个人的价值判断是必要的和可能的。但即使我们告诉自己要保持价值中立,在研究过程中也会不自觉地带有价值倾向,这是一个无法回避的问题。教育叙事研究比其他一些研究带有更强的价值倾向性,甚至叙事者的整个叙述都会带有某种自身没有意识到的社会价值观。研究者在收集分析资料时应尽量不带偏见,但事实上,在材料的取舍、理论的选择上早已有着某种框架。既然不可回避,就要遵守起码的研究规则。研究者在进入现场之前,尽量不对研究结果进行具体的预设,不寻求确定性的规律和结论,不重视对现场的控制,不把目的和结果凌驾于过程之上,不做价值判断,尽力创造环境让研究对象在没有干预和强迫的前提下自由叙事。

(五)研究要注重人文关怀

在教育叙事研究中,研究者关注的是教学中的人,把人置于具体的、现实的情境中来看,对研究对象进行移情理解、深情关怀,对教学的改善与人的健全发展怀有强烈的责任心。叙事研究需要研究者参与到过程中去,强调民主和平等、对话与倾听。若只是为了研究而研究,对人不关心,叙事研究就失去了本真含义。

为了人的发展、人的幸福而思考,应该是也始终是教育叙事研究的终极追求。但在教育叙事研究进行的过程中,却常常出现粗暴的断章取义,甚至无意中认为撰写研究报告是教育叙事研究的归宿和最终目的。诚然,在一定意义上,撰写出研究报告十分重要,也算是阶段性的目的。但教育叙事研究本身对于研究结果并没有那么执着,在它看来,无论采用哪种研究方法得到的结论都不能证明其永久的有效性,而只是对他人的研究有所启示或成为继续研究的基础。叙事探究的贡献在于创造研究课题的新意和重要性,而非产生一套知识体系以宣称能够增长相关知识。当叙事探究成为文学文本被其他人阅读时,它的重要性不是因其包含的知识,而是允许读者检验生活的各种可能性。文学性叙事可以使读者在其中找到相似的人物和事件并加以概括,叙事研究者不指出一般的实用性和实用价值,而是创造文本。文本创作好了,可以给读者提供一个想象的空间,让他们想象自己如何去运用。

本章小结

　　教育叙事研究就是对有意义的教学事件、教师生活和教育教学实践经验进行描述和分析,通过这种形式发掘或揭示内隐于日常教育工作、事件和行为背后的意义、思想或理念,从中发现教育问题,探究教育思想,揭示教育活动特点。其主要特点是以定性研究为工具,以教育实践中的故事为对象,以教育实践者为研究主体,以归纳为形成认识的主要方式。在具体实施过程中,教育叙事研究法一般按照确定研究问题—选择研究对象—进入研究现场—收集资料—整理分析资料—撰写研究报告的步骤进行。教育叙事研究法要求在进行研究时要遵循相应的规范,比如要遵循事实,要体现实然性,意义与事实要真实结合,研究要保持价值中立,要注重人文关怀等。

思考与练习

思考与练习
参考答案

一、名词解释题

1. 教育叙事研究

2. 现场

3. 现场文本

4. 研究文本

二、选择题

1. 研究者以讲故事的方式表达其对教育的理解,这种研究是(　　　　)。

　A. 反思性研究　　　　　　　　B. 教育叙事研究

　C. 教育观察研究　　　　　　　D. 教育调查研究

2. 根据故事的叙说者和记述者的不同,教育叙事研究有两种不同方式,即(　　　　)(多选)。

　A. 教师自身同时充当叙说者和记述者

　B. 教师只是故事的叙说者,由教育科学研究者来记述

　C. 教师只作为被观察的对象

　D. 教师作为记述者

三、思考题

1. 什么是教育叙事研究？它有哪些特点？

2. 教育叙事研究就是讲故事吗？为什么？

3. 试述教育叙事研究的基本步骤及相关规范。

四、拓展题

1. 回顾自己在受教育过程中经历过的最难忘的一件事，体验自己当时的感受和想法，归纳这件事对自己的影响，尝试写一篇叙事报告。

2. 选择一位教师，对其进行观察，记录他从早上上班到下午下班在学校工作的全过程，以《××老师的一天》为题，写一篇教育叙事报告。

第九章　教育科学研究资料的分析与处理

学习目标

1. 领会教育科学研究资料两类分析方法(定性分析和定量分析)的含义与特点。
2. 掌握定量分析中数据描述、数据推断的基本过程,并对数据的综合分析有一个大致了解。

建议学时

4 学时。

教师导读

　　本章内容是以前述各章内容为基础的。从第四章开始,各类研究方法的运用都需要对研究结果进行整理分析,因此对本章的学习有较强的实践性。学习本章可以根据过去学习的各章内容,选择一个以教育调查或教育实验为主的课题,对调查或实验结果进行一些简单的分析,通过这一过程,逐步提高自己运用数据分析的能力。

重要概念和术语

　　定性分析　归纳分析　定量研究　集中量数　差异量数

　　在教育科学研究中,利用各种研究方法而收集到的大量原始资料,需要不断地进行整理和分析,从而使资料能够系统完整地反映事物发展过程,为最终得出结论做好准备。

　　任何事物都是质与量的统一体,教育现象也同样存在质和量两个方面。探讨教育规律时,既要掌握事物质的规定性,又要掌握事物量的规定性。从具体教育科学研究过程来看,教育科学研究所收集到的资料也可以分为两大类,一类是文字描述以及声音、图像资料,即定性资料;另一类是等级、计量资料,即定量资料。对这两类资料进行整理分析时必然有不同的分析过程,并相应采用不同的分析方法,这就形成了对资料的定性分析和定量分析。

　　在教育科学研究中,对研究所需资料既可以从质的方面进行定性分析,又可以从量的方面进行定量分析,但由于教育现象中质与量的统一性,定性分析与定量分析又是密不可分的,二者在教育科学研究过程中是互为基础、互相补充的,不能因强调一个方面而否定另一个方面。

第一节　定性分析的意义与过程

　　教育科学研究中的定性分析是教育科研中的重要分析方法。但是长期以来,教育科学研究中对资料的分析大多偏重对定量资料的分析,对文字描述以及音像等定性资料的分析则重视不够,这一方面是由于教育科学研究的唯科学化倾向的影响,认为只有有了数量化的分析,教育科学研究才是科学的,否则就是不科学的;另一方面,由于对定性分析的理论与技术研究不够,难以形成对定性分析的专门论述。

　　实际上,在教育科学研究中,定性分析是非常重要的。由于教育过程是非常复杂的,特别是教育的内在规律远非由一些数字(当然这也是必要的)进行统计处理就可以发现的,教育的真谛常常蕴含于真实的教育过程之中,这就需要深入实地进行观察、调查和了解;它也常常蕴含于教育理论与实践人员的观点和看法之中,这就需要进行深入的访谈,或对某些个案做长期追踪了解和研究。所有这些方式所得到的资料都不一定是数字化的资料,而且很可能是一些散乱的文字记录和音像资料,数学方法对这些资料是难以处理甚至是无能为力的,这就需要研究者面对浩繁的资料进行去粗取精、去伪存真的分析过程,这个过程虽然依赖于研究者的个人学识和研究能力,但也有一些研究方法与技术存在于其中,了解定性研究的方法和技术对进行深层次的教育科学研究无疑有重要的意义。

一、 定性分析的概念

定性分析就是指研究者在对所收集到的文字、声音、图片等资料进行系统审查、汇总、归类的基础上进行逻辑和意义分析,从而揭示出事物内在特性的过程,它是一个对资料的分类、描述、归纳、抽象的过程。

二、 教育科学研究中定性分析的特点

教育科学研究中的定性分析,具有以下几个主要特点。

(一)定性分析目的在于把握事物的质的规定性

定性分析是立足于对研究对象的整体分析,获得对研究对象的一个完整的透视。

与定量分析不同,定性分析在内容上关注事物发展过程及其相互关系,主要是立足于从哲学、心理学、伦理学、历史学、社会学、经济学、政治学、人类学、语言学等层次上探讨,从而整体地、发展地、综合地把握研究对象质的特性。也只有将研究对象作为一个发展的整体加以分析,才有可能揭示教育过程各组成部分之间内在的联系及过程,透过表面深入到内在本质,说明研究对象变化发展的真正原因。

(二)定性分析的对象是质的描述性资料

定性分析以反映事物质的规定性的描述性资料为研究对象。这些资料通常以书面文字、录音、录像或图片等形式表现出来,包括交谈笔记、现场记录、学生作业、教师教案、照片、录音带、录像带等,是在自然情境中,以定性研究的方法,如通过观察和深入访谈得来的资料,带有很大程度的模糊性和不确定性。正由于此,决定了定性分析有自己独特的分析方法。

(三)定性分析的研究程序具有一定弹性

在分析程序过程上,定性分析不同于定量分析。定量分析有一个标准化程序,使用数学方法做出一个量的刻画,用数学语言表示事物的状态、关系和过程,在此基础上加以推导、演算和分析,以形成对问题的解释和判断,具有逻辑的严密性和可靠性。而定性分析是一个不太严格的程序,前一步收集资料的数量与质量往往决定下一步应该怎么做,原因是教育作为一个动态过程所具有的多样性,使定性分析过程常常变动,有很大的灵活性。

(四)定性分析主要是对资料进行归纳的逻辑分析

归纳分析有一个不同于演绎分析的一般程序。演绎分析是先有一个假设,然后收集能检验假设的资料或事实,将事实与假设加以比较分析最后得出结果。而归纳分析却是先列出事实材料,将这些材料与事实加以归类,然后从中得到一些启示,抽象概括出要领和原理。这是一种自下而上的分析过程。定性分析的准确性取决于所研究的

对象是否有丰富的合乎实际的材料。

（五）定性分析中的主观因素影响及对背景的敏感性

定性分析过程是以研究者为中心的分析过程,它对研究者的个人学识、经验积累、已有的观点和看法等的依赖性较大,在分析中也就很容易融入研究者本人的主观因素。另一方面,教育科学研究对象的行为表现又总是与特定的情境相关联的,离开这一特定情境,一定的教育现象就会发生变化。因此,定性分析时应特别关注对背景的分析。

三、 定性分析的过程

（一）资料的审核

资料的审核是资料整理的基础工作,也是对资料分析的首要工作。资料的审核主要从资料的真实性、准确性和有效性三个方面进行审核。

1. 资料的真实性

一般来说,通过观察、调查等方法收集到的资料都应是真实的,但由于不同的原因也可能造成资料无法反映事实情况,造成资料的虚假信息,如研究者对方法运用不当、被调查者有意掩盖某些事实等就会造成所得资料与研究事实不符,研究者的主观经验也会影响资料的真实性。因此,必须在分析资料以前对资料的真实性进行仔细审核。

对资料的真实性的审核应从以下几方面进行:

（1）从使用研究方法方面进行审核

从研究方法方面,主要看研究者在使用研究方法时有哪些技术性失误可能会导致资料的失真。如在访谈调查中提问不当、追问不妥或在观察研究中进入观察情境的时机不当等,都会对研究对象造成心理影响,造成资料的失真。

（2）从研究者本身来审核

从研究者方面,主要看在收集资料过程中,研究者是否带有一定的成见或研究者已经形成一定的定论去"研究",或者在访谈记录、观察记录时是否将自己的观点融入其中。如下列 A、B 两种观察记录:

A. 他表情沮丧地坐在地上。

B. 他坐在地上,眼望着地,嘴角下垂。

很显然,记录 A 就明显地加入了观察者的推测。

（3）从研究对象方面进行审核

从研究对象方面,主要应分析当时当地的情况可能对研究对象造成的心理影响以及可能造成的资料失真现象。如观察者在没有进行预观察的情况下,突然进入观察现场,对观察对象的心理可能会造成一定的影响,导致观察对象的行为异常;或者研究者在访谈时未征求对方意见的情况下就进行录音,对研究对象造成心理压力,使其隐瞒事实或观点等情况。

2. 资料的准确性

资料的准确性是指资料在反映研究问题方面的准确无误。在教育科学研究中文字资料大都是研究者在观察、访谈或文献查阅过程中收集到的,由于研究者不同,在收集资料的过程中一般都可能带有研究者的经验、学识和技术的烙印。想追求各人所得资料完全相同、绝对准确是不可能的,但也应有一个基本的要求。

一般地,审核资料的准确性从以下两个方面进行。

（1）一致率

一致率是指不同研究者同时研究同一研究对象所得结果的一致程度。如由多名观察者对同一节课堂教学进行观察得出多份观察记录,在分析资料时,应以多名观察者的共同的、相一致的记录作为分析的资料,某些人个别的观察现象,特别是与其他人完全不一致的个别观察记录应有选择地舍去。

（2）吻合率

吻合率是指研究者使用不同的方法,对同一研究对象所得结果的一致程度。一般来说,对同一研究对象使用不同的方法进行研究,结果应大致相同,如果出入过大,就应考虑在收集资料的准确性方面出现了问题,应找出原因并加以弥补。

3. 资料的有效性

资料的有效性是指所收集到的资料与研究课题的吻合程度,也即资料是否"切题"。人们一般在研究开始时,都会对研究课题所涉及的问题做严格界定,这样最后所得资料都应该与研究课题吻合。但在研究过程中,特别是在自然观察和非结构性访谈过程中,资料的获取过程具有较大的开放性和随意性,特别是在研究者调查不力的情况下,所得资料与研究课题的吻合程度就会下降,资料的有效性就会降低。因此在资料的审核过程中,应依据研究课题的目的要求对资料的有效性进行分析,把离题太远或根本无法说明问题的零散资料进行剔除,但同时也应注意不要误删有价值的、能够有效拓展课题研究的资料。

（二）资料的分类

资料分类是指根据研究资料的性质、内容和特征将相异的资料区别开来,将相同或相近的资料合并为一类的过程。

分类一般分为现象分类和本质分类。现象分类是指以事物的某一外部特征或表现形式为标准进行的分类,如把资料按年代、地区分类,根据学生的性别、年龄分类等都属于现象分类。现象分类的优点是简便易行,便于资料的存取和查找利用;缺点是比较肤浅,难以揭示事物的内在联系及其本质。本质分类是以事物的内在属性为标准进行的分类,如把教学按模式进行分类,把某一问题的研究按研究思路来分类等都属于本质分类。资料的整理过程中应注意从现象分类逐渐过渡到本质分类。

把纷繁的原始资料归并为相对统一的类别需要经过一个由散乱到统一的过程,它大致包括以下三个步骤:

1. 开放式分类

研究者在面对众多的资料时应持一种开放的心态,尽量排除个人偏见和已有的框架,将所有材料按其本身呈现的属性分类,这时暂不考虑分类的周延性和排他性等原则。

2. 关系式分类

在开放式分类的基础上,寻找和发现已经归类的各类别之间的各种联系,并试图把所分的类别与类别之间建立一种关系,如因果关系、并列关系、时间关系等。

3. 核心分类

在类别中逐层逐级找到一个能统领其他类别的类别,并试图把所有已经归并的类别统一在这个类别的范围之内,最后形成树枝形从属结构系统。这一类别结构系统的形成将为以后的归纳分析奠定基础。

在分类过程中应遵循以下基本要求:

第一,分类都应依据同一个分类标准进行。每一种分类都应依据同一个分类标准,不能在归类中反复使用多个分类标准,否则就可能出现同一现象、同一资料交叉重复出现在不同类别之中,给归纳分析带来困难。

第二,分类应依据一定层次进行。分类应依据一定层次进行,层次不同,类别也有所不同。在归类时必须对类别的层次有一个清晰的考虑,防止同一类别在不同层次上混用。

(三)归纳分析

归纳是从已知的具体的事实或个别性的前提概括出一般性或普遍性结论的思维方法。它是对原始资料进行系统分析的常用方法。

归纳法的具体方式有三种:完全归纳法、简单枚举法和科学归纳法。

1. 完全归纳法

完全归纳法是指依据研究现象中的所有事实或各个部分归纳出对该现象的一般性结论的方法。完全归纳法的结论比较可靠,但由于个别事实繁杂,难以一一考察。

2. 简单枚举法

又称不完全归纳法,是指简单考察研究对象一部分事实或要素就得出该现象的一般性结论的方法。这种归纳法简便易行,但所得结论的可靠性差。

3. 科学归纳法

又称因果联系归纳法,它是根据事物的因果联系,通过考察某研究对象一部分事实或要素的特征,推论出该研究对象所有的事实或要素都具有某种特性的推理方法。

从以上三种归纳法可以看出,完全归纳法虽然可靠但可行性差;简单枚举法虽然简单实用,但结论欠准确;科学归纳法的可行性与结论的可靠性都较高,是我们在进行归纳分析时的首选方法。

(四)归纳分析的主要方法

归纳分析可以使用多种方法,其中较常用的有以下五种方法。

1. 求同法

求同法是指研究某一现象(a)的原因时,如果该现象分别在若干不同场合出现,在每个场合的先行情况中,只有一种情况(A)相同,其他情况都不同,那么,这一相同的情况(A)就可能是被研究现象(a)的原因,其模式是:

场合	先行情况	被研究对象
1	A,B,C	a
2	A,D,E	a
3	A,F,G	a
…………		

所以　　　A 可能是　　　　a 的原因

如有人对学校教育质量进行调查时发现,甲、乙、丙三校在经费投入和校舍各设备以及学生生源大致都相当的情况下,只有教师的素质不同,三校学生的学习质量有很大的差异,由此可以得出结论,教师的素质是导致学生学习质量差异的重要原因。

求同法的特点是异中求同,它的可靠性与两个条件有关:

(1)观察的场合越多,求同法越可靠。

(2)各个场合中,不相同的情况之间差异越大,求同越可靠。

在运用求同法时,要尽可能多地观测该现象出现的场合,而且尽可能在不同的条件下进行这种观测。

2. 求异法

求异法是指在反映研究某一现象(a)的原因时,如果该现象在一种场合出现,在另一种场合不出现,在两种场合的先行情况中,只有一种情况(A)不同,其他情况都相同,那么,这一不同情况(A)就可能是被研究对象(a)的原因。其模式是:

场合	先行情况	被研究对象
1	A,B,C	a
2	B,C	—

所以　　　　　A 可能是　　　　　a 的原因

如有人对某地区幼儿入园率进行调查时,发现在该地区两个县经济发展水平大致相当的情况下,幼儿入园率有很大的不同。后经调查发现,其中一个县的领导对幼儿教育极其重视,另一个县的领导对此明显重视不足,由此可以得出结论,领导重视是导致幼儿入园率高低的重要原因。

求异法的特点是同中求异,相对于求同法来说,它具有较大的可靠性。这是由于:

(1)求异法不仅有正面场合,而且有反面场合。

(2)在求异法中,"背景"是完全相同的,这就能够比较准确地判明某个情况与所研究的现象之间的因果联系。

3. 求同求异并用法

求同求异并用法是指被研究现象(a)在几个正面场合出现时,在先行情况中都只有一个共同情况(A),而在几个反面场合不出现时,在先行情况中都没有这个共同情况(A),这样,就可能确定这个共同情况(A)是被研究现象(a)的原因。其模式是:

	场合	先行情况	被研究现象
正面场合	1	A,B,C	a
	2	A,D,E	a
	3	A,F,G	a
	……………		
反面场合	1	B,M,N	—
	2	C,Q,R	—
	3	C,S,T	—
	…………		

所以　　　　　A 可能是　　　　　a 的原因

求同求异并用法的特点是既求同又求异,其结论比较可靠。它可以分三个步骤或三个层次进行比较。第一步,把所研究的现象出现的那些场合加以比较;第二步,把所研究的现象不出现的那些场合加以比较;第三步,把前两步比较所得的结果再加以比较。

4. 共变法

共变法就是在其他条件$(B,C,\cdots)$不变的情况下,如果某一现象(A)发生一定程度的变化,另一现象(a)也随之发生一定程度的变化,那么,前一个现象就可能是后一个现象的原因。其模式是:

场合	先行情况	被研究对象
1	A_1,B,C	a_1
2	A_2,B,C	a_2
3	A_3,B,C	a_3

所以　　　A 可能是　　　　a 的原因

共变法的特点就是在事物的变化中分析其因果关系,根据事物表面的变化特征分析其内在的原因。

5. 剩余法

所谓剩余法,就是被研究的某种复合现象$(abcd)$是由某种复合原因$(ABCD)$引起的,除去已知因果联系的部分(BCD)是 bcd 的原因,则剩余部分(A)和(a)之间也可能存在着因果联系。其模式是:

被研究的复合现象 abcd 的复合原因 ABCD

已知	B 是 b 的原因
已知	C 是 c 的原因
已知	D 是 d 的原因

所以　　　A 可能是 a 的原因

剩余法的特点是由余果推余因,其结论具有或然性。

第二节　定量分析的基本要求

对数据资料的定性分析只是解决了对教育科学研究中文字、音像等定性资料的整理与分析,而对研究中所得的等级、计量等资料,必须借助于定量分析的手段,才能使研究者从复杂纷乱的数据中得出规律性的结论,进而全面准确地描述和推断研究对象的变化,为验证假设、建构理论提供依据。

一、 定量分析的概念

教育科学研究的研究对象是具有复杂多变特点的教育现象。在研究过程中,一方面由于对研究对象的影响因素众多,另一方面由于研究者自身的原因,都可能使研究者所收集到的资料出现一定的误差,而统计分析方法则可以运用统计规律性有目的地消除这些误差,使研究者能够在纷繁的数据中寻找研究对象的真实特征和规律。

定量分析是指研究者借助数学手段,对所收集到的数据资料进行统计分析,揭示事物数量特征的过程。

定量分析的主要手段是统计分析,即利用多种统计技术手段对所收集到的数据资料进行描述、解释,并在一定条件下由样本特性推断相应的总体特征。

二、 定量分析在教育科学研究中的局限性

定量的统计分析有助于研究者从纷繁复杂的数据资料中分离出一些典型的数据特征,定量的研究结果能给人以清晰、准确、科学的印象。但统计分析手段并不是万能的,也不能以是否运用了统计分析方法作为衡量某项研究成果的科学性与准确性的唯一标准。因此,对统计分析在教育科学研究中的局限性有一个清醒的认识,对教育科学研究的顺利健康开展具有特殊的意义。

(一)统计分析手段的条件性

在教育科学研究中不能认为运用了统计方法就是科学,在运用统计方法时,还有一个如何正确运用的问题。在实践中,统计方法中的某些理论性假定条件常常被运用者所忽视,致使结论的精确性难以判定,或者反而产生了错误的结论。因此,统计方法的运用是有条件的,正确恰当地运用统计方法,依赖于运用者对各种统计技术的要求、条件、用途及与之相联系的特定公式等的了解、掌握和适当选择。否则,统计方法的运用便是无效的,虽然从表面上看实现了"数量化""科学化",而实质上会导致研究结论失真甚至出现错误。学习运用统计方法进行资料的处理,不仅要求我们认真地学习和掌握它的用途,还必须了解使用它的前提条件。

(二)统计推断的概率特征

(1)我们在进行统计推断时的基本依据是数据的概率特征,无论是参数估计还是统计检验都是有一定误差范围的,不是绝对精确的。当我们说,有95%的可能性总体参数落在某一区间,或在0.05的显著性水平上,两个总体参数差异显著或不显著,这实际上意味着,我们在得出结论的时候,犯错误的可能性为5%。

(2)在某些场合,统计分析结果所得的显著性,尚不能真正代表教育意义上的显著性。这是由于在统计分析过程中,由于统计手段和统计技术的原因,使本来不显著的结果在统计上表现为显著甚至极显著的结果。如在相关系数差异显著性检验时,随着样本容量的增加,就可能导致检验结果为显著的可能性增大,实际上,样本容量并不是统计检验是否显著的决定因素。因此在研究中统计分析只是结果分析的手段之一,而不是唯一的手段。

(三)教育现象的复杂性导致数量分析的模糊

由于教育现象的复杂性,使我们通过研究获得的数据资料大多具有模糊的特征。如在统计分析中经常使用的学生的测量分数,有人研究认为经过测量所得的原始分数只是定序测量的结果,从理论上说,定序测量的结果是不能进行代数运算的,但在分析过程中,常常把它们都近似看作定距测量的结果,并使之参与代数运算。又如对问卷调查结果的深度分析如因素分析和聚类分析等都是依据近似计算进行的。但要注意的是,李克特量表不能近似看作定距量表参与代数运算。李克特量表是社会科学领域最常见的用于测量态度的定序量表,最初的量表由多个陈述句构成,每个陈述句均有"非常同意""同意""不一定""不同意""非常不同意"五个等级的回答,并分别记为分

数5、4、3、2、1，最后将所有陈述句的分数相加得到总分，用于判断参与者的态度。虽说采用不同的分数来表示不同级别，但也不能确保相邻级别之间的差异是恒定的，因为这取决于受试者对这些级别之间差异的理解和诠释，因此不能像定距量表那样用于进行数学计算和统计推断，并需要谨慎解释其结果。

三、 定量分析的前提

定量分析是用科学的方法处理数据资料的过程，是一种严密、系统的过程，它要求所分析的数据必须准确可靠。教育科学研究的目的也在于通过有效、真实的资料得出科学准确的结论，这一目的也对准备分析的资料有一定的要求，这就需在分析资料之前进行审核。

对数据资料的审核，主要从以下几个方面进行。

（一）数据资料的客观性

研究所得数据必须真实、客观，尽量排除主观影响和由于各种工作中的粗心或疏忽而引起的错误和失真现象。每一个分数都是代表某个对象或被试在某一特性方面水平的客观记录，任何不恰当的操作定义或数据采集中的误差等，都会削弱这种数据的客观性。统计分析的基础是假定所分析的数据资料都准确无误，如果在所采集的原始数据资料中已经包含了很多的"虚假"信息，则无论选用何种统计方法，无论多么细致精确地计算，都无法得出科学的结论。因此，数据资料的科学性与客观性，是进行统计分析的前提。

（二）数据资料的完整性

从理论上说，数据资料应包括所要研究的问题的全部要素及其各个基本方面。研究的问题越大越广，所涉及的要素与基本方面越多，资料的收集和分析工作也就越复杂。研究者应根据主、客观条件来确定研究问题的范围。研究问题确定后，应按严格的要求进行抽样，并对样本做出全面的透彻的考察，系统地收集样本各方面的资料和数据，使所掌握的资料足以反映研究对象总体的主要特征。只有这样，才能把样本的特征推断到总体，而不能仅根据个别的、偶然的事实和数据进行推断甚至做出结论。

（三）数据资料的有效性

研究所收集到的数据资料必须真正反映研究课题，即必须和研究课题的目的和要求相一致，否则再客观、再完整的资料都无法为研究课题所用。因此，在定量分析以前，应依据研究课题的目的和内容对数据资料加以审核，防止把不必要的信息带入研究结果之中。

四、 定量分析方法的选择

统计分析方法多种多样，在进行数据分析时，必须恰当地选用统计方法。统计分析方法选择得正确、合理与否，是决定研究结果是否有效的关键因素。影响统计分析方法选择的因素很多，主要包括以下几个方面。

（一）研究课题的性质

教育科学研究课题有许多类型，在适合统计分析的研究课题中，依据应使用的统计分析方法可分为两大类：描述性课题和推论性课题。

在描述性课题中，研究者只需要对研究对象的基本数据特征进行了解，如频数或次数,一些常用的集中量数有平均数、中数、众数等,和常用的差异量数如离差、标准差、方差等,以及相关系数等统计指标,不需要做进一步的统计分析。这一般表现为教育调查的数据分析。

对于推论性课题,研究者需要依据样本的特性推断出总体的特征,或者比较两个总体是否有差异,这就需要采用参数估计、假设检验等方法。大多数教育实验课题都属于推论性课题。

对上述两类不同性质的课题,统计分析方法的使用应有区分。对于描述性课题,如果不加分析地使用推断统计方法,就可能造成研究资源的浪费;对于推论性课题,如果仅使用描述统计方法,则无法实现研究目的。

(二) 数据资料的类型

在第五章测量调查法这部分内容中,曾把教育测量按照测量层次分为四种类型:定名测量、定序测量、定距测量和比率测量。根据这四类测量方法以及相应的测量工具所得的数据资料分别为计数资料、等级数据资料、等距数据资料以及比率数据资料,对于这些不同类型的数据资料,能够适用的方法不尽相同,因此在选择统计方法时,应根据研究所得的不同数据资料选择适合不同类型的数据统计分析方法。

对于计数资料,一般只适用于百分比、列联相关以及 χ^2 检验等方法。如在教育观念调查中,类似以下问题:

学校课程内容应:

(1) 要强调知识的基本原理;(2) 要强调日常生活中的实用性。

调查所获得的结果只能用于频数统计,所得计数资料可以对不同地区或者不同年龄阶段的调查对象进行百分比比较,或进行 χ^2 检验,以了解其差异情况。

由于等级数据资料仅表示研究对象属性的顺序,在统计中常用中数、百分位数、等级相关以及秩次检验等方法。如在科学素质调查的问卷中有如下问题:

请将下列行为依其对科学素质的重要程度排序,并把排序结果写在左边的括号内。

(　　)坚持观察活动。

(　　)能将所学的科学知识用于生活实际。

(　　)能动手进行科技制作。

(　　)能识别迷信与伪科学的谬误。

(　　)能合理安排和科学利用时间,学习讲求科学方法。

(　　)从自己身边做起,参与科学知识的普及活动。

对这一问题回答的结果,就是典型的等级数据,在分析时可用百分比、百分位数、χ^2 检验、等级相关等方法。

等距数据资料适用的统计方法较多,如可用平均数、标准差、积差相关系数以及 Z 检验、t 检验和 F 检验、方差分析等,也可在此基础上进行多元统计分析,如因素分析、主成分分析、聚类分析等。在教育科学研究中,学生的智商分数、学生的考试成绩,以及大多数序列量表式的问卷都可近似看作等距测量工具,其所得结果都可适用上述方法。

比率数据资料是一种层次最高的测量数据,它几乎可以适用于任何统计分析方法,但在教育科学研究中,这类数据较少使用。身高、体重、经费开支等都属比率数据。

在这四类数据中,所有层次较高的测量数据都可以使用层次较低的测量数据的统计方法,反之,则不能适用。因此在选择统计分析方法时,一定要先认清所得数据是哪一个层次的数据,然后选择适合的方法,不能越级使用。

(三)统计分析方法的适用条件

除了上述不同类型的数据适用的统计分析方法不同外,即使是同一类型的数据在选用统计分析方法时,由于该统计方法有着严格的条件限制,也不一定都能够适用。如在进行数据的相关分析时,用积差相关系数最准确,也最方便,但在使用积差相关系数的公式时,需要满足一系列的条件,如两个变量均为等距或比率数据,同时两个变量的分布也都应为正态分布,且变量的对数 N 不能少于 30 等,这些条件就大大限制了积差相关系数公式的使用。

在进行假设检验时,许多参数检验方法需要变量的分布为正态分布,否则就需要使用相应的校正公式,或附带其他一些条件等。有些方法可以使用不同的公式,其需要具备的条件也有不同,因此在选用统计分析方法时,一定要清楚各种方法的条件,并能够判别研究中所得资料是否能够使用该方法,防止误用或不看条件随意使用某种方法。

第三节　定量分析在教育科学研究中的运用

定量分析在教育科学研究中的运用,总的来看主要分以下几个方面:描述、推断和提取、解释两大类数据描述,具体包括:数据描述、数据推断、数据的综合分析。

一、数据描述

数据描述的任务是将数据进行整理,用有意义的图表描述数据的分布情况,并利用一定的统计手段描述出数据的集中趋势、离散趋势或相关关系等分布特征。

(一)数据资料的归类整理

数据资料的归类整理主要是编制统计图表。统计图表可以清楚地表示各部分数据的相互关系,对计数的数据资料最为常用,特别是研究对象的现状调查的结果,用统计图表的形式可以准确清楚地说明研究对象的数量关系。在具体使用时,又可分为统计表和统计图两种类型。

1.统计表

统计表是表达数据资料的一种重要形式。对数据进行分类后,所得的各种数量结果称为统计指标。统计表是用来表明统计指标与被说明事物之间数量关系的表格。

统计表一般由标题、序号、标目、数字、表注等部分组成。统计表的编制有一定要求:

第一,标题简洁,应能正确地表述表中的内容。一般标题在表上居中位置,序号在表的左上方。

第二,标目应清晰,它是数据分类的标志。标目一段排在表的左侧(称之横标目)或在表上方(称之纵标目)。

第三,数字必须准确,它是统计表的语言。表内数字一律用阿拉伯数字表示,位数要上下对齐,表内不应有空格,缺数字的项要划"—"。

第四,表注是对表中内容需要补充说明的部分。表注可用简短的小号字写在表的下方。

统计表可按不同的标准划分为不同的种类,不同类型的统计表的具体功能不同。常用的统计表有:

（1）简单表

只列出观测对象的一项统计指标名称的统计表称为简单表,也称单项表。如表9-1所示。

表9-1　某班学生参加选修课人数统计表

科目	计算机	园艺	心理健康	金融	合计
人数	10	6	14	8	38

（2）双项表

按两项统计指标作为分类标志所做的统计表称为双项表。如表9-2所示。

表9-2　学生自主性学习方式使用频度统计表

	从不	很少	经常
小学生	43%	37%	20%
初中生	56%	34%	10%

（3）复合表

按两个或两个以上分类标志分组的统计表称为复合表。其中,按三个分类标志分组的统计表称为三项表,按四个标志分组的统计表称为四项表,等等。表9-3是一个体例较完整的统计表。

表9-3　我国四省市各学段教育生师比统计表①

省市	小学（2014）		初中（2014）		高中（2014）		中职（2014）		高校（2014）	
	生师比	排名	生师比	排名	生师比	排名	生师比	排名	生师比	排名
北京	14.44	9	9.44	2	8.41	–	17.51	14	15.95	3
上海	15.60	13	11.49	13	9.27	2	15.63	5	17.02	8
江苏	17.45	20	10.60	9	10.71	4	16.70	11	16.24	5
广东	18.31	25	13.53	24	14.43	17	28.36	25	18.94	29
全国平均	16.78		12.57		14.44		21.34		17.68	

（4）次数分布表

次数分布表是教育科学研究资料定量分析的重要类型,在其后的描述统计甚至推断统计都或多或少地与次数分布表有关。次数分布表就是把所有数据按大小分为若

---

① 许世红,等.中国四省市15岁学生PISA 2015基础素养研究报告[M].广州:广东高等教育出版社,2018:4.

干小组,把所有的数据归到有关的组内,得到数据在各组内出现的次数(也称频数),从而清楚地看出全部数据的分布情况。次数分布表有助于了解数据的分布情况,以便从中分析数据的分布特点和规律。次数分布表主要有简单次数分布表、相对次数分布表、累积次数分布表、累积相对次数分布表等。

表9-4是依据某班一次考试成绩制成的四种次数分布表集一身的次数分布表。

表9-4 某班考试成绩次数分布表

组别	次数	累积次数	相对次数	累积相对次数
95～99	2	2	0.04	0.04
90～94	2	4	0.04	0.08
85～89	5	9	0.10	0.18
80～84	9	18	0.19	0.37
75～79	12	30	0.25	0.62
70～74	7	37	0.15	0.77
65～69	6	43	0.13	0.90
60～64	3	46	0.06	0.96
55～59	1	47	0.02	0.98
50～54	0	47	0	0.98
45～49	1	48	0.02	1.00
合计	48	—	1.00	—

2. 统计图

统计图是指通过点、线、面、体、色彩等的描绘,把所研究对象的特征、内部结构、相互关系和对比情况等方面的数据资料,绘制成整齐简明的图形。

统计图一般由标题、图号、图目、图形、图注和图例等项组成。绘制统计图的一般要求为:

第一,标题简明扼要,但要能正确反映图形所表示的主要内容。图的标题的字体在图中应为最大,位于图的下方居中位置。图号应在标题的左边。

第二,图目即图的标目,是给予图形基线上的各种不同类别、名称或时间、空间的统计数量。在采用直角坐标系的统计图中,图目即横轴上所指的各种单位名称。图目应按自左向右、由小到大的顺序排列。纵轴一般是尺度线,自下而上,从小到大,写在纵轴上。

第三,图形是表示统计数据大小的线条和图形,是统计图的主体部分。图形线要清晰,表示不同的结果则需用各图的图形线以示区别,其含义可用图例在适当位置加以标明。

第四,图注是统计图上需用文字或数字补充说明的部分。一般图注写在图标题的下方,文字要简明扼要,字体要小。统计图在绘制时应做到精确、简明、适用、美观。

统计图有许多种类型,这里介绍最常用的几种。

（1）条形图

条形图又称直条图，主要用于表示离散型的数据资料。它是用条形的长短表示统计数据的大小以及各部分之间差异的图形。条形图有单式和复式两种，若图中被比事物是一组资料的，称为单式条形图；被比事物为两组或两组以上资料的为复式条形图。按条形图排列的方向不同，又可分为纵条图和横条图。图 9-1 就是一个复式横条图。

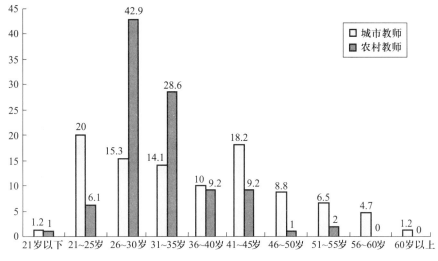

图 9-1　被调查教师年龄结构图(％)

（2）圆形图

圆形图是为显示各部分在整体中所占的比重以及各部分之间比例的统计图，用于离散型的数据资料。圆形的面积表示一组数据的全体，圆中扇形表示各组成部分所占的比重，一般用百分比表示，如图 9-2 所示。

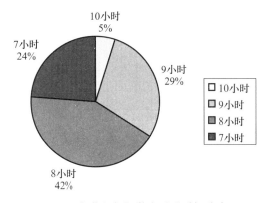

图 9-2　小学六年级学生睡眠时间分布图

（3）线形图

线形图常表示两个变量之间的函数关系，或表示某种现象在时间上的发展趋势，用于连续型的数据资料，是实验研究报告中极为常用的图示法。图中的横轴常表示时间或自变量，纵轴表示频数或因变量。折线与横轴之间还应有说明文字或数字，若一个图中同时有几条折线,应用不同线区分,并用图例说明。

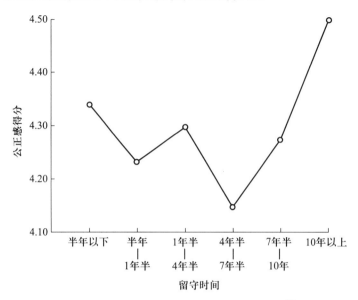

图 9-3 儿童公正感得分随留守时间的变化①

（4）直方图

直方图主要用于连续型的数据资料。它是以矩形的面积表示由次数分布表绘制成的次数分布图。直方图可以帮助读者形象直观地看到各组次数的多少、分布的情况（是否对称）等,如图 9-4 所示。

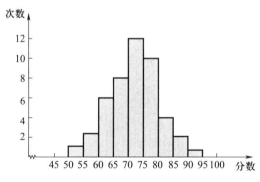

图 9-4 50 名学生测验成绩分布图

（二）几种重要的数据特征值

统计表、统计图用来描述数据分布各有特点,统计表清晰,统计图直观,它们都反映了数据资料的分布状况,但都只是浅显地反映了数据的外部形状。要想深入了解数据的分布状况,就需要通过集中量数和差异量数等数据特征值来表示。人们常常把能

① 张莉,申继亮,黄瑞铭,等.不同留守时间下儿童公正感的特点及其与主观幸福感的关系[J].心理发展与教育,2011,27(05):484-490.

够刻画数据分布特征的统计量数称为数据特征值。

数据特征值主要包括以下几种：

1. 集中量数

从次数分布表上可以看出，分布在各组的次数有多有少，但大部分数据趋向于中间的某一点。这种向某点集中的趋向叫作集中趋势，代表集中趋势的量数叫作集中量数。集中量数又称代表值，它有两种功用：

第一，可以用来描述和代表研究对象的一般水平，并为进一步统计分析打下基础。

第二，用它与同质的另一研究对象做比较。例如就一个班来说，它是全班分数的代表，可以用它来代表这个班的程度和水平，并能用它与别的同类班做比较。

集中量数主要有：算术平均数、中数、众数、加权平均数和几何平均数等。其中，教育科学研究结果的处理中应用最多的是算术平均数。算术平均数通常称为平均数或均数，一般记为 $\bar{X}$。

2. 差异量数

在对数据资料进行分析时，仅仅从集中量数来看集中趋势，还不能充分说明数据分布的全貌，如以下两组测验成绩分别为：

A：54、63、72、74、82、88、99

B：67、71、73、76、79、82、84

虽然两组的平均数均为 76，即它们的代表值相同，但它们的离散程度却不同。A组比较分散，参差不齐；B组比较集中、整齐。可见，为了说明两组数据分布的全貌，除了对一组数据用集中量数描述之外，还必须研究它们的离散情况，就是要研究数据的差异量数。

差异量数是表示一组数据的差异情况或离散程度的量数，它反映数据分布的离中趋势。集中量数的代表性如何，是要由差异量数来说明的。差异量数愈大，集中量数的代表性愈小；差异量数愈小，则集中量数的代表性愈大。

差异量数一般包括：全距、平均差、四分差、标准差和方差。其中以标准差和方差最为常用。

3. 地位量数

前面介绍的集中量数和差异量数都是描述样本或总体的整体特征的量数，地位量数则是描述单个数据在样本或总体中的位置的量数，也称相对位置量数。常用的地位量数主要有百分等级和标准分数。

（1）百分等级

百分等级是指某观测值以下的个数与观测值总个数之比的百分数，用符号 P 表示。如 80 分以下的分数个数占原始分数总数的 76%，则这个 80 分的百分等级就为 76，意思是有 76% 的分数在 80 分以下，或 80 分超过原始分数总数的 76%。因此，百分等级不仅可以表示一个分数在团体中的地位，还可以比较一个人在两种学科测验或两种不同测验的成绩。所以，百分等级是使用较广泛的地位量数。

百分等级具有意义明确、容易理解、计算简便等优点，但是它只是一个顺序变量，不能进行代数运算，这给进一步的分析带来困难。

（2）标准分数

为解决百分等级不能进行代数运算的困难,有一种更为常用的地位量数,就是标准分数。

标准分数又称 Z 分数,它是将原始分数与平均分数之差除以标准差所得的商,用公式表示为:

$$Z = \frac{X - \bar{X}}{S}$$

由上式可以直观地看出,Z 分数是一个原始分数与其平均分数的离差以标准差为单位计算而得。它表明此原始分数离平均分数的距离,即表示原始分数在平均分数以上或以下几个标准差的位置,从而明确原始分数的相对地位。

4. 相关系数

前面讲到的集中量数、差异量数和地位量数都是在同质数据的基础上描述数据的特征,没有涉及不同数据的情况。实际上,在实际工作和教育科学研究中,经常遇到不同质数据的关系问题。如学生智力与学生学习成绩的关系,两门或多门学科之间的关系,等等。这就涉及相关及相关系数。

事物或现象的关系多种多样,总的来说可以分成两种类型,一种是函数关系,另一种是相关关系。函数关系表示事物或现象存在严格的依存关系,是指对于一个变量任一确定数值在另一个变量中都一定有一个确定的数值与之相对应,在教育科学研究中这种函数关系并不多见。相反我们经常会遇到另一种关系,即相关关系,它表示两个变量存在一定的数量关系,但不像函数关系那样严格,同时却又存在着某种依存关系,这就是相关关系。如教育现象中,学业成绩与智力状况、数学成绩与物理成绩关系、教师水平与教学效果关系等都是相关关系。

相关系数是用来表示变量之间相关程度的量的指标。一般样本相关系数常用符号 r 表示,总体相关系数用符号 ρ 表示。相关系数有多种类型,包括积差相关系数、等级相关系数、点二列相关系数等。

上述几种用于描述数据的特征值不仅可以直接用于描述数据的分布特征,也可以作为进一步分析数据的基础,如:平均数和标准差是进行统计推断时最基本的样本统计量,相关系数又是进行多元综合分析时的基本依据。

二、 数据推断

数据推断是指利用概率及其分布的理论和方法,由样本特性推断出总体特性并估计出误差范围,从而得出结论。教育科学研究中,一般不需要收集所有研究对象的资料。在研究设计时,为了节省人力、物力和财力,常常依据一定的规则抽取一部分样本,通过对样本特性的研究来推论出总体的特性。数据推断就是用来完成后一部分任务的统计分析手段。数据推断总的来说包括总体参数估计和假设检验两部分。

(一) 总体参数估计

在教育科学研究中的总体参数估计就是利用所抽取样本得到的数据资料来推断总体的数据特征。它特别适合无对照组的研究,如教育调查结果和无对比实验班的实验结果的推断。

总体参数估计分为两种类型:点估计和区间估计。

点估计就是用一个特定值(常常是样本统计量的变换)如样本平均数、样本方差等作为总体的参数估计值。在估计时,估计值应具有无偏性、一致性、有效性和充分性等条件,满足这些条件的估计量为无偏估计量。根据数学推算,总体平均数的无偏估计量为样本平均数 $\bar{X}$,总体方差的无偏估计量是 $\dfrac{nS^2}{n-1}$,也写作 S_{n-1}^2。

区间估计则是用数轴上的一段距离或一个数据区间,表示总体参数的可能范围,这一段距离或数据区间称作区间估计的置信区间。

区间估计一般包括总体平均数的区间估计、总体百分数的区间估计、总体标准差和总体方差的区间估计以及总体相关系数的区间估计等。无论哪一种区间估计,都要涉及估计的可靠程度问题。要保证估计值的可靠程度,除了要求样本有足够的代表性外,还必须明确样本统计量与总体参数之间的差异,而这个差异主要是由样本抽样分布的分布形态和该分布的标准差即标准误(用 SE 表示)共同决定的。常用的区间估计主要有总体平均数和总体方差的区间估计。

(二)假设检验

人们在分析调查和实验结果时,经常会遇到两个样本统计量有差异,如两个平均数之间有差异,或两个相关系数之间有差异等。那么,是否可以根据这种统计量之间的任何差异,就贸然地说,它们所代表的总体参数确实有差异呢?显然不是,这需要对其差异进行检验,才能做出确切的回答。因为有两种原因都能引起两个统计量之间的差异:一个是它们确实存在实质性差异;另一个是由偶然因素导致表面上的差异。

要判定两个样本统计量是否存在实质性差异,主要借助于假设检验。在检验前,研究者根据已有的理论和经验或者对样本和总体的了解程度,对研究结果预先做出一个大致的假设。这一假设称为研究假设,用 H_1 表示,与之相对的假设称为虚无假设,也称为零假设,用 H_0 表示。研究者对虚无假设 H_0 进行检验,通过拒绝和接受 H_0 来做出接受和拒绝研究假设 H_1 的决定,这一过程就称为假设检验。

假设检验是建立在概率论原理中的小概率事件(概率事件在一次抽样中不可能发生)基础上的,在检验时,通常把概率小于 0.05 和 0.01 的事件称为小概率事件,这一概率也称为显著性水平。如果检验结果表明小概率事件发生了,就拒绝 H_0,接受 H_1,检验的结果是差异显著;如果检验结果在小概率事件之外,就接受 H_0,拒绝 H_1,检验的结果是差异不显著。

假设检验的基本思路是用反证法来检验的,大致步骤如下:

第一步,先假设虚无假设 H_0 成立。

第二步,规定显著性水平,在教育科学研究中一般取 0.05 或 0.01 两个显著性水平。

第三步,计算检验统计量,根据不同的情况,采用不同的方法计算出各自的检验统计量。

第四步,利用检验统计量判断虚无假设成立的可能性(概率)有多大,如果检验统计量介于显著性水平所规定的理论分布值之间(如当规定显著性水平为 0.05 时,平均数大样本差异显著性检验时的检验统计量 Z 值介于 ± 1.96),虚无假设成立的概率就小于规定的显著性水平,我们便认为虚无假设成立的可能性极小,便可以拒绝 H_0。也就是说,我们有理由认为样本统计量与总体参数存在显著性差异,或两个样本统计量之间存在显著性差异,这种差异是由我们调查的原因或实验因素造成的。如果检验统计量落在显著性水平所规定的理论分布之外(如显著性水平为 0.05,平均数大样本差异显著性检验时的检验统计量 Z 值大于 1.96 或小于 -1.96),则虚无假设成立的概率就大于规定的显著性水平,我们便认为虚无假设成立的可能性较大,便可以接受 H_0。也就是说,我们有理由认为样本统计量与总体参数的差异,或两个样本统计量之间的差异是由偶然因素引起的。

显著性水平与差异、假设判断的关系如表 9-5 所示。

表 9-5　显著性水平与差异、假设判断的关系

P 值	差异的意义	假设判断
$P>0.05$	差异不显著	保留虚无假设
$0.01<P\leqslant0.05$	差异显著	拒绝虚无假设
$P\leqslant0.01$	差异极其显著	拒绝虚无假设

统计检验的类型多种多样,总的来说,分为两大类:参数检验和非参数检验,其中参数检验包括 Z 检验、t 检验和 F 检验;非参数检验主要包括 χ^2 检验。这几种检验在不同的条件下,又有不同的表现形式。

1. Z 检验

Z 检验是基于标准正态分布进行的检验,它可以用于平均数差异显著性检验和用费舍法转换后的相关系数差异显著性检验。教育科学研究中常用它进行平均数差异显著性检验。

2. t 检验

t 检验是基于 t 分布进行的检验,主要用于平均数差异显著性检验,也可用于总体相关可能为 0 时的相关系数差异显著性检验。

在平均数差异显著性检验中,t 检验是一个比 Z 检验更常用的检验方法。在教育科学研究中,对大部分的平均数差异显著性检验都可以用 t 检验进行,这是由于 Z 检验的条件相对苛刻(即要求总体方差已知),虽然在大样本情况下,可以近似使用 Z 检验,这是由于当样本容量足够大时,理论 t 值接近理论 Z 值,但从严格意义上说,只有当样本容量 $n\to\infty$ 时,理论 t 值才会完全接近理论 Z 值。因此,当总体方差未知时,即使样本容量足够大,也没有必要近似使用 Z 检验,而应选用 t 检验。

3. F 检验

F 检验是基于 F 分布进行的检验,它可以用于方差的差异显著性检验(即方差齐性检验)和方差分析,通过比较两组或更多组样本方差的大小,来确定样本是否有显著不同。

一般地,进行 F 检验通常需要设计一个对照组与一个实验组(或更多组)。其基本思路是:首先计算每组数值的方差,然后将这些方差相除,得到一个 F 值。通过查找 F 分布表以及设定显著性水平(例如 0.05 或 0.01),可以确定 F 值是否足够大,从而拒绝原假设(即各组样本方差无显著性差异)或接受研究假设(即至少存在一组样本方差与其他组有显著性差异)。通常还需要进一步通过事后多重比较来确定具体

哪些组之间差异显著。

4. χ^2 检验

χ^2 检验是一种用于比较观察值与期望值之间差异的统计方法,它主要用于处理分类或离散型数据,并可以检验某一变量是否对另一变量产生影响。

χ^2 检验通常需要构建一个由多个分类变量组成的列联表(也称为交叉表或透视表),其中包含了各组观察值和期望值。通过对这些值进行计算并比较,可以利用 χ^2 分布来获得该变量组间关系的显著性水平,从而检验样本在不同组别之间的分布是否存在差异。一般地,χ^2 检验将观测频数与期望频数的差异进行平方处理,并将其除以期望频数,然后所有结果相加得到 χ^2 值。χ^2 值越大,则表示观察值和期望值之间的差异越大,即样本数据越偏离理论预期的分布。通过查找 χ^2 分布表以及设定显著性水平(例如 0.05 或 0.01),可以确定 χ^2 值是否足够大,从而拒绝原假设(即各组间无显著性差异)或接受备择假设(即至少存在一组间差异显著)。

前述的几类检验主要是针对连续变量进行的检验,而且大多要求数据的总体呈正态分布。χ^2 检验是依据 χ^2 分布进行的检验,它的检验对象主要是计数的数据资料,是在教育科学研究中特别是教育调查和观察研究中使用较多的检验类型。

三、 数据的综合分析

数据的综合分析就是利用系列数据相互之间的数量关系综合分析数据特征,并预测和解释变量之间的关系或从众多变量中提取出共同的因素,为数据资料的归类提供数量上的支持。在数据的描述和数据的检验中,对数据资料的特性和原始数据资料与总体特征的关系进行了分析,但这一统计分析仍限于对数据资料的表层进行分析,未能向数据的纵深层次进一步研究和分析。习惯上,人们一般认为定量分析就是给人们以数量的描述,只有定性分析才能使数据资料的分析向纵深和综合发展。实际上,定量分析也能够对数据资料做一定深度的综合分析,而且这种分析与定性分析相辅相成,能为资料分析的准确、科学、深刻发挥独特的作用,只是在运用这些方法时,需要复杂的统计手段和大量的数据计算,常使研究者望而却步。如果说这种情况在过去统计手段还不发达,或虽有较复杂的统计手段,但大量的数据计算常常使分析者担忧是可以理解的话,那么在科学迅速发展的今天,特别是计算机软硬件技术的迅速发展,会使人们的这一担忧彻底消除。

可以对数据资料进行综合分析的方法有很多,主要包括方差分析、回归分析、因素分析、聚类分析等,下面对这些方法做一简单介绍。

(一) 方差分析

1. 单因素方差分析

单因素方差分析通称为方差分析,是利用方差进行 F 检验,分析、探讨一个因变量和一个或多个自变量之间的关系的统计方法。方差分析可以同时比较几个平均数的差异,故比仅适用于比较两个平均数之差异的 Z 检验和 t 检验更为有用。

方差分析根据的基本原理是,一组数据的总差异可以分解为几个部分,各自代表一定的意义。如组内差异是由个别差异或误差引起的;组间差异是由调查或实验变量引起的。通过综合性地比较分析各部分差异之间的关系,可找出引起总差异的主要因素,并可根据概率确定各组平均数之间是否存在显著差异,即确定自变量是否对因变量有重要影响。方差分析对大、小样本均适用。

方差分析的基本假定是：

（1）研究对象应由独立的程序随机抽取而来，其观测数据应相互独立。

（2）因变量应为连续变量（定距或比率变量），且样本应来自正态分布的总体。

（3）各样本的方差大致相似。

2. 协方差分析

协方差分析是一种统计控制的方法，其功能是利用直线回归法，将足以影响实验结果却无法用实验方法加以控制的有关因素（共变量）从方差中剔除，再经调整后，求出方差的无偏估计量。

人们常用协方差分析在比较各组实验结果之前将某些因素排除，即用统计手段来控制某些可能影响实验结果的无关变量的差异，如前测分数、智商、年龄等。这样，便于使前测或其他无关变量不等的各组数据资料，在统计处理时趋于等质，使之具备可比性。但是，协方差分析并不是也不可能取代随机抽样，它只是为了把本来存在的无关变量的影响控制到最低程度。

3. 多元方差分析

多元方差分析是一种更为复杂的、可处理多个自变量与多个因变量相互关联的数据资料的统计技术，它可以在一个统计检验中同时对一系列单因变量统计分析的内容加以综合性的考察。实际上各种变量之间的关系是交叉复杂的，尤其在教育科学研究中，影响教育的因素不仅是大量的，而且是互相关联的。如果只把其中少数变量抽取出来进行分析，往往无法说明其中真正的关系。

如果在一个具有多个因变量的研究中采用一系列单因变量分析进行处理，则实际上是把各个因变量割离开来了。一旦这些因变量之间实际上是互有联系的，那么，这些联系将无从被发现，或被纳入考察的范围。而且每一个统计推断的结论都有一定的概率误差，如果用多个单因变量分析检验一组多因变量的复杂资料，则所得结论的累计误差便随检验次数的增加而加大。如果各因变量间有联系，那么在所得结论中的误差概率可能会增加到多大则不得而知。如果用多元方差分析，把复杂的因素放在一起考察和检验，不仅能把变量之间的相互关联都进行分析，还能在统计推断时考虑其影响作用，而且有助于将数据分析结论的总误差保持在一定的水平（如 0.05 水平）上。

（二）回归分析

在数据的描述一节中提及了相关关系和用来表示这种不确定关系的度量——相关系数，但相关系数只能表明两个变量是否有相关关系和相关的程度如何，而无法通过一个变量的变化去估计另一个变量的发展变化，这个任务一般是由回归分析来完成的。

回归，就是用方程式表示因变量与自变量关系的数学模式，这种方程式称为回归方程。利用回归方程，可由自变量的值推算或估计与之相对应的因变量的值。回归分析，就是利用回归方程，以一个或多个已知的自变量作为预测变量，来估计或预测另一个未知的因变量（被预测变量）。因此，回归分析是一种统计预测方法，它可帮助我们根据已知的事实来预测未知的事实，这对于揭示教育规律、提高教育科学研究的科学预见性和指导性，是十分有意义的。

回归分析的主要内容包括：

（1）由一组双变量数据出发，求得可精确表达变量间定量关系的数学模型，即回归方程式。

（2）利用回归方差分析，对回归方程的效果进行统计检验，如果达到所要求的显著性水平，便可说明这一回归方程的拟合性较好，可以作为预测的根据。

（3）利用回归方程进行预测，即对任何一个给定的 X 值，由回归方程得到一个相应的 Y 的回归值。

（4）从影响一个因变量的许多自变量当中，判断哪些变量的影响是显著的，哪些是不显著的。等等。

回归分析针对的因变量只有一个，而自变量既可以仅有一个（一元回归或简单回归），也可以有多个（多元回归或多重回归）。一元回归只能处理 X 和 Y 两个变量的关系，并根据回归方程由 X 值推测 Y 值。多元回归是用以决定单一因变量与两种以上预测变量之间关系的统计分析方法。在多元回归分析中，需要先求得因变量与多个自变量之间的多元相关系数，根据多元相关求得多元回归方程式，再把预测变量值代入，就可以估计因变量的值。利用多元回归分析，还可以判定在多个自变量中哪些是显著的影响变量，甚至可以按其贡献大小，排定各个自变量对因变量影响程度的顺序。

（三）因素分析

因素分析也是教育科学研究中常用的统计分析方法。它是从众多研究变量中概括和推论出起决定作用的基本因素，以揭示事物之间的本质联系。在教育科学研究特别是在教育调查研究中经常会遇到这种现象，在研究时涉及的变量众多，如何在众多有着相互关系的变量中分析出基本因素或主要原因，就需要借助于因素分析方法。

因素分析的主要过程是：

（1）采集需要的数据。

（2）计算每一对观测变量间的相关系数，求出相关矩阵。

（3）通过对相关矩阵进行因素运算，根据计算出的特征根，抽取出各变量的公共因素，并计算出因素负荷矩阵。所谓因素负荷，简单地说，就是某一因素对有关变量所做贡献大小的指标，某一因素的负荷量的平方，就是该因素在这一变量的单位方差中所做出的贡献。更通俗地讲，求出因素负荷矩阵，就是寻找彼此关联性最大的变量组成变量群，从而以较少的因素来概括原先大量的变量，而不失其原来的代表性。

（4）通过对因素负荷矩阵进行正交旋转或斜交旋转，求出最终的因素矩阵，最后就可以利用所得的几种因素来解释研究问题。

（四）聚类分析

聚类分析是依据事物的数值特征对事物分类的一种方法。它是分类方法的一种，但它又有别于一般的分类方法。一般分类法往往从专业知识出发进行分析归类，而聚类分析先凭变量数值指标进行定量分析，整理出分类的谱系图，然后再据专业知识确定最终分类数目和分类名称。

可以进行聚类的对象有两大类，一类是样本个体，一类是指标变量。对样品个体进行聚类称作 Q 型聚类，对指标变量进行聚类称作 R 型聚类。

聚类分析根据被聚类事物间关系的亲疏程度进行分类。事物间关系越亲近、越密切,越有可能被聚为一类;关系越疏远,则被聚为一类的可能性越小。

聚类分析主要使用两种描述事物间亲疏程度的指标:距离和相似系数。距离原是三维几何空间中点与点间关系亲疏程度的指标,点间距离越近,说明点间关系越密切。把这种距离定义推广到高维空间,就可以用来作为 Q 型聚类中描写空间点关系亲疏程度的指标。相似系数是描写指标变量间关系亲疏程度的指标,多用于 R 型聚类之中。

聚类分析的方法有多种,常用的有系统聚类法、动态聚类法和分解聚类法三种。系统聚类法是先把所有待分类事物各自看成独立的一类,求出两两之间的亲疏指标值,把关系最为密切的两类合并为一个新类,然后计算新类与原存各类之间的亲疏指标值,再把其中关系最为密切的两类合并……如此反复进行,直至最终所有待分类事物全并为一个大类为止。最后绘成一幅系统聚类的谱系图,再根据一定的原则确定最终分类结果。动态聚类法是先对待分类事物做一个初始的粗糙的分类,然后再根据某种原则对初始分类进行修改,直至分类被认为比较合理时为止。分解聚类法与系统聚类法的过程相反。系统聚类法的类别数是由多到少,最终合并为一个大类。分解聚类法却是由少到多,它先把所有待分类事物看作一个大类,然后把一个大类分解为小类,如此不断重复,不断地把大类分解为小类,直至最终所有待分类事物各自成一类为止。

聚类分析方法由于抽样误差以及所选指标的合理性等原因,结果都有可能犯错误,都有错分的可能性。聚类分析得到结果后,要根据专业知识对分类结果进行分析检验,但检验分类准确性的最终方法是实践,并需要在实践中不断加以修正。

以上介绍了几种常用的数据资料的综合分析方法。由于在运用这些方法时,会涉及众多的公式和表格,并且需要做复杂的数据转换,如果研究者使用原始公式进行手工运算和分析,在有限的研究时间内几乎是不可能完成的。本章限于篇幅,把各类分析的表格、公式和运算过程都一概略去,有兴趣的读者可到各类教育统计学图书中查找,同时目前在国际上通行并被人们广泛使用的统计分析工具如 SAS 统计分析系统和 SPSS 社会科学统计软件包等,为进行复杂的数据资料的分析提供了非常便利的条件,只要明了数据分析的目的和原理,就可以方便地使用。

本章小结

教育科学研究资料的分析与处理有两种方式:定性分析和定量分析。本章首先介绍了定性分析的概念与特点以及定性分析的过程;其次,在分析了教育科学研究中的定量分析的概念和局限性的基础上,重点介绍了教育科学研究中的定量分析的分析过程和分析方法;最后介绍了定量分析在教育科学研究中的运用。

思考与练习

思考与练习
参考答案

一、选择题

1. 在教育科学研究资料分析中,平均数一般用来表达研究对象的一般水平,它在数据分析中属于(   )。

    A. 集中量数   B. 差异量数   C. 地位量数   D. 相关系数

2. 在教育科学研究资料分析中,标准差一般用来表达研究对象数据分布的离中趋势,它在数据分析中属于(   )。

    A. 集中量数   B. 差异量数   C. 地位量数   D. 相关系数

3. 当总体方差未知,对平均数差异显著性检验时,应使用(   )。

A. Z 检验 B. t 检验 C. F 检验 D. χ^2 检验

二、思考题

1. 在教育科学研究资料分析中,定性资料的真实性应从哪些方面进行审核与保证?

2. 定量分析在教育科学研究中的用途和局限性各是什么?

拓展练习及

参考答案

第十章 教育科学研究成果的表述与评价

学习目标

1. 明确教育科学研究成果表述的意义和要求，了解教育科学研究成果的类型。
2. 掌握研究报告和学术论文的撰写格式和基本要求，学会撰写研究报告。
3. 能够对他人的研究报告进行评价。

建议学时

4 学时。

教师导读

  教育科学研究成果的表述是研究者按照一定规范撰写的学术论文、研究报告或专著。科学严谨的教育科学研究成果表述，可以促进教育理论和教育实践的发展，有利于研究成果的交流与推广。研究成果表述是有"一定之规"的，如果不按学术界约定俗成的"游戏规则"撰写文章或著作，一般是"登"不了"大雅之堂"的，只有按照一定的规范撰写才能得到认可、交流和应用。因此，任何一名研究者必须先老老实实学习、掌握公认的"游戏规则"，学会"入格"，待到功力雄厚、内功和手法达到"游刃有余"的境界时，或许就可以尝试一下"出格"而"不逾规"了。

重要概念和术语

  教育科学研究成果 教育科学研究成果表述 教育调查报告 教育学术论文 教育实验报告 教育科学研究成果评价

第一节 教育科学研究成果的表述

一、教育科学研究成果表述的意义

  所谓教育科学研究成果，是教育科学研究者为了了解、分析和解决教育问题，运用科学的方法，经过严谨的智力加工而产生的具有一定理论价值、实践价值并被同行专家认可的知识体系、方案或产品。

  教育科学研究成果表述是研究者按照一定规范撰写的学术论文、研究报告或专著。教育科学研究成果表述是教育科学研究全过程的缩影，是研究结果的文字记载，具体阐述该项课题研究什么、如何研究、取得了哪些成果，这些成果有怎样的理论价值和实践价值。

  教育科学研究成果的表述，是一个严密的总结、反思的过程，需要研究者针对课题研究的目标、对象、内容、措施等深入思考，需要对获取的资料进行定性分析和定量分析，然后用语言文字加以反映，形成教育课题研究报告（论文、专著）。这就是说，表述教育课题研究成果的过程是研究者把研究中所获得的感性材料，通过缜密的思维加工和深入研究，上升为理性认识的过程，它对研究者研究能力和水平的提高所产生的作用是绝对不能低估的。

  科学严谨的教育科学研究成果表述可以促进教育理论的发展，并对教育实践起着指导作用。教育科学研究成果能丰富和完善教育领域的知识和理论，并为进一步的教育科学研究提供新的观点、新的材料。同时，教育科学研究成果提供了所涉及的教育问题的真实情况,并提出了解决问题的建议和对策,可以促进教育教学工作的变革。

科学严谨的教育科学研究成果表述有利于研究成果的交流与推广。研究者通过教育课题研究能获得直接的教育教学经验,而这种经过认真选题、精心设计、深入探索所获得的直接经验,对于参与研究的人员来说是十分宝贵的,同时对于所有教育工作者认识的提高,对于整个教育事业的发展也都是十分宝贵的。进行教育课题研究的一个重要目的是将取得的研究成果应用于教育实践,以此来推动和改善教育工作。为此,只有通过教育科学研究成果的表述,写成研究报告(论文、专著),才能在不同场合、以不同的形式进行交流,并有针对性地指导教育实践,进而达到推广的目的。

因此,教育科学研究成果的表述有利于展示研究结果及价值,从而得到社会的评价和认同,以取得显著的社会效益。通过对有关研究的过程、方法、所得资料及研究结果的介绍和分析,有助于提高研究者的分析综合能力、逻辑思维能力和表达能力,并有利于学术共同体的学术交流与合作。通过对整个研究过程的回顾和总结,可以促使研究的深化,进一步发现新的问题和新的事实,有利于提高教育科学研究的科学化水平。

二、 教育科学研究成果表述的要求

教育科学研究成果的质量取决于教育科学研究课题的理论基础、理论价值和实践价值,取决于教育科学研究操作的规范性和结果解释的合理性,取决于研究者的分析综合能力、专业基础和写作能力。因此,教育科学研究成果的表述不是对研究过程的简单、机械记录,而是一个复杂的理论思维过程,是从复杂的事实材料中提炼出科学观点,并用逻辑严谨、条理清晰的语言表述出来。教育科学研究成果的表述需要遵循如下基本要求。

(一) 在科学求实的基础上有所创新

教育科学研究的基本原则是创新,研究成果必须反映研究者通过研究获得的新见解、新理论。研究所探讨的内容是"前人所没有研究过""前人所未知的",或者在前人研究的基础上,以新的材料、从新的理论高度进行探索,从而提出自己的真知灼见,发掘出一些新的研究成果。要保证在科学求实的基础上有所创新,必须做到:研究成果的创新,必须以科学、客观为基础,要用充分的论据和严密的论证,或精确可靠的实验观察数据资料来证明科研成果;研究成果的内容要实事求是,从实际出发,无论是立论还是分析、论断,都要恰如其分,正确反映客观事实;理论观点表述要准确、系统和完整,必须强调科学性、严谨性。

(二) 观点与材料保持一致

科学研究必须以客观事实为依据,研究者要从客观存在的事实中得出正确的结论,就必须对研究中获得的大量材料进行提炼、取舍,精选最有价值、最典型的事实材料作为论据。如何处理观点和材料的关系,是教育科学研究成果表述的关键。观点和材料的统一,关键在于如何选材。选材不是按研究者主观愿望任意"剪裁"取舍,而应符合以下要求:① 要紧紧围绕研究的主要问题选材,分清主次;② 选取典型的、具有广泛代表性和说服力的材料,使材料的量与质的比例得当;③ 选取真实准确、符合客观实际的材料;④ 要尽可能选取新颖生动、反映时代感的材料。提出观点时应注意以下问题:① 要从已有事实材料出发,经过严密的科学论证得出观点,不能凭空捏造;② 不能先入为主,主观臆断下结论;③ 在掌握大量材料的基础上,经过对材料的准确、深刻、集中的分析、归纳和综合,提出实事求是的论点。

(三)处理好借鉴、继承和创新之间的关系

教育科学研究是一个复杂的系统工程,需要研究者不懈的努力。每一项研究总是在前人或他人研究的基础上进行的。因此,在对教育科学研究成果进行表述时,必须正确处理借鉴、吸收别人的研究成果与自己的独立思考的关系:孤高自傲,故步自封,无视前人与他人的研究成果,容易导致重复研究;全盘照搬,为引用而引用,或断章取义,任意引申发挥等做法也是欠妥的。对引用的观点和文献,首先要搞清作者的原意、文献内容的价值,从中挖掘实质性问题,从而加强论证的针对性;其次要善于从众多的研究成果和文献中选择最典型的、富有说服力的材料,那种简单列举和大量堆砌的做法反而会降低引用材料的论证作用,并使文章臃肿拖沓。

(四)书写格式符合规范,文字精练简洁,表达准确完整

教育科学研究成果的表述应该有一定的规范要求,规范表述可以使研究成果易于理解和交流。研究报告和论文的语言文字要准确、鲜明和生动。所谓准确,是指忠实客观地反映现实,切忌浮华夸张,既不可以日常生活用语代替科学术语,也不可生造词语,以免造成理解上的歧义。所谓鲜明,无论要点、要义或要据,要清楚明白。所谓生动,则要求语言要讲求文采,不要生硬地宣布真理。

三、 教育科学研究成果表述的一般内容

教育科学研究成果的表述形式是多种多样的,依据教育科学研究方法和研究内容的不同,教育科学研究成果的表现形式有专著、资料汇编、计算机软件、研究报告和研究论文等,其中最主要、最常见的是研究报告和研究论文两种形式。

研究的任务不同,研究成果的表述形式也不一样,但总体上包含以下基本结构:题目、摘要、关键词、引言、正文、结论、参考文献、附录等。

(一)题目

题目可以起到"画龙点睛"的作用,一些有经验的专家和学者,往往只要看一眼题目,就可以大概地判断出研究课题质量的高低。题目应该表述简洁、范围明确,能清楚表达研究的目的。一个好的题目应该包括研究对象、研究内容、研究方法等。题目字数一般在 20 字左右,不超过 32 个字,尽可能采用陈述句,也可以加上副标题。

(二)摘要

摘要也称内容提要,用 200~400 字对研究课题加以描述,包括研究的问题,研究对象的特征,采用的程序和方法(如数据的收集技术,干扰程序),研究的发现以及得到的结论。摘要以提供文献内容梗概为目的,不加评论和补充解释,简明、确切地记述研究的重要内容,拥有与文献同等量的主要信息,即不阅读全文就能获得必要的信息。一个好的摘要既要结构完整,篇幅简短,具有独立性和自明性,又要具有可读性,因为许多人的浏览习惯是从阅读摘要开始的。

摘要的基本要求:要着重反映新内容和作者特别强调的观点,不要把本学科领域的常识性内容写入摘要,不要对研究内容做诠释和评论(尤其是自我评价);结构严谨,表达简明,语义确切;采用陈述性语句撰写;使用规范化的名词术语(包括地名、机构名和人名),不用非公知公用的符号和术语;不用数学公式和化学结构式,不出现插图、表格;采用国家颁布的法定计量单位,正确使用简化字和标点符号。

（三）关键词

关键词是指从文献的标题、摘要和全文中，抽取能表达研究主题、起关键作用并具有检索意义的词语，一般 3~8 个为宜。读者通过阅读关键词可以基本了解研究成果中所要表述的主要内容。关键词主要选择名词、动名词和名词化词组。没有检索意义的通用词，如分析、报告、方法等不能作为关键词，尤其是不能把关键词写成短语。

（四）引言（前言、序言）

常常以引言（前言、序言）的形式初步介绍研究报告的第一部分。一个良好的引言应该由三部分构成：① 研究课题提出的缘由和意义，阐明研究这一问题的急迫性以及在理论上和实践上的价值；② 目前国内外在这一方面的研究成果、现状、问题及趋势；③ 阐述该项研究所要解决的问题，阐述假设所依据的原理，定义研究和控制的变量，以及每个假设的正规陈述。引言应简洁、明了，字数不宜太多。因此，前言要注意仔细措辞，使之既能实事求是地介绍概况，又能恰到好处地赢得读者的信赖和注意。

（五）正文

正文主要是论证自己的观点，其基本要素包括：论点（明确具体），论据（丰富充足），论证（符合逻辑），主题（灵魂），材料（血肉），结构（骨架）等。在行文过程中，具体应包括以下几个方面的内容：① 研究方法及步骤。研究过程采用了什么方法、用此方法研究了什么内容，研究过程中各阶段的研究内容及实施情况。② 研究的主要结果和产生的效果。③ 研究的主要成果与形成的理性认识。阐述研究过程中形成的新理论、新观点、新见解、新认识和新方法等。④ 问题和讨论。主要阐述：应该研究而由于其他原因未进行研究的问题，已经进行研究但由于条件限制未得出结论的问题，与课题有关但未列入本课题研究的重要问题，需和同行商榷的问题等。

（六）结论

结论是对中心论点的深化，应该准确、完整、明确、精炼，可以围绕中心论点提出设想或建议。

结论的写作方式主要有：① 总结式。得出明确答案，或提出结论性意见。② 探讨式。针对问题、现象提出研究的可能性。③ 设想式。提出看法或建议，没有结论性意见。④ 对策式。针对问题提出相应的对策和措施。⑤ 解释式。对阐述的理论、观点做进一步说明。⑥ 展望式。推导和预见理论观点的价值和意义。

（七）参考文献

参考文献主要有三方面的作用：① 表明研究言之有据，有着较为深厚的理论和事实基础。② 表示对他人研究成果的尊重。按照有关出版法规，不注明引文出处和参考文献是侵权行为。③ 有助于读者对研究课题做进一步探讨。许多精明的读者往往倒着读，即通过参考文献来判断该研究的阅读价值——此项研究是否有一个高新和前沿的起点。

参考文献主要有文内注（夹注）、页下注（脚注）和篇后注（尾注）三种。

文内注也称哈佛注释法，在正文中提及作者和出版日期，将著述详情在文末注明。例如："教育公平"是与教育资源的分配和享用联系在一起的（赵君，2001）。

页下注（脚注）和篇后注（尾注）一般采用国家标准（《信息与文献 参考文献著录规则》，GB/T 7714—2015），对于引用和参考的文献进行标号，在页下或篇后标示出具体的参考文献信息。

（八）附录

附录可提供比正文更为详尽的信息，这些信息如果在报告的主体中呈现，正文就会显得冗长，可能有损正文的条理性和逻辑性。附录中收入的内容主要包括：对研究方法和技术更深入的叙述；实验所用的问卷、量表或其他具体材料的样例；由于篇幅过大或取材于复制品而不便于编入正文的材料；某些重要的原始数据、推导、计算程序、框图、结构图、注解、统计表、计算机打印输出件等。

四、 几种具体的教育科学研究成果的表述格式

（一）教育调查报告及其构成

教育调查报告是对某种教育现象调查后，经过整理分析而成的文字资料，一般由题目、引言、正文、结论与建议、附录五部分组成。

1. 题目

题目即研究报告的名称，应以最恰当、最简明的词语反映调查报告的主要问题。表述方法主要有三种：一是类似文章标题的表述，如"中学科学教育的现状分析与对策建议"；二是类似公文标题的表述，如"农村中学数学教学情况的调查报告"；三是用正副标题的表述，对调查的范围、背景进行限定，如"多种渠道提高学生的学习动力——对中学生'厌学'问题的调查"。

2. 引言

引言简明扼要地说明调查的目的、意义、任务和所采用的方法，介绍调查的时间、地点、对象、范围、取样等，使读者获得对调查报告的总体认识，同时对调查的有利条件和不利因素也可做一些简单分析。

3. 正文

正文是调查报告的主体部分，研究者需要把调查获得的大量材料，经过整理分析，通过叙述、图表、统计数字及有关文献资料，用纲、目、项或篇、章、节的形式把主体内容呈现出来。内容阐述应该做到数据准确、事例典型、材料可靠、观点明确。

调查报告的正文主要有两种表述方法：一种是并列分述式，即把教育调查的基本情况按种类分成并列的几个部分或方面来叙述。例如，对一个地区教育状况的调查，可分为该地区经济发展水平、文化水平、学校教育、社会教育状况等几个方面，其中学校教育又可分为学校规模、教育经费、课题设置、教学设备、师资队伍等不同项目。另一种表述方法是层层深入式，即将调查的基本情况按照事物发展的逻辑顺序和演变过程加以排列，各个部分相互衔接、层层深入。

正文在观点和材料处理上，可以先列出材料，然后进行分析和讨论，最后得出结论；也可以先摆出观点和结论，然后用调查得到的事实材料展开说明。

4. 结论与建议

在对整个调查内容进行定性和定量分析的基础上，概括出事物的内在联系和规律，找出问题的症结所在，提出新的理论解释、解决问题的新方案和新建议。结论与建议应做到严肃谨慎、言必有据，不能轻率。

5. 附录

附录是正文的补充，必要时将调查工具或部分原始资料附在正文后面，便于读者

或编辑审稿人员鉴定调查材料和调查方法的真实性、科学性,也可供其他研究人员参考。

（二）教育实验报告及其构成

教育实验报告是对所进行的实验研究做出的全面的书面总结。它应使读者对所报告的实验有全面、系统的了解,为读者评判、应用实验研究的成果提供依据。实验报告包括题目、前言、方法、结果、讨论等部分。

1. 题目

题目应以简练、概括、明确的陈述反映教育实验的对象、领域、方法和问题,指明所研究的主要变量。

2. 前言

实验报告的前言主要包括提出问题,阐明研究的目的;通过对有关文献的回顾和概括,说明选择本项实验的依据、意义和价值;简要说明国内外在本课题方面的研究成果、现状、问题及趋势;该项实验需要解决的问题以及研究的理论设想。

3. 方法

该部分要阐明实验所使用的研究方法,主要目的是让读者理解实验的设计思路,便于鉴定实验过程的科学性、客观性和实验结果的真实性、可靠性,并可用同样的方法重复实验。这部分的主要内容有:① 对实验报告中出现的主要概念做出定义和阐述,有时,还需要将一些概念转化为可操作性的定义。② 说明实验中被试的条件、数量和取样方法。③ 说明实验的设计、实验组与控制组的设置情况、实验的自变量、实验处理的实施及条件控制。④ 阐述实验的基本程序,如实验的时间安排和具体步骤。⑤ 简要说明实验中所使用的工具、材料。⑥ 说明实验数据的收集、处理和结果的检验方式。这部分内容在结构上并不一定要求上述各项俱全,可根据具体实验而有所取舍。

4. 结果

结果是实验报告的主要部分,要求全面准确地呈现实验中得到的各种结果,并简要说明每一种结果与研究假设的关系。

结果部分的内容包括两个方面:一是对实验中所收集的原始数据、观察资料、典型案例进行客观的呈现和整理分析,既有定性资料的归纳,又有定量资料的统计分析;二是在对数据资料整理分析的基础上,采用逻辑的或统计的技术手段,得出研究的自变量与因变量之间的关系。

5. 讨论

在讨论部分,研究者要根据自己提出的问题及其他人的研究成果,对自己的研究结果进行解释,对实验结果的含义和可能的因果关系或相关关系做出分析和评价,说明实验结果是否支持了研究的假设,从理论上加深对实验结果的认识。同时,还要讨论该研究的局限性及将来进一步研究时如何改进等。

讨论的内容根据具体的实验课题可做出不同的安排,其基本内容包括如下方面:① 对实验结果进行理论上的分析和论证。可摘要概述研究的结果,阐明其意义,对实验课题多次研究的结果做综合分析,而且在与前人研究结果的比较分析中,将自己的实验结果纳入某一理论框架,引申、完善理论观点或提出创见。② 对本实验研究方法的科学性和局限性进行探讨,如对结果统计的误差、显著性等指标进行分析,对实验结果的可靠程度和适用范围做进一步的说明。③ 讨论中应提出经过实验所发现的可供深入研究的问题,以及本实验中尚未解决或尚需进一步探讨的问题,对以后的研究的方向、方法以及如何推广或验证已有的实验结果提出建议。

实验报告的讨论不同于结果或结论。结果或结论所呈现的是研究中的客观事实,它可以在相同的研究中重复出现;而讨论多是对有关结果的主观认识与分析,是研究者将实验结果向理论和应用方向所做的引申。对实验结果的讨论可以仁者见仁、智者见智,可以试图解释和回答问题,也可以侧重于质疑。讨论可以从多侧面、多维度展开,充分发挥研究者的洞察力和创造力。

6. 附录

必要时将实验工具或部分原始资料附在报告后面。如实验所用的问卷、量表及其他具体材料的样例,原始数据,某些重要的、不宜插入正文的旁证性文献,实验中采用的测评的具体标准等。

(三)学术论文及其构成

学术论文是科学研究成果的文字表述,是一个创造性的认识过程,其特点表现为创新性、科学性和实践性。一般的学术论文框架结构由题目、署名、摘要、序言、正文、结论与讨论、引文注释或参考文献等组成。

阅读材料:
学术论文示例

1. 题目

题目是论文的高度概括,它反映的是论文的中心内容,具体形式多种多样。一个好的论文题目应符合三方面要求:一是准确概括论文内容,能反映研究方向、范围和深度;二是文字简练,具有新颖性;三是便于分类,纳入学科范畴。

2. 署名

署名应写明研究者的工作单位和真实姓名。个人的研究成果及论文是个人署名;集体研究和集体讨论写作的论文,应该按贡献和责任大小先后排列作者姓名或集体名称。

3. 摘要

摘要是对研究的主要内容、基本思想观点的简介,而不是整个论文的段落大意,其作用在于使读者通过这段文字,了解论文全文的主题及主要内容,从而决定是否深入阅读该论文。摘要一般为 300 字左右,论文摘要后设"关键词"3~5 个,以便于检索。

4. 序言

序言写在目录、正文之前,用以说明写作的目的、意图及研究方法。序言的具体内容一般包括三个方面:一是阐明研究的背景和动机,提出自己所要研究的问题;二是简介研究方法和有关研究手段;三是概述研究成果的理论意义和现实价值。

5. 正文

正文是学术论文的主体部分,包括论点、论据、论证,是研究者研究成果的表现,在整个论文中占据极其重要的地位。无论哪种类型的论文,都需要注意事实材料的可靠性以及理论的运用和逻辑推理的严密性,论据要丰富充实,论证要遵循一定的逻辑思维的要求,注意主次、抓住本质、分出层次、条理清楚。

6. 结论与讨论

结论是围绕正文所做的结语,将研究成果进行更高层次的概括,要求措辞严谨、逻辑严密。讨论往往用于自然科学的学术论文,从理论上对研究结果的含义和意义进行分析、解释与评价。

7. 引文注释或参考文献

在引用他人的研究成果时,应在文中适当的地方注明出处,报告作者、篇名、书刊名、日期、卷(期)号、页码等,使有兴趣的读者能找到相应的文献。注释与参考文献的主要区别在于:注释是一一对应,参考文献一般放在篇后。

第二节　教育科学研究成果的评价

教育科学研究是一个无止境的、系统的探索过程。教育科学研究完成以后,一般需要对研究思路、研究过程、研究方法和研究成果(结果)进行评价,评价有助于研究的反思,为进一步的研究提供思路。教育科学研究成果只有经过鉴定和评价,才能得到学术界和社会的承认,才能对教育理论和实践的发展产生积极作用。

一、 教育科学研究成果评价的意义

教育科学研究成果评价是指对教育科学研究成果进行检查、分析和评定,对研究过程和结果予以价值判断的过程。教育科学研究成果评价是进行成果推广和奖励的重要依据,是完善教育科学研究成果、改善教育科学研究工作、推动教育科学研究发展的一项重要工作,也是教育科学研究管理工作的一个重要环节。

第一,通过评价将教育科学研究成果蕴含的丰富的内容价值外化,通过推广应用充分发挥教育科学研究成果的价值效益。在科学研究繁荣的今天,对教育科学研究成果的评价是传播成果的重要途径。通过评价,可以及时发现教育科学研究成果的理论和实践价值,便于学术界和社会了解、承认,进而促进教育科学知识的普及和教育科学研究成果的应用推广。

第二,通过评价可以避免重复研究,促使研究者对研究目标、过程和方法进行反思。一项教育科学研究课题取得成果之后,及时组织鉴定、评价并予以公布,可以沟通学术信息、避免他人重复研究。评价所提供的反馈,有助于研究者按照更高、更新的标准对后续研究的目标、过程和方法进行及时调整,更好地把握方向。通过对相关研究的对比评价,还可以了解各项研究的特色和水平,便于认识各自的现状、优势和差距,从而相互学习、共同提高。因此,评价过程同时是一个不断提高教育科学研究整体水平,使研究者不断自我完善的过程。

第三,教育科学研究成果评价有助于确立教育科学研究的基本要求和规范,指导教育科学研究工作逐步达到高质量、高水平,对于总结和改进教育科学研究的方法、发现和选拔优秀教育科学研究人才、建立有效的教育科学研究体系都有重要意义。

二、 教育科学研究成果评价的内容

教育科学研究成果评价主要包括目标、过程和结果三方面的内容。

1. 教育科学研究目标的评价

教育科学研究的目标集中体现在研究所追求的理论建树上,因此,目标评价实质上是对教育科学研究的理论思路和构建的理论体系的评价。在评价目标时重点考虑:

研究课题的价值效益以及选题的基础性、创新性;所构建的理论体系、概念系统的完备性、可靠性及内在的逻辑性。

2. 教育科学研究过程的评价

研究过程主要涉及研究准备、实施和总结阶段。教育科学研究过程评价主要包括:一是对研究过程进行全面系统的反思;二是在研究过程中随时审视考察,以便及时发现并预测实施过程中潜在的问题。

3. 教育科学研究成果的评价

教育科学研究成果表现为两种基本类型,一种是理论性研究成果,另一种是应用性研究成果。对教育科学研究成果的评价应做到以下几点:第一,要鉴定其资格,是不是教育科学研究的成果,作为研究成果,应具有理论性、学术性、创造性、实践性以及目标实现后的效益;第二,不同类型的研究成果评价的侧重点是不同的。

三、 教育科学研究成果评价的标准

教育科学研究成果作为知识性的精神产品,它对教育事业和人类精神生活所产生的作用和影响一般来说不是立竿见影的,而是长期的、渗透性的。教育科学研究成果的评价标准一般从理论价值和应用价值两个方面进行判断。

理论价值主要是指研究成果在整个教育科学体系中所处的地位,以及在指导实践中的影响。如研究成果对增加教育科学知识的贡献程度,在理论和方法应用上的深广度,理论观点的创新,学术空白的填补以及对其他学科领域的借鉴和启迪意义等。

应用价值主要是指研究成果在实际教育过程中的推广、适用范围和可行性大小等方面。如研究成果对政府、教育行政部门和学校提供认识某一教育问题的理论观点,对解决某些教育实际问题提出切实可行的建议、方案和方法。评价教育科学研究成果应用价值的大小,不仅要考虑成果对教育实践的直接效益和指导意义,而且要考虑它对教育发展的间接推动作用,不能偏废。例如,某项教学改革实验成果,在直接效益上能大面积提高教学质量,而间接地在研究的思想和方法上对整个教学改革也有启发意义。

值得注意的是,教育科学研究成果的理论价值和应用价值很多情况下并非立刻就能呈现出来,而是要经历相当长一段时间的实践反复检验,这是由教育培养周期长和教育成效的多因素性决定的。

四、 教育科学研究成果评价指标体系的建立

教育科学研究成果的评价,大致要经历如下基本过程:确定总目标、制定评价指标体系、选择制作评价工具、实施评价、收集评价信息并整理分析得出结论。在这个过程中,制定评价指标体系是十分关键的一环。建立教育科学研究成果评价的指标体系应该遵循以下要求:

第一,一致性。评价指标体系必须与总体目标相一致。评价指标体系中评什么、不评什么、重视什么、忽略什么都要直接反映研究的目标,研究目标决定评价指标体系的方向和内容。

第二,可测性或有效性。确定的每一个指标都是可以进行实际测量或观察的,同一层次的指标不相互重叠、不存在因果关系,各类指标界定清晰、便于操作。

第三,精练可行。在评价指标体系科学完整的前提下力求精练、明了、简化。评价指标体系不宜庞杂,信息量少、区分度和效度不高、难于操作的评价指标应剔除。

五、 教育科学研究成果的评价方法及组织形式

(一)教育科学研究成果的评价方法

教育科学研究成果的评价方法大体分为定性评价和定量评价两类,也有定性与定量相结合的方法。

定性评价是对研究结果和过程做出的评语式评价。在评价过程中,评价者除了阅读、分析研究报告之外,还需要了解该研究的主要原始资料来源,深入到该课题所在地,采用实地考察、参观、听课,与学生、教师、管理人员接触、开座谈会等形式做一番研究、考证。在评价过程中,评价者应注意力戒偏见或倾向性因素的干扰,在文字上力求准确、具体、条理分明。在肯定研究成果的同时,指出不足或进一步研究的方向。

定量评价是通过数量化方法对研究结果和自身价值进行评价。教育科学研究成果的定量评价标准一般包括以下几个方面:① 课题的价值(10%)。课题是否有理论和实践依据,是否为客观实际需要,对教育改革是否有现实意义。② 研究方法(20%)。研究方法是否科学、严谨、规范,定性与定量分析是否合理。③ 资料的收集整理(20%)。资料和数据是否客观、可靠和完善。④ 文字的表述(10%)。要求文字简明、准确、通畅,结构严谨,符合科学研究的论文形式。⑤ 研究的结论(40%)。观点是否正确,结论是否有新意,能否符合客观实际的教育规律,是否具有推广价值和指导作用。

目前,由于教育直接与人相关、教育因素的复杂性等原因,定量评价方法还在探索阶段,仅仅用定量评价尚不足以说明研究成果的质量。因此,较为有效的评价方法是定性与定量相结合。

(二)教育科学研究成果评价的组织形式

教育科学研究成果评价的形式有通讯评价和会议评价。这两种形式都要求提前向有关方面提交成果,以便评定者有足够的时间阅读、思考并做出评定。通讯评价是将成果以邮寄的方式交给评定者,然后,在规定的时间内,评定者将评定结果邮寄给有关部门。会议评价是专门召开的研究成果讨论会,评定者之间、评定者和有关人员之间展开交流、讨论。通讯评价和会议评价各有利弊,适用的范围不尽相同。

成果评价的组织形式是多种多样的,大致可分为三类:研究者自我评定、同行专家论证和行政部门评审。自我评定虽不能作为成果评定的主要依据,但它有利于研究者提高科研水平、完善研究意识。研究者通过对照评价标准来衡量自己的研究成果,总结经验教训,为今后或下一步的研究提供有力的帮助。更重要的是,自我评定是当事人自己的主观感受,用自己的眼光看待自己的研究成果,可以反映出此项研究成果的许多重要信息,为其他的评定者提供重要的参考。

同行专家的论证、鉴定对教育科学研究成果具有判别意义。参加评定的专家应是研究工作以外的人员。专家评定可以个别进行,由每个专家各自按标准做出评定,最后汇总得出结果,也可以经过专家组集体讨论研究得出评价结论。

行政部门评审一般是由某一级行政部门成立有权威性的、成员相对稳定的教育科学研究成果委员会来实施具体评定工作。为保证评审结果的科学性、严肃性和权威

性,应严格挑选参评专家,避免由行政机构代替专家做出决定。

教育科学研究成果表述是研究者按照一定规范撰写的学术论文、研究报告或专著。科学严谨的教育科学研究成果表述有利于研究价值的展示和社会的认同,有利于学术交流与合作,有利于提高研究工作者的分析综合能力、逻辑思维能力和表达能力。教育科学研究成果的表述必须遵循一定的原则和要求。不同的教育科学研究成果在表述形式上有所差异,但总体上应包含以下基本结构:题目、摘要、关键词、引言、正文、结论、参考文献、附录等。

教育科学研究成果的评价是进行成果推广和奖励的重要依据,是完善教育科学研究成果、改善教育科学研究工作、推动教育科学研究发展的一项重要工作,也是教育科学研究管理工作的一个重要环节。要做好教育科学研究成果的评价,必须明确评价的内容、标准,建立科学的评价指标体系,选择适当的评价方法和评价组织形式。

1. 教育科学研究成果可以分为哪几类?它与教育科学研究过程有何内在联系?

2. 教育科学研究报告的规范格式大体是怎样的?它的每一部分的写作有哪些要求和规范?

3. 教育科学研究成果的撰写有哪些基本要求?试以这些要求为标准,评析自己和他人的论文或研究报告。

4. 进行教育科学研究成果评价的意义何在?

思考与练习
参考答案

拓展练习及
参考答案

参考文献

[1] 杨小微.教育研究的理论与方法[M].北京:北京师范大学出版社,2008.

[2] 裴娣娜.教育研究方法导论[M].合肥:安徽教育出版社,1995.

[3] 威廉·维尔斯曼.教育研究方法导论[M].6版.袁振国,译.北京:教育科学出版社,1997.

[4] 杨小微.教育研究的原理与方法[M].上海:华东师范大学出版社,2010.

[5] 陈向明.质的研究方法与社会科学研究[M].北京:教育科学出版社,2000.

[6] 陈瑶.课堂观察指导[M].北京:教育科学出版社,2002.

[7] 王坚红.学前儿童发展与教育科学研究方法[M].北京:人民教育出版社,1997.

[8] 陶保平.学前教育科研方法[M].上海:华东师范大学出版社,1999.

[9] 张燕,邢利娅.学前教育科学研究方法[M].北京:北京师范大学出版社,1999.

[10] 马云鹏,孔凡哲.教育研究方法[M].长春:东北师范大学出版社,2006.

[11] 庞国彬,刘俊卿.实用教育科研方法[M].北京:北京师范大学出版社,2013.

[12] 沈庆华,马以念.幼儿教育科学研究方法[M].兰州:甘肃科学技术出版社,1990.

[13] 华国栋.教育科研方法[M].南京:南京大学出版社,2000.

[14] 郭文斌.教育研究方法[M].北京:科学出版社,2012.

[15] 刘志军.教育研究方法基础[M].北京:人民教育出版社,2006.

[16] 刘良华.校本行动研究[M].成都:四川教育出版社,2002.

[17] 王汉澜.教育实验学[M].开封:河南大学出版社,1992.

[18] 李方.现代教育研究方法[M].广州:广东高等教育出版社,2007.

[19] 陈向明.教育研究方法[M].北京:教育科学出版社,2013.

[20] 叶澜.教育研究及其方法[M].北京:中国科学技术出版社,1990.

[21] 叶澜.教育研究方法论初探[M].上海:上海教育出版社,1999.

[22] 陈向明.在行动中学作质的研究[M].北京:教育科学出版社,2003.

[23] 潘慧玲.教育研究的取径:概念与应用[M].上海:华东师范大学出版社,2005.

[24] 靳玉乐,和学新.教育实验论[M].重庆:西南师范大学出版社,1994.

[25] 弗洛德·福勒.调查研究方法论[M].孙振东,译.重庆:重庆大学出版社,2004.

[26] 艾米娅·利布里奇,等.叙事研究:阅读、分析和诠释[M].王红艳,译.重庆:重庆大学出版社.2008.

[27] 罗伯特·德威利斯.量表编制:理论与应用[M].魏勇刚,等,译.重庆:重庆大学出版社,2004.

后　记

　　经全国高等教育自学考试指导委员会同意，由教育类专业委员会负责高等教育自学考试《教育科学研究方法》教材的审定工作。

　　《教育科学研究方法》自学考试教材由河南大学刘志军教授担任主编，河南大学张新海教授、山东师范大学曾继耘教授担任副主编。

　　参加本教材审稿讨论会并提出修改意见的有陕西师范大学常亚慧教授、北京师范大学庄榕霞副教授、北京师范大学白滨副教授。全书由刘志军教授修改定稿。

　　编审人员付出了大量努力，在此一并表示感谢！

全国高等教育自学考试指导委员会

教育类专业委员会

2023 年 5 月